KB267216

파워 타로

POWER TAROT
: More Than 100 Spreads That Give Specific Answers to Your Most Important Question

가장 중요한 당신의 질문에 명확한 답을 주는 100가지가 넘는 타로 배열

파워 타로
Tarot

트리쉬 맥그리거, 필리스 베가 지음
김은미 옮김

 슈리 크리슈나다스 아쉬람

타로 카드가 떨어져 내릴 때,
비록 일반적인 시각으로 보면 무작위라고 여겨지지만,
혼돈이라는 체계의 일부이며 그 안에 숨겨진 질서가 있을 수도 있다.

- 신시아 가일즈, 『타로(The Tarot)』의 저자

…… 마법은 우리를 구속하거나 억압하는
세속적 법칙과 영적 법칙의 한계를 넘어서는 것으로 이루어져 있다.
우리가 그 모든 것이기 때문에 우리는 어떤 것이든 될 수 있다.

- 메리 K. 그리어, 『황금 새벽의 여인(Women of the Golden Dawn)』의 저자

감사의 말

이 책을 믿고 맡아 준 대리인 알 주커맨(Al Zuckerman), 편집자 시드니 마이너(Sydny Miner)에게 감사드린다. 그리고 롭 맥그리거(Rob MacGregor), 린다 그리핀(Linda Griffin), 에디스 머셔(Edith Mercier), 레니 윌리(Renie Wiley), 찰스 베가(Charles Vega), 데비 베가(Debbie Vega), 샤론 가르시아(Sharon Garcia), 조제 가르시아(Jorge Garcia), 로즈 마리(Rose Marie)와 토니 자네슈츠(Tony Janeshutz)의 무한한 인내에도 감사드린다.

우리들의 귀여운 타로 리더에게:

알렉시스 가르시아(Alexis Garcia),
예세니아 가르시아(Yesenia Garcia),
메건 맥그리거(Megan MacGregor)

차 례

배열 목록

배열은 타로의 핵심이다. 카드는 보이는 것과 보이지 않는 것, 알려진 것과 알려지지 않은 것, 드러난 것과 숨겨진 것의 되풀이되는 패턴을 말하고 그려 내며, 배열은 이것을 이야기로 만들어 낸다.

어떤 배열은 특정한 질문에 가장 잘 들어맞는가 하면, 어떤 배열은 일반적인 상황과 조건에 더 적합하다. 지금까지 그 누구도 질문한 적이 없는 물음에 답하는 배열도 있다. 이 책은 거의 모든 사람들의 질문에 충분히 답할 수 있을 만큼 광범위한 배열 모음을 가지고 있다.

우리는 보통 사람들의 일상적 삶에 속하는 연애와 일, 재정, 건강 및 영성과 관련된 질문에 구체적이고 직접적인 답을 줄 수 있는 배열을 만들었다. 신화나 타로의 역사, 또는 비법 등을 힘들여 일일이 공부할 필요는 없다. 그저 카드를 꺼내, 당신이 궁금해 하는 것과 맞을 것으로 생각되는 배열을 찾아 카드를 펼치기만 하면 된다.

거의 모든 책에서 발견할 수 있는 전통적 배열인 켈트 십자가, 별점, 마법의 별을 이 책도 포함하고 있지만, 대부분의 배열들은 우리들 자신의 질문에서 비롯되거나 다른 사람들을 위해 읽어 주면서 만들어 낸 비전통적인 배열들이다. 우리는 이것들을 가장 간단한 배열(한 장 카드)에서부터 가장 복잡한 배열(24장 카드)까지 정렬해 놓았다.

이 배열들을 적용할 때 한 가지 기억해야 할 것이 있다. 그것은 당신이 자신의 현실을 만들어 내고, 카드들은 단순히 그것들을 반영할 뿐이라는 것이다. 만약 카드들이 나타내는 상황이 마음에 들지 않는다면, 그 상황을 당신의 신념에 의해 바꿀 수 있다. 그것이 파워 타로의 핵심이다.

1

타로란
무엇인가?

현재 타로는 이전에 없던 대중적인 인기를 누리고 있으며, 300개 이상의 덱이 시장에 나와 있다. 그 덱들의 주제는 천사에서 전설로, 중세에서 성서의 천년 왕국에까지 이르고 있다.

어떤 특정한 카드 덱의 매력은 당신이 그것을 다룰 때 느끼는 느낌뿐 아니라 그 안의 그림에도 있다. 당신이 좋아하는 덱은 주로 당신 안의 어떤 개인적인 것과 신성한 것에게 말을 건다. 즉, 그러한 덱은 당신이 오랫동안 만나지 못했던 오랜 친구와 같고, 바로 그것이라는 느낌이 온다.

이제 막 타로를 시작했다면 라이더−웨이트(Rider-Waite)나 웨이트−스미스 클론(Waite-Smith clone)이 가장 좋다. 웨이트−스미스 클론에는 유니버설 웨이트(Universal Waite), 알바노 웨이트(Albano

Waite), 골든 라이더(Golden Rider), 모건 그리어(Morgan Greer), 핸슨 로버츠(Hanson Roberts), 클로이스터의 타로(Tarot of the Cloisters), 로빈 우드(Robin Wood), 그리고 아쿠아리안 타로(Aquarian Tarot)가 있다.

책에 있는 78장의 카드의 정의들을 익히고, 전통적인 배열들을 연습한 뒤 먼저 자신이나 가족, 친구들, 또는 누구든지 충분한 시간 동안 조용히 앉아 있을 수 있는 사람에게 읽어 주어라. 책에 나오는 정의들이 당신의 이름처럼 익숙해질 때까지 연습하라. 그 후에 당신이 모르는 사람들을 위해 읽어 주어라.

처음 모르는 사람들을 위해 읽을 때는 흥분이나 초조, 승리감, 불안과 같은 여러 가지 감정들이 당신에게 밀려올 것이다. 당신은 어떤 카드에 관심을 더 기울여야 할지, 어떤 카드가 당신이 알고 있는 카드인지, 어떤 카드가 그 사람에게 가장 강력하게 연관되어 있는지를 빨리 알게 될 것이다. 카드를 더듬거리며 읽든 아니면 매끄럽게 읽든, 당신은 사용하고 있는 카드의 목소리를 분명히 듣게 될 것이다.

타로를 하면서 어떤 카드들은 반복되어 나타난다는 사실을 알게 될 것이다. 카드를 아무리 뒤섞어도, 어떤 배열을 펼쳐도 똑같은 카드가 계속하여 나타난다. 이 카드들은 대개 당신의 삶 속의 패턴들이나 당신이 읽어 주는 사람들의 삶 속의 패턴들을 묘사하고 있다. 이들은 책에 소개된 정의와는 다른 개인적인 의미를 나타낼 수도 있다. 당신이 만약 집요한 성격의 소유자라면 결국에는 78장 카드 모두에 대해 지극히 개인적인 정의를 가지게 될 것이다. 그것이 바로 '이 카드가 나에게 의미하는 것은 무엇일까?' 에 관한 타로의 핵심적인 것이다.

특별히 좋고 반가운 카드가 있는가 하면, 반면에 어쩐지 싫고 두려운 카드가 있다. 탑 카드가 아주 좋은 예이다.

탑의 이미지는 어떤 덱이든 그다지 크게 다르지 않다. 탑은 금방 무슨 일이라도 일어날 것 같은 어둡고 험악한 하늘을 배경으로 높이 서 있다. 번개가 오래된 탑의 벽을 치고, 사물과 사람들이 탑의 창문에서 떨어져 내린다. 탑 아래의 물은 원시의 바다처럼 부글부글 끓으며 몸부림치는 듯하다. 모든 것들이 좋은 상태가 아니다.

처음에 이 카드는 당신의 등골을 오싹하게 할 것이다. 당신은 해고 통지서나 불리한 판결, 자동차 문제, 전기 문제 등과 같은 최악의 상황들을 예상할 것이다.

그러나 당신은 탑을 공부하면서, 당신이 누구인지, 당신이 어떤 사람인지를 제한하는 오래된 패턴과 일상을 깨뜨리는 것이 탑의 의미라는 것을 알게 될 것이다. 이 카드는 점성학의 천왕성에 해당되는데, 당신을 제한하려는 체계를 산산이 부수는 것을 상징한다. 탑은 당신에게 변화가 필요하다는 것을 알려 준다. 당신 스스로 변하지 않는다면, 외적인 힘이 변화를 강요해 올 것이다.

언어의 경우와 마찬가지로, 타로에 대한 이해는 타로를 사용하면 할수록 변화되고, 서서히 발전하고 더 깊어질 것이다.

아르카나

일반적인 타로 덱은 78장의 카드로 되어 있고, 이 카드들은 메이저 아르카나(22)와 마이너 아르카나(56)로 구분된다. 메이저들은 원형적 사건, 즉 성격과 운명에 관련된 중대한 문제를 나타낸다. 마이너들은 상황과 행동에 관계되며, 메이저들의 에너지가 일상생활에서 어떻게 나타나는지를 보여 준다.

0에서 21번까지의 번호가 매겨진 메이저들은 바보의 순수하고 거친 열정으로 시작해 세계의 세련된 교양과 지식으로 끝나는 여정의 항구들이다. 메이저들은 덱에서 가장 강력한 카드들이다. 때때로 메이저들은 인간의 삶 속의 역학을 이해하기 위해 알아야 할 모든 것을 말해 준다.

마이너들은 다시 네 개의 슈트, 즉 지팡이, 컵, 검 및 펜타클로 나누어진다. 이들은 각각 네 가지 원소와 네 가지 성격 유형, 사계절을 의미한다. 이 슈트들은 마이너의 DNA, 즉 기초 요소이다.

각 슈트는 1에서 10까지의 번호가 매겨진 카드와 네 장의 궁정 카드로 구성된다. 점 또는 번호를 가진 카드들은 원형들이 삶 속에서 엮어 내는 패턴들을 의미한다. 한편 궁정 카드들은 대개 사람들을 나타내거나 행동 패턴들을 의미한다. 어떤 덱의 경우 궁정 카드의 이름을 다르게, 이를테면 시종과 기사를 왕자와 공주로 부르기도 한다. 하지만 이제 막 타로를 시작했다면, 궁정 카드에 전통적인 이름을 부여하는 카드 덱이 가장 쉬울 것이다.

카드의 의미가 세속적인가, 심원한가 하는 것은 당신이 어떤 카드 덱을 사용하고 어떤 책을 읽느냐에 따라 달라진다. 일단 그 카드들에 익숙해지면, 자신의 경험을 통해 그 의미들은 보충되고 확장되어 갈 것이다. 우리의 의미들은 전통적인 정의들로 시작해 시도와 실수를 통해 발전되고 확장된 것이다. 당신의 카드도 그렇게 될 것이다.

타로 일지

처음에는 타로 일지가 매우 값진 도움을 줄 수 있다. 일지가 복잡할 필요는 없다. 공책 한 권이나 컴퓨터 내의 파일 하나면 충분하다. 처음에는 대부분 자신을 위해 읽을 것이기 때문에 날짜와 질문, 뽑은 카드들, 해석을 간단히 적어 넣어라. 정기적으로 다시 점검하여 그 읽기가 얼마나 정확했는지 확인하라.

자신감을 높이는 데는 성공만 한 게 없다. 당신이 얼마나 자주 정확했는지를 알게 되면 놀라게 될 것이다. 최선의 읽기는 직관으로 카드를 읽는 것이다.

때때로 타로 일지는 읽기에서 한두 장의 해석에 잘못이 있었음을 가리켜 준다. 예를 들면, 1994년 여름, 우리들의 친구인 에바는 남편과 이혼 절차 중에 있었다. 그녀는 우리에게 이혼 절차가 어떻게 되어 갈지에 대해 읽어 달라고 했다.

우리는 그녀에게 다섯 장으로 읽는 방향 배열을 해 주었는데(이 책의 다섯 장 카드 배열에 있음) 목표 달성을 도와 줄 것을 나타내는 다섯 번째 위치에서 검의 왕이 나왔다. 에바는 최근에 한 남자 변호사에게 자신의 일을 부탁한 일이 있는데, 우리는 그 왕이 변호사라고 해석했다.

그러나 몇 달이 지난 뒤, 그 왕은 에바의 남편인 것으로 밝혀졌다. 에바와 그녀의 남편은 이혼 조건에 서로 잘 타협하여 합의했고, 변호사는 필요가 없었다. 사실 그녀의 남편은 그녀 이상으로 변호사가 개입하는 것을 원치 않았고, 그녀와 딸이 살 수 있는 집을 한 채 마련해 주는 것으로 일은 마무리될 수 있었다. 에바는 지금 주택 융자금을 전 남편에게 직접 지불하고 있다.

우리가 이용해야 할 정보에 비추어 볼 때, 해석은 틀리지 않았다. 검의 왕은 전형적으로 감정 없이 의견을 교환할 수 있는 40세 이상의 남성이다. 그는 사업가일 수도 있고, 의사일 수도 있으며, 변호사일 수도 있다. 그는 문제의 핵심으로 바로 가는 유형의 사람이다. 에바의 남편은 이혼 합의를 통해 얻을 수 있는 것에 대해 솔직하게 의사소통한 60대의 성공한 사업가이다. 당시에는 그녀에게 남편이 어떤 도움이 될 거라고는 상상할 수 없는 것처럼 보였다.

어떤 시점이 지나면 타로 일지는 성가신 존재가 되거나, 도움이 될 만한 사항들을 너무 많이 적으려다 산만해진다. 따라서 일지는 치워 버려라. 거기에는 어떤 규칙도 없다. 지금부터 당신은 타로 카드를 읽을 때 일지를 쓰지 않아도 된다. 그것은 단순히 하나의 도구에 불과하고, 일단 일지가 없어도 될 만큼 성장했다면, 그것을 해야만 한다는 느낌 때문에 계속하지는 마라. 무엇보다 타로는 재미있어야 하고, 스릴이 있어야 하며, 자유로워야 하고, 힘을 북돋아 주는 것이어야 한다.

배열

이 책에 나오는 배열은 초보자는 물론 전문가, 그리고 그 중간 단계에 있는 사람 모두에게 유용하다. 이제 타로를 막 시작했다면 짧은 배열들이 가장 쉬울 것이다. 사실 카드의 정의를 익히는 최선의 방법은 하루에 한 장의 카드를 뽑아 그 카드의 의미를 일지에 간단히 기록하고, 그날이 끝날 무렵 그 에너지가 어떻게 나타났는지를 기록하는 것이다.

가족과 친구들을 위해 읽어 줄 수 있는 정도가 되면, 더 복잡한 배열로 연습하고 싶을 것이다. 이때 우리는 다섯 장에서 일곱 장 카드의 배열을 권하는데, 아마 이것은 거의 모든 질문에 사용할 수 있을 것이다.

예를 들면, 국자 배열은 많은 정보를 단지 여섯 장 카드에 담고 있다. 이 배열은 그 질문의 전체적인 개요를 제공하며 감추어진 것, 새롭게 나타나고 있는 것, 현재 보이는 것, 당신이 "국자로 떠 내는 것"이나 얻는 것을 정확히 보여 준다. 그리고 그 문제의 해결 요소가 무엇인지 알려 준다. 당신은 다시 한 번 여섯 장 카드를 펴 추가 정보를 구할 수 있고, 그러면 총 12장의 카드를 읽게 된다.

우리 의뢰인 중 한 사람은 현재 사귀고 있는 여자 친구와의 관계가 어떻게 되어 갈지 알고 싶어 했다. 국자 배열이 보다 정확한 이야기를 들려주었다.

질문의 개요를 나타내는 위치의 연인 카드는 그가 이 관계와 관련해 어떤 선택을 해야 한다는 것을 명확히 나타냈다. 감추어진 것의 위치에 컵의 8이 나타났다. 그것은 그 관계는 이미 끝난 일이기 때문에, 곧 그 관계에서 벗어나게 될 것임을 의미했다. 세 번째에 위치한 검의 6은 정신적으로 그는 이미 이 관계에서 벗어났고, 아직 알려지지는 않았지만 덜 번잡스런 다른 것을 향하고 있음을 나타내었다.

현재 보이는 것을 나타내는 위치인 네 번째 위치에서 그는 검의 에이스를 뽑았다. 이것은 그가 이미 자신에게 관심을 보이는 어떤 다른 사람을 만났다는 것을 의미했다. 아니나 다를까 컵의 여왕, 즉 연상의 친절한 여인이 다섯 번째 위치에 나타났다. 마지막 카드는 지팡이의 에이스로 그가 곧 어떤 일을 새로 시작할 것임을 나타냈다.

그는 컵의 여왕에 대해 더 많은 것을 알고 싶어 했다. 그래서 다섯 번째 위치를 위해 세 장의 카드를 더 뽑았고, 이 세 장의 카드는 검의 4, 검의 5 및 지팡이의 3이었다. 이것은 그 새로 만난 여성이 현재 일시적으로 쉬고 있거나, 어쩌면 수술 또는 병에서 회복 중에 있거나, 아니면 그저 삶에서 원하는 것이 무엇인지 다시 생각하는 시간을 갖고 있다는 것을 의미했다. 검의 5는 그녀가 최근에 어떤 분쟁에서 이겼고, 그 때문에 곧 다른 사람들과 일하게 될 가능성이 있다는 것을 시사했다(지팡이의 3).

그 젊은 남자는 모든 것이 사실이라고 했다. 이 새로운 여성과의 관계는 이미 시작되었고 새 직업을 찾고 있는 중이며, 지금은 옛 여자 친구와 헤어질 준비를 하고 있었다. 이것은 여섯 위치 모두가 보충 카드를 뽑을 필요가 없는 읽기였다. 다만 컵의 여왕은 그가 더 많은 정보를 원했던 여자였다.

대부분의 질문들은 몇 개의 큰 범주인 연애, 일/직업, 재정, 건강 및 영적 문제로 묶을 수 있다. 이 책의 배열들은 각 범주에 속하는 특성에 초점을 맞추어 설명하였다.

예를 들어, 사랑에 대한 질문은 전통적인 켈트 십자가보다는 열 장의 카드로 읽는 진행 중인 관계 배열을 하면 더 상세한 답을 얻을 수 있다. 영적 진보에 대해 묻고 싶다면 다섯 장 카드로 된 믿음 배열로 시작하면 좋을 것이다.

그 일은 언제 일어날 것인가?

타로에서 가장 까다로운 것은 시기와 관련된 부분이다. 점성학이나 수비학과는 달리 타로는 정확한 시기를 제공하지 않는다. 이것이 실제로 우리가 다른 분야보다 타로를 더 좋아하는 이유 중의 하나이기도 하다. 우리는 힘의 중심은 현재에 있으며, 미래는 변할 수 있고 정해져 있지 않은 것이기 때문에 언제든지 바뀔 수 있는 것으로 믿는다.

이렇게 말하고 나니 우리가 사람들에게서 가장 많이 듣는 질문 중에 하나가 생각난다. 그 질문은 "특정한 사건이 언제 일어나는가?"에 관한 것이다. 모든 사람들은 언제 그 일이 일어날지를 알고 싶은 모양이다. 내 인생의 사랑은 언제쯤 만나게 될까? 승진은 언제 할 수 있을까? 나는 언제 빚을 다 갚고, 약혼하고, 결혼하고, 임신하고, 이혼하는가?

일반적으로 시기를 알 수 있는 최고의 방법은 시기를 알 수 있도록 설계된 배열들 중 하나를 사용하는 것이다. 여기에 해당되는 배열로는 여섯 장 카드인 적당한 시기, 일곱 장 카드인 피라미드와 매주가 있다. 읽기를 시작하기 전에 시간의 틀, 즉 날의 수, 주의 수, 또는 달의 수를 정하여라.

그 밖의 배열들은 시기적 요소를 가까운 미래 위치를 통해 그 속에 가지고 있다. 켈트 십자가에서 이것은 여섯 번째 위치이다. 읽기 전에 그것에게 어떤 시간 주기를 맡길지 결정해야 한다.

시기에 관한 질문에 대해 빠르게 답할 수 있는 한 가지 방법은 에이스 카드를 뽑을 때까지 계속 카드를 뽑는 것이다. 카드를 뽑기 전에 그 카드에 날, 주, 달, 년 중 어떤 것을 표시하게 할지 지정해야 한다. 그 뒤 그 에이스가 나오기 전까지 카드를 뽑고 그 카드의 수를 세어 보아라.

고전적이지만 좀 더 번거로운 방법은 카드를 그 해의 계절에 맞추는 것이다. 이것은 몇 가지 방법으로 할 수 있는데, 우리가 선호하는 방법은 메이저 카드를 덱에서 제거한 뒤 궁정 카드와 마이너 카드로만 하는 것이다. 이 56장의 카드 중에서 한 장의 카드를 골라라. 이것이 시기를 나타내는 카드가 된다.

이 경우 지팡이는 봄, 컵은 여름, 펜타클은 가을, 검은 겨울에 해당된다. 에이스는 그 계절의 첫 주를 의미하고, 2는 그 계절의 두 번째 주이다. 이런 식으로 그 계절의 열세 번째 주인 여왕까지 계속한다. 왕은 한 계절에서 그 다음 계절로 넘어갈 때를 의미한다.

또 하나의 방법은 카드에 적힌 번호로 시기를 알아내는 방법이다. 덱에서 바보를 제외한 메이저들만을 가지고 한다. 이때 가능한 시기는 하루에서 21일, 21주, 또는 21달에 이를 수 있다. 마이너 카드는 열 달까지 올라갈 수 있다. 여기에 궁정 카드를 더하면 시기는 14개월까지 연장된다. 이때 카드의 의미는 문제가 되지 않는다. 오직 숫자만이 중요하다.

미래는 질문자의 믿음과 생각, 감정, 선택 및 결정에 따라 변화한다. 정확한 날짜가 필요할 때 우리는 이 부분에서 논의되고 있는 방법들 중 하나 이상을 사용하여 답을 제공할 수 있을 것이다. 그러나 어떤 시기 예언도 먼저 질문자의 의지와 욕구에 따라 시기가 바뀔 수 있다는 설명으로부터 시작해야 한다.

읽기가 말이 안 될 때는?

이럴 때가 있다. 카드가 당신 앞에 있고, 그 각각의 카드가 의미하는 것은 알고 있다. 그러나 그 카드들을 함께 모아 해석하려고 하면 전혀 뜻이 통하지 않는다. 가장 좋은 방법은 그냥 카드들을 뽑아 또 다른 하나의 배열을 시도하는 것이다. 그래도 되지 않으면 메이저 카드만을 사용하여 배열을 시도하라.

카드가 여전히 혼란스러운 것 같으면, 당신이 읽어 주고 있는 사람에게 카드가 지금은 그 질문이나 문제에 답하고 싶지 않은 모양이라고 말해 주면서, 다른 것을 해 보자고 제안하라. 그 사람에게 지금은 읽어 줄 수 없다고 말하는 것은 좋지 않은 생각이다. 그 말을 자신의 죽음이 임박하다는 의미로 받아들일 수도 있다.

역방향 카드를 읽어야 하는가?

역방향 카드는 카드 방향이 거꾸로 놓인 카드를 말한다. 어떤 타로 리더들은 역방향 카드를 읽지 않으면 불완전하다고 생각하지만, 이러한 생각에 대해 찬성하는 사람도 있고 반대하는 사람도 있다. 다른 타로 리더들은 이미 다루어야 할 부정적인 카드가 충분히 있는데 왜 78장의 카드를 더 추가하느냐고 생각한다. 결국 역방향 카드들을 읽어야 할지 말아야 할지는 스스로 판단해야 한다.

그러나 편의를 위해 처음에는 카드가 바르게 놓였을 때의 본래의 의미를 따르는 것이 좋을 것이다. 결국 156개의 정의보다는 78개의 정의를 익히는 것이 훨씬 쉽기 때문이다.

우리는 역방향 카드가 덱에서 그렇게 떨어져 내릴 때에만 읽으며, 따라서 이 책에서는 역방향의 의미가 소개되어 있지 않다. 우리가 역방향 카드를 사용하는 또 하나의 유일한 경우는 예/아니오 질문에 답할 때다.

종종 사람들은 어떤 것에 대해 간단히 예 또는 아니오라는 답을 원할 수도 있다. 그때 우리는 카드 덱을 역방향 카드가 나오도록 섞고, 다섯 장의 카드를 뽑는다. 만약 바르게 놓인 카드가 많다면 예이고, 그 반대의 경우라면 아니오를 의미한다.

만약 당신이 둥근 모양의 카드인 마더피스나 클로이스터의 타로 중 하나를 사용한다면 역방향은 의미가 없어진다. 둥근 모양의 카드는 위쪽 아래쪽이 분명하지 않기 때문이다.

카드 관리와 준비 의식

당신이 처음으로 타로 카드를 가지게 되었을 때는 그것들을 사용할 준비가 되었다고 느껴질 때까지 섞어야 한다. 이렇게 하는 이유는 카드에 당신의 에너지를 불어넣어 당신과 카드 사이에 특별한 연결 고리를 만들어 내기 위한 것이다. 어떤 타로 리더들은 새 카드를 베개 밑에 넣고 자라고 하지만, 솔직히 그럴 필요를 느끼지 못한다면 하지 않아도 된다.

전통적인 방법은 카드 덱을 천으로 감싸 헝겊으로 만든 가방이나 나무 상자에 넣어 보관하는 것이다. 마음에 드는 어떤 천이라도 사용할 수 있지만, 비단이 인기가 많은 편이다. 가방은 주로 자수나 손으로 그림을 그려 장식한 우단이나 공단으로 된 것을 사용한다. 당신은 카드 덱을 나무 상자나 장식이 있는 주석 용기 또는 그것들이 들어 있던 포장지에 보관할 수 있다.

그러나 사실은 어떤 규칙도 없다. 당신의 마음에 드는 방식으로 보관하라. 종교적인 의식을 중요하게 생각하는 우리들 중 한 사람은 가방이나 상자에 가지런히 넣어 접근하기 쉬운 곳에 감추어 둔다. 다른 한 사람은 여러 개의 덱을 집안 여기저기 두는데, 대부분 고무줄로 묶어 둔다.

만약 당신이 타로 카드 수집가라면 본래의 포장을 그대로 보관하는 것이 중요하다. 어떤 카드이든 그 보관 상자나 소책자가 없으면 가치가 떨어지기 때문이다.

준비 의식은 타로와 관계된 대부분의 것들과 마찬가지로 개인적인 문제이다. 우리는 대개 조금 더 마음을 정결히 하고, 깊은 호흡을 한 차례 한 뒤, 질문과 우리가 읽어 주는 사람이 누구이든 그 사람에게 집중한다. 시작하기 전에 촛불을 켜거나 향을 피우거나, 잠깐 명상을 하거나 혹은 기도를 한다면 더 좋을 것이다.

타로 카드 정화

계속해서 읽기를 하면 카드가 종종 그 기운을 잃는 것 같아 보일 때가 있다. 따라서 카드를 자주 청결하게 정화해 주는 것이 좋다. 고전적인 정화법은 카드를 차례대로 정렬하는 것이다. 새로 산 카드의 경우 특정한 일련의 연속을 가지고 있는데, 이 연속은 번호순의 메이저들로 시작하여 그 뒤로 에이스에서 왕까지 정렬된 각 슈트들이 나온다. 카드를 그것들의 원래 순서로 복원시킨 뒤 새로 샀을 때처럼 완전히 섞어라.

우리는 종종 수정으로 카드를 정화한다. 다음 읽기를 하기 전에 수정을 카드 위에 놓고 이전의 읽기에서 남아 있을 수도 있는 기운을 모두 제거한다. 이 목적을 위해 사용하는 수정은 바다 소금을 넣은 따뜻한 물로 주기적으로 세척해야 한다. 세척이 끝나면 건조시켜 밖에 내어 놓거나 창틀 위에 올려 놓는다. 그러면 수정은 태양열에 의해 재충전된다.

샐비어 잎이나 히말라야 삼목의 연기를 쐬어 카드와 수정을 정화시킬 수도 있는데, 이 방법은 미국 원주민의 방식이다. 짙은 연기를 낼 수 있는 스머지스틱(smudge stick)이 없는 경우에는 로즈메리나 샐비어 잎과 같은 마른 허브를 내화접시에 조금 넣고 태워라. 카드나 수정을 몇 차례 그 연기에 쐬어 주어라.

위와 같은 방법들이 모두 성가시다면, 그냥 다른 덱을 사용하면 된다.

다른 점술들과 타로는 어떻게 다른가?

최근에 우리가 타로를 읽어 준 어떤 사람은 그 읽기에 만족하고 자신의 삶이 상승 궤도에 올라 있다는 사실에 기쁘다고 말했다. 하지만 이러한 것이 정말 사실인가? 정말 이런 일이 일어나는가? 하고 궁금해 했다.

점성학, 주역, 룬, 주술 카드, 스틱, 뼈 등의 점술 도구를 사용할 때 정해져 있는 것은 아무것도 없다는 생각을 가지고 임하면 가장 유용하게 사용할 수 있다. 자유 의지는 우리에게 스스로 삶에 대한 각본을 쓰고, 좋아하지 않는 것들을 바꾸고, 원하는 것들을 더 많이 만들어 낼 수 있도록 힘을 준다. 당신의 삶의 과정은 점술 도구나 카드 리더, 운명에 의해서가 아니라 당신 스스로 결정하는 것이다.

카드를 뽑거나 룬을 던질 때, 당신은 그 순간에 당신의 삶이 어떻게 존재하고, 현재 믿음의 패턴을 기초로 그것이 어떻게 전개되어 갈지에 대한 그림을 얻게 된다. 당신이 기초가 되는 그러한 믿음들을 바꿀 때 당신의 패턴은 바뀌게 되고, 그래서 결국 다른 카드, 다른 룬, 다른 헥사그램을 갖게 된다.

이런 식으로, 타로와 그 밖의 점술 체계들은 당신 자신이나 당신이 타로를 읽어 주는 사람의 내부에서 일어나려 하고 있는 일을 추적해서 알아내는 하나의 방식이다. 그러나 타로가 다른 점술 체계와 크게 차이를 보이는 좋은 점은 그 언어가 시각적이라는 것이다. 타로의 그림들은 원형의 세계 안에 살며 호흡하고 있는 우리의 그것에게 곧장 말을 건다. 타로는 우리의 내면을 명백히 드러내 보여 준다.

2

타로의 원리

원형과 동시성

22장의 메이저 카드는 당신이 언젠가 만나게 될 이국적인 문화만큼이나 색다르고 복잡한 세계를 보여 준다. 그렇지만 일단 그 메이저들이 우리 모두에게 공통되는 원형을 그리고 있다는 것을 이해하게 되면, 그것들이 그다지 낯설어 보이지 않게 된다.

원형은 인류의 집단무의식 내에서 호흡한다. 이 원형들은 신화, 민속, 동화, 전설, 환각, 환상이나 꿈 속에서 발견된다. 이들은 우리가 가진 언어, 문화, 종교 및 정치적 신념에 있어서의 큰 차이에도 불구하고 우리들을 연결시켜 준다.

꿈 속에 나타나 조언이나 안내를 해 주는 지혜로운 노인은 원형의 한 예가 될 것이다. 타로에서 이 지혜로운 노인은 자신의 답을 찾아 내부로 들어가는 은둔자로 표현되고, 그와 상응하는 여성적 형태는 고위여사제이다.

스위스 심리학자 칼 융은 원형이 종종 놀라운 동시적 사건을 통해 나타난다고 믿었고, 이것을 동시성이라고 불렀다. 리하르트 빌헬름(Richard Wilhelm)의 『주역(I Ching)』에 덧붙인 뛰어난 서문에서 융은 "……동시성은 사건이 시간과 공간적으로 동시에 일어나는 것을 말한다. 이는 단순한 우연 이상의 어떤 것을 의미하는데, 말하자면 관찰자나 관찰자의 주관적(심리적) 상태와 객관적 사건 간의 어떤 미묘한 상호 의존 관계를 의미한다."고 썼다.

융은 『주역』에서 애로 스틱(yarrow sticks)이나 동전이 떨어져 내리는 것을 보다 명확하게 설명하였다. 그렇지만 동시성의 원리는 어떤 점술 체계이든지 그 중심에 놓여 있는 것이다. 당신이 동전을 던지거나 카드를 펼칠 때 이들은 그 순간만이 가지는 고유한 패턴을 표현해 낸다. 융이 지적하고 있는 것처럼, 이 패턴은 주관적 상황과 객관적 상황에 대해 완전히 해석해 내고 입증하고 읽을 수 있을 때에만 의미를 가지며, 다음에 전개될 사건들에 대해서도 마찬가지이다.

동시성의 한 예는 이웃에 사는 사람이 우리에게 찾아와 자신이 임신하고 있는지 카드를 뽑아 달라고 했을 때 발생했다. 그녀는 어쩌면 자신이 임신했을지도 모른다고 생각하고 있었지만, 그 생각은 자신의 바람일 수도 있다고 생각하고 있었다. 우리는 몇 가지의 배열을 했지만, 한 번도 통상적으로 임신을 나타내는 카드(여황제, 컵의 에이스, 컵의 시종, 지팡이의 에이스)는 나타나지 않았다.

그녀의 다섯 살난 아들이 함께 방에 있었는데, 카드를 하나 뽑아도 되느냐고 물었다. 우리는 카드의 앞면을 아래로 향하게 하여 탁자 위에 부채꼴로 펴 놓았고, 그 아이는 여황제를 뽑아 냈다.

아니나 다를까 일주일 뒤 의사에 의해 임신이 확인되었다. 이것은 행동상의 동시성이다. 그녀의 아들이 카드를 뽑는 짧은 그 순간 여황제는 그녀가 요구한 질문에 정확한 답을 줄 수 있는 78장의 카드 중 하나였고, 그녀의 아들이 그것을 뽑아 냈기 때문이다.

우리들 대부분은 동시성을 경험하지만, 우리가 사물의 전체적인 구조 속에서 그들이 차지하는 중요성을 알기 전까지는 무의미한 것이라 생각하고 무시하는 경향이 있다. 그러나 만약 물리학자 데이비드 봄(David Bohm)이 주장하고 있는 것처럼, 모든 것이 양자적 수준에서 연결되어 있다면 우리는 이 분명한 동시적 사건들에 주의를 기울이는 것이 나을 것이다. 이들은 우리가 삶 속에서 일어나고 있는 어떤 패턴들을 경계하며 지켜보게 한다.

인상적인 동시성의 한 예가 작가인 친구에게 일어났다. 그녀는 청개구리에 대해 각별한 애정을 가지고 있었고, 청개구리가 행운을 가져다준다고 믿고 있었다. 그래서 청개구리가 자신의 집에 들어올 때마다 머지않아 좋은 소식을 들을 수 있을 것이라는 생각을 했다.

그러나, 어느 날 오후 그녀는 작은 청개구리 한 마리가 망으로 된 문에 갇혀 있는 것을 발견했다. 그 망 문을 열고 청개구리를 놓아주려고 하는데, 뒷다리가 부러져 있었다. 그녀는 열쇠가 되는 낱말은 '부러진'이고, 얼마 안 있어 자신의 삶을 구속하던 어떤 매듭이 풀리게 될 것이라고 느꼈다. 다음 날 아침 법률 대리인은 최근에 제시한 그녀의 제안을 출판사 측에서 받아들였다고 말했다.

우연의 일치?

그런 말은 타로에는 없다.

운세, 예측, 또는 점?

이 셋 간의 근본적인 차이는 어의 발달론에 있다.

이들은 기본적으로 카드를 뽑고, 그것을 해석하고, 당신이 본 패턴을 기반으로 예언한다는 점에서는 하나이고 동일하다.

단어 '운세'는 좋지 않은 의미로 와전되었는데, 카드 리더들을 위대한 뉴에이지 괴짜로 묘사하는 언론에도 일부 책임이 있다. 단어 '점(divination)'은 상대적으로 고상한 의미를 가지는데, 그 이유는 아마 '신성한(divine)'이라는 단어에서 그 말이 파생되었기 때문일 것이다. '예측'이라는 용어는 셋 중에서 가장 품위 있는 말이다. 결국 예측자는 우리에게 태풍이 어디에 들이닥칠지, 어떤 주식이 많이 오를지, 미래의 추세는 어떻게 될지를 말해 주는 사람이다.

어떤 말을 선호하느냐와 상관없이 우리 모두는 내일 일어날 일에 대해 궁금해 하는 것은 사실이다. 타로 자체는 당신에게 이름이나 날짜를 알려 주지 않을 수도 있다. 그러나 기상 캐스터처럼 타로는 현재의 패턴들에 영향을 미치고 있는 과거의 패턴들에 주의를 기울이게 한다. 또 그것은 미래에 일어날 수도 있는 패턴들을 정확히 지적해 낸다.

특정한 읽기에 있어서 핵심 카드가 바보라고 가정하자. 우리들 모두는 그의 거친 열정, 즉 결과에 대해 두려워하지 않는 그러한 억제되지 않은 환희로 어떤 일에 뛰어드는 매혹적인 순간을 경험했다.

바보는 인본주의 심리학의 아버지 아브라함 매슬로우(Abraham Maslow)가 말한 절정의 순간, 즉 우리들 모두가 생각한 것보다 더 크고 광대한 어떤 것과 연결되어 있다는 지식에서 비롯되는 짧지만 강렬한 행복감이라고 할 수 있다. 바보는 데이비드 봄(David Bohm)의 내재된 질서의 증거이다. 그는 세계로 가는 길 위에 있는 세 마리의 새끼 돼지이다. 바람의 색채에 대해 노래할 때의 포카혼타스다. 그는 우리가 18세이고, 우리가 세계를 소유하고 있다고 믿을 때의 우리이다. 그 여행이 어떤 여행이 되든지 그 여행의 다음 단계를 끌어안는 열정에 의해 힘을 얻는 35세 또는 50세 또는 70세의 우리이다.

배열의 핵심 카드로서 바보는 당신이 조만간 실제적으로는 전혀 의미가 없는 숭고한 여행을 떠날 것이라고 말한다. 그것은 육체적인 여행이 되거나 아니면 연애 사건과 같은 은유적인 여행이 될 수도 있다. 그것은 어느 날 저녁 하늘에 찬란하게 빛나는 무지개를 힐끗 보고, 너무나 가슴이 벅차 그 감동이 나머지 삶 속으로 넘쳐흐르는 것만큼이나 단순할 수도 있다. 바보는 원형적이고, 그의 역사는 인류만큼이나 오래되었다.

스냅 사진과 이야기

메이저 카드의 정의는 그것들을 우리의 개인적이고도 집단적인 여행의 스냅 사진으로 생각하면 기억하기가 쉽다. 비결은 그것들을 하나로 묶어 이야기로 만드는 것, 그것들을 엮어 주는 실을 발견하는 것이다.

어떤 사람에게 큰 변화를 겪게 될 것이라고 말해 주는 것만으로는 부족하다. 그 사람에게 그 변화가 어떤 것이고 그것들이 어떻게 삶에 영향을 미치게 될 것인지를 말해 줄 수 있어야 한다.

이러한 점에서 메이저는 매우 요긴하다. 이웃집 아들의 예에서처럼 한 장의 메이저는 누군가의 삶을 깊이 꿰뚫어 감지할 수 있게 해 준다. 같은 정보를 얻어 내기 위해서는 여러 번의 마이너 배열이 필요할 수도 있다.

그런데도 마이너 카드 없이는 임신 중이라는 사실을 한 번 잠깐 꿰뚫어 감지하기만 할 수 있을 뿐이다. 여러 장의 마이너 카드들은 우리에게 임신 과정이 어려울지 아니면 쉽게 진행될지, 그녀의 가족 구조에 어떻게 영향을 미치게 될지, 심지어는 전체 임신 기간 내내 동일한 산부인과 의사에게 진료를 받을 수 있을지까지도 말해 줄 수 있다.

메이저들과 마이너들은 동등한 자격을 가지고 전체로서 함께 일한다. 이런 협력 정신을 통해 카드들은 데이비드 봄의 내재적 질서를 두드려 카드를 읽는 사람으로 하여금 그 패턴을 해석해 하나의 이야기를 들려줄 수 있게 해 준다.

자기 지식

당신이 타로로 일을 할 때 반드시 해야 할 일은 자신에게 권능을 부여 하는 자기 지식을 추구하는 것이다.

카드를 익히기 위해서는 먼저 자신을 위해 읽어야 한다. 그것을 충분히 하였을 때, 어떤 카드가 계속해서 나타난다는 것을 알아차리기 시작한다. 이것들은 대개 바로 그 순간 당신의 삶 속에 널리 퍼져 있는 패턴들을 표현한다.

여러 날 또는 여러 주에 걸쳐서 가장 자주 나타나는 세 장의 카드가 컵의 8, 교황, 그리고 검의 10이라고 하자. 첫 번째 카드는 이미 끝나 버린 어떤 것에서 벗어나는 것에 대해 말한다. 더 이상 당신이 원하지 않는 어떤 사람이나 상황에서 벗어나려는 의도적인 결정이다.

두 번째 카드는 기존의 조직이나 기구들, 즉 종교, 가족, 법원, 병원, 법인 및 엄격하게 정의된 한계 내에 존재하는 모든 것을 말한다. 세 번째 카드도 종결과 관련된 것이지만, 이 경우에는 그것이 외부적인 원인을 통해 닥쳐 오는 것 같다. 이 카드는 어떤 주기의 끝을 의미한다.

그러나 당신은 이것을 어떻게 조합해 낼 것인가? 이 세 장의 카드가 그려 내고 있는 패턴은 무엇인가? 당신의 주된 신념 체계가 계속 도전과 만난다는 해석이 하나 있을 수 있다. 교회나 결혼 생활 또는 일하고 있는 회사에서 벗어나길 원하지만, 스스로 그렇게 할 만한 용기를 낼 수 있을 것 같지는 않다. 그래서 주위 환경이 대신 그 역할을 맡는다. 즉, 종교적 믿음은 문제가 있는 것으로 판명되고, 배우자는 집을 나가 버리고, 직장에서는 해고된다. 이러한 일은 한 번에 그치지 않고, 되풀이하여 일어난다. 상황은 바뀔 수도 있겠지만, 그 패턴들은 똑같다.

그래서 당신은 이 패턴을 어떻게 하면 바꾸어 삶을 개선할 수 있을지 묻기 시작한다. 자기 지식과 권능 속으로 첫발을 내딛는 것이다. 카드에 더욱 익숙해지면 이제 다른 사람들을 위해 읽기 시작한다. 다른 사람을 위해 읽음으로써 당신의 자기 지식은 확장된다. 자기 지식과 권능은 타로의 본질적인 것이다.

매슬로우는 우리가 누구인가에 대한 탐색에 대해 자아실현이라는 용어를 쓰고 있다. 우리가 더욱 의식적이 될수록, 최대의 잠재 능력에 어떻게 하면 도달할 수 있는지를 보다 명확히 인식하게 된다. 우리 앞에 있는 것들을 더 명확히 볼 수 있을 때, 우리가 원하는 것을 얻지 못하게 막는 행동과 패턴을 바꿀 태세를 더욱 잘 갖추게 된다.

타로는 우리로 하여금 데이비드 봄의 내재된 질서를 경험하도록 해 주는 도구이다. 그것은 가장 순수한 형태의 동시성, 즉 융의 집단 무의식의 시각적인 묘사이다. 이것은 당신의 내면의 모습을 표현해 낸다.

이것을 현명하게 사용하라.

메이저 카드

　　메이저들은 일상적으로 일어나는 일보다는 삶의 중요한 문제와 관련되어 있기 때문에, 그 밖의 다른 모든 카드들보다 중요성에서 우위를 차지한다. 메이저들은 특히 의미가 풍부하고 다양하다. 그래서 당신이 사용하는 덱은 특별히 중요해질 것이다. 그 그림들이 당신에게 공명하면 할수록, 그 메이저 카드들을 더 잘 해석하고 설명할 수 있을 것이다.

　메이저들은 당신이 익숙해진 첫 번째 카드 집단이어야 한다. 그 의미들을 익히는 가장 간단한 방법은 하루를 시작할 때 한 장이나 두 장의 카드를 뽑은 뒤 그들을 타로 일지에 기록하는 것이다. 하루가 끝날 무렵, 그 의미를 그날에 실질적으로 일어난 일과 비교하라. 반복적으로 나타나는 카드는 특별히 주목하라. 그들은 다루어져야 할 필요가 있는 어떤 패턴을 나타내고 있다.

조합

당신 자신이나 다른 누군가를 위해 읽을 때, 상호 연관성 있는 그림들을 조합하여 카드를 해석하도록 하라. 그것은 이야기의 줄거리를 따라가는 것과 같다. 갈등은 무엇인가? 배우들은 누구인가? 일어나기 시작한 사건들은 무엇인가? 가능한 해결책은 무엇인가?

한 출판사의 홍보 담당자인 재니스는 직장을 그만두고 다른 도시로 옮겨 학교에 다니는 것이 어떨지 알고 싶어 했다. 그녀는 네 장의 카드, 여황제, 죽음, 세계 및 연인을 뽑았다.

질문으로 볼 때, 첫 번째 카드는 그런 이동을 해도 좋은 시기임을 보여 준다. 이것은 자신의 시각에 새로운 자양분을 공급하는 데 필요한 어떤 것이었다.

결정하지 못하게 하는 이유를 아는 데 필요한 죽음 카드는, 만약 그녀가 일을 그만두기로 마음먹는다면 그동안 직업적으로 쌓아 올린 좋은 평판과 작별하게 될 것임을 알려 주었다. 자신이 그렇게 되는 것을 원하는지 그녀는 완전히 확신하지 못하고 있었다.

자신의 결정과는 상관없이 그녀는 세계 카드가 의미하는 것을 얻게 될 것이다. 그녀가 남는다면 임금 인상과 진급을 얻을 것이다. 만약 그녀가 떠난다면 새로운 문들이 열리고, 새로운 기회들과 사회적 만남을 가지게 될 것이다. 그것은 그녀에게 매우 성공적인 것으로 판명될 것이다.

마지막 연인 카드는 그 결과이다. 그녀는 그 당시 누군가와 깊이 사귀고 있지 않았기 때문에 이 카드는 결국 머무는가 떠나는가의 선택은 그녀 자신에게 달려 있다고 말하는 것 같았다.

이 읽기가 있고 8개월 후, 그녀는 여전히 출판사에 있었다. 하지만 그녀는 승진했고, 그 일을 너무나도 사랑하고 있었다.

메이저 카드만을 가지고 읽기를 할 때는, 같은 수의 마이너 카드를 뽑아 메이저 카드가 다루고 있는 주제들과 연결해 읽는 것이 좋다는 사실을 명심하라. 그렇게 하면 당신은 각 메이저의 에너지가 어떻게 나타날지, 그리고 누구 또는 어떤 상황과 사건에 연루될지에 대한 간결한 그림을 얻을 수 있을 것이다.

바보 – 열쇠 0

그는 인간 정신의 무한한 잠재력, 즉 경험에 물들지 않은 행동의 순수함을 의미한다. 바보는 바보가 아니라 삶이 가져오는 것은 무엇이든 껴안는 천진난만한 사람이다. 그의 열린 마음, 동기의 단순성, 그리고 그의 순전한 충일(充溢)은 의심이나 두려움의 여지를 남겨 놓지 않는다. 그는 상상력과 창의성, 어린아이가 가진 타고난 지혜를 소유하고 있으며, 어린아이처럼 주저 없이 앞으로 달려 나간다. 그는 자신의 본능을 믿는다.

배열의 어디에 떨어지는가에 따라 바보는 당신이 너무 멀리, 너무 빨리 밀어붙이고 있다는 것을 의미할 수도 있다. 비현실적이거나 무책임하게 행동하고 있을 수도 있다. 당신으로 하여금 다시 18세가 된 것처럼 느끼게 하는 웅장한 충일(充溢)은 가장 가까운 사람들을 짜증나게 할 수도 있다.

읽기 : 신선한 출발 또는 새로운 시작. 예상하지 못한 일을 기대하라. 당신은 가장 가까운 사람들에게 충격을 주는 위험을 무릅쓰지만, 그들의 비평에 신경을 쓰지 않는다. 본능을 믿고 앞으로 돌진하며 결과에 대해 두려워하지 않는다면 모든 것은 가능하다고 생각한다. 바보는 분명 우뇌적이다.

일 : 당신은 새로운 사업을 시작하고, 새로운 직업을 찾고, 어떤 멋진 모험에 나선다. 여기에 여행이 따른다. 거대한 열정은 주위의 모든 사람들에게 영향을 주고, 직업적으로 도움이 된다.

연애 : 당신은 비록 그렇게 해야만 할 것 같은 압박감은 느낀다 할지라도, 전념할 준비가 되어 있지 않다. 현재의 생활이 너무 재미있어 어느 한 곳에 묶이고 싶지 않고, 한 사람에게 묶이기에는 너무도 바쁘며, 한 가족을 이루고 살 마음도 전혀 없다. 당신은 완전히 현재에 살고 있다. 삶은 당면 문제다.

재정 : 기다리던 돈이 드디어 들어온다. 신청한 주택 융자나 대출을 받게 된다. 당신 삶에 새로운 금전적 기회가 나타난다. 재정적인 증가를 기대하라. 당신은 완전한 신용의 시기로 들어선다. 따라서 당신은 어떤 일이 일어나든 문제가 없다는 것을 안다.

건강 : 확실한 개선. 질병에 맞서 그 문제에 적극적으로 뛰어들어 건강을 회복하는 데 필요한 것을 정확히 찾아낸다. 이것은 대체 의학, 전일 의학, 또는 당신의 육체적 자아에 극적으로 영향을 미칠 수 있는 영적 깨달음일 수 있다. 병세가 완화되지만, 사고를 많이 내거나 무엇을 잊기 쉽다.

영성 : 당신의 탐구는 진행 중이다. 세상에 나와 있는 모든 것들, 즉 스라지(sweat lodges), 단식, 전생 체험, 임사(臨死) 세미나, 종교적 또는 이교도 의식, 탄트라 수행, 유체 이탈, 마약, 꿈, 음악을 시도해 보고 있다. 당신이 경험하는 모든 것은 당신이 누구인지와 당신이 믿는 것에 대한 보다 깊은 이해를 가져온다. 당신이 감수하는 위험은 당신을 가장 잘 아는 사람들마저 놀라게 한다. 당신은 이런 것들에 사로잡혀 있었고, 계속 나아가야 한다.

권능 : 오늘은 당신 생애의 첫날이다.

마법사 - 열쇠 1

그는 존 파울즈(John Fowles)의 유명한 소설 『마구스(The Magus)』의 주인공이다. 그는 자신의 의지와 상상을 통해 현실을 의식적으로 창조해 낸다. 연금술사이면서 변형시키는 자로서의 그는 아이디어를 행동으로 바꾸는 능력의 전형이다. 그는 자기 확신과 힘, 결단력으로 자신을 꿰뚫어 본다.

마법사는 점성학으로 볼 때 정신적 명민함과 신속함의 행성인 수성에 해당된다. 그는 창조적 지성과 정신적 발견, 새로운 시작을 의미하며, 욕망과 의지 및 집중과 함께라면 모든 꿈은 우리가 이룰 수 있는 범위 내에 있다는 사실을 깨닫게 되는 것을 상징한다.

읽기 : 외관상 마법적 영향이 당신의 삶 속으로 들어오고, 가장 절박한 문제의 해답을 즉시 알아내거나 창안해 낸다. 당신은 갑자기 보다 깊은 질서와 구조에 관련되는 동시성들을 주목하게 된다. 당신은 바보의 무의식적 에너지를 취하여 이것을 다듬은 뒤 그것을 곧장 당신이 원하고 필요로 하는 것을 만드는 데 사용한다.

일 : 실제로 성공이 당신 머리 위에 있다. 당신은 새로운 일을 시작하게 되고, 희망해 온 승진이 이루어지거나 상여금이 나온다. 창조적인 노력이 시작되고, 당신의 꿈과 욕망은 그것이 무엇이든 구체화된다. 다른 사람을 조종하기 위해 속임수와 교묘한 술책을 사용하는 동료들을 조심하라.

연애 : 낭만적인 관계가 자라 꽃피어 나게 되거나 아니면 예기치 않은 곳에서 새로운 누군가를 만나게 된다. 처음에 당신을 연인에게 이끌었던 마법은 이제 보다 새롭고 높은 수준으로 올라가 그 관계를 변화시키는 것 같다. 당신들은 서로의 꿈을 간파하고, 이심전심으로 의사를 소통한다. 당신은 마침내 영혼의 반려자를 찾았다.

재정 : 당신의 경제 상황은 극적으로 개선된다. 새롭게 시작한 모

험적인 사업이 높은 소득을 기져오고 절실히 필요로 하고 있는 창조적 판로를 제공한다. 당신은 주택 융자금을 갚고, 신용 카드 대출금을 청산할 수 있게 되어, 마침내 돈을 모을 수 있게 된다.

건강 : 문제는 자연적으로 해결된다. 샤먼이면서 치유자인 마법사는 대안적 치료법을 제시한다. 질병은 종종 모닝콜이라는 사실을 기억하라. 당신의 삶에서 잃어버린 것을 정확히 찾아내 그것을 쫓아가라. 몸의 지혜에 귀를 기울여라. 특정한 식이 요법은 도움이 되며, 단순히 일시적으로가 아니고 그것들이 삶의 일부가 되어야 한다.

영성 : 심원하고 은유적인 지식은 당신의 질문에 답을 제공한다. 당신은 스스로 어떤 토론 집단이나 연구에 참가한다. 생기를 불어넣는 창조의 힘에 자신을 열어 그 힘들을 당신에게로 끌어당긴다. 당신의 스승이자 안내자가 도움과 깨달음을 주고 당신의 길에 동행한다.

권능 : 의식의 마법은 당신의 삶을 바꿀 수 있는 힘과 에너지를 준다.

고위여사제 – 열쇠 2

처녀 여신, 달의 딸, 여성 의식의 원형을 생각하라. 그녀는 직관이고 영감이다. 그녀의 지혜는 안으로부터 타오르고, 자신의 기술을 은밀하게 연마한다. 그녀의 지식은 가슴속에 거주한다. 수동적이고 수용적인 그녀는 무의식의 문을 지키면서 당신을 꿈과 심령적인 힘, 달의 주기와 월경 및 여성의 신비에 접속시킨다.

그녀의 점성학 기호는 게자리이고, 그녀의 원소는 물이며, 그녀의 수는 균형을 의미하는 2이다. 고위여사제는 알고 있지만 말해 주지는 않는다. 그녀는 우리로 하여금 자신 안의 깊은 곳을 들여다보고 답을 찾도록 격려한다.

읽기 : 당신은 삶 속에 감추어져 있는 어떤 비밀이나 신비를 이해할 수가 없다. 답을 당신의 기억이나 과거의 꿈 속에서 찾을 수도 있다. 지성보다는 직관에 더 의존하라. 무의식에서 흘러나오는 정보에 마음을 열어 두어라.

고위여사제는 어떤 남성의 삶 속의 한 신비한 여성, 즉 감정에 초연한 성적이고 카리스마가 넘치는 요부를 의미한다. 여성의 삶에 있어서는 직관을 의미한다.

일 : 일이 한동안 느리게 진행될 수 있지만, 얼마 지나지 않아 당신을 놀라게 하는 일이 일어난다. 즉, 상여금이나 임금 인상 어쩌면 승진이나 새로운 일을 할 기회가 올 수도 있다. 같은 직장의 한 여성이 남의 말은 하기 좋아하면서도 자신에 대해서는 아무것도 말하지 않는다. 당신은 더욱 능률적이고 시간을 절약하게 해 주는 새로운 일의 방식을 생각해 낸다.

연애 : 당신의 연인은 아무 말도 하지 않고 있다. 그녀의 마음은 멀리 있고 냉정하며, 자신의 일에만 빠져 있어서, 당신은 대기 전술

을 펼친다. 당신의 연애에 대한 초연함은 당신으로 하여금 에너지를 삶의 다른 분야로 향하게 한다. 내면의 목소리를 따라가라.

　재정 : 당신은 전체적인 상황을 모르고 있고, 한 여성이 당신이 모르는 분야에서 두각을 나타낸다. 그녀는 전갈자리 또는 전갈자리의 속성들, 즉 비밀스럽고, 성적이고, 교활하고, 심령력이 강하고, 보복적인 속성을 가진 어떤 사람일 수 있다. 표면 밑을 철저히 조사하고, 의문을 가지며, 당신 스스로 여러모로 알아보고, 자신의 생각을 남에게 알리지 마라.

　건강 : 모든 것을 액면 그대로 받아들이지 말라. 당신은 치료에 대해 어떤 결정을 내리는 데 필요한 모든 정보를 가지고 있지 않다. 진단 내용과 검사 결과를 당신 의사에게 물어보아라. 당신을 괴롭히는 것에 대한 전통적인 치료법이 본능적으로 마음에 들지 않는다면, 그 치료법을 따르지 말라. 당신의 몸에 귀를 기울이고, 꿈에 주목하고, 건강과 관계된 동시성을 알아차려라. 꿈을 통해 치유하라.

　영성 : 당신의 개인적인 인생 항로는 여전히 감추어져 있거나 명확하지 않을 수 있다. 그러나 일상적 삶이 주는 단서들에 마음을 열어 두고, 항상 받아들일 자세를 가짐으로써 당신은 필요한 이해를 얻는다.

　권능 : 비법과 직관에 의하여 당신이 원하는 것을 얻어라.

여황제 – 열쇠 3

그녀는 모든 인간의 삶의 성쇠의 상징으로서 계절을 창조한 케레스/데메테르의 모습을 한 위대한 어머니 여신이다. 자연의 어머니로서 그녀는 탄생, 죽음 및 부활의 주기를 주도한다. 그녀는 우리들이 사는 세상에 질서를 부여하고, 땅의 풍요를 아낌없이 나누어 준다.

그녀는 다산, 실용성, 행운 및 성공을 의미한다. 그녀의 직관과 통찰력은 성별을 초월한다. 그녀의 영역은 감정, 느낌, 내적 격려에 있다. 점성학에서 그녀의 짝은 감정적 사랑과 관능적 쾌락, 성적 열정의 화신인 비너스다.

읽기 : 당신의 삶은 풍요로 넘친다. 당신은 길 잃은 자를 거두고, 다른 사람의 고통을 덜어 주며, 그들의 걱정을 달래 주고 보살펴 주는 사람이다. 당신의 열린 마음과 수용성은 잘 들어 주는 훌륭한 상담자가 되게 한다. 당신의 집은 따뜻하고, 우호적이며, 좋은 음식이 가득하다. 당신의 집은 성역이자 성소이다. 여황제는 종종 자신의 어머니나 모성적 특성을 가진 어떤 사람을 가리킨다.

일 : 아이디어가 꽃을 피운다. 당신의 계획은 필요한 지원을 얻어 내고 다른 사람들에게 계속 알려져 성공하게 된다. 당신은 보육원을 열고, 지역 동물 구호소에서 일하고, 어린아이들을 가르친다. 당신의 일은 당연히 자신의 아이들이다. 당신은 자신과 관계하는 생명들에게 영감을 준다.

연애 : 진정한 마음으로 연애하기에 좋은 때이다. 시기는 더할 나
위 없이 좋으며, 동시성은 확산되고, 당신은 관계의 감각적인 열정
에 휩싸인다. 그 관계를 키워 가되, 연인에게 어머니가 되지는 말라.

재정 : 투자하기 좋은 시간이다. 당신이 눈여겨 본 부동산이나 집
을 사라. 돈이 들어오고, 당신이 희망해 온 승진이 이루어지며, 빚은
하나로 정리되고, 경제적인 책임은 줄어든다. 일상생활의 실제 국
면들을 껴안음으로써, 당신에게 번영이 찾아온다.

건강 : 분명 임신의 가능성이 있다. 이미 임신하고 있고 주위의 카
드들이 달리 의미하는 것이 없다면, 나머지 9개월은 활동하는 데 어
려움이 없을 것이며, 출산도 마찬가지다. 당신의 정서적 만족은 당
신의 아이들이나 가족, 그리고 창조적인 일과 관계되어 있다. 이 만
족은 다시 당신의 건강에 긍정적인 영향을 미친다. 밝은 색의 꽃과
나무를 정원에 가꾸며 그것들에 둘러싸여 있으면 좋다. 해변에 하루
만 있어도 생기를 다시 찾을 것이다. 시간을 내어 당신 자신을 보살
펴라.

영성 : 당신은 가정을 여러모로 보살핌으로써 영적으로 에너지를
얻는다. 필요한 답은 가족이나 어린이, 동물과 자연 그리고 책과 예
술을 통해 우연히 발견된다. 환상과 꿈을 기르고, 당신이 상상하는
모든 것에 과감하게 다가가라.

권능 : 당신이 가진 모든 것을 길러라. 그러면 당신이 되고자 하는

모든 것이 될 수 있다.

황제 - 열쇠 4

그는 우리 삶의 질서와 권위적 인물인 상사, 아버지, 정부, 경찰, 판사 그리고 일반적인 사회를 의미한다. 그는 논리와 이성, 좌뇌적 사고, 견고함, 기초에 관한 것이다. 황제가 담당하는 부분은 우리의 여러 가지 근본적인 신념들이 의식적인 체계를 가지도록 하는 것과 연관된다.

그의 점성학적 짝은 양자리, 즉 지도력과 에너지의 자리이다. 그는 자신의 에너지를 불에서 얻고 행동, 전쟁, 정복 및 승리를 관장한다.

읽기 : 당신이 아직 그것을 볼 수 없을지라도, 당신이 원하는 무언가가 삶 속에 나타나기 시작한다. 당신의 가장 큰 장점은 의지의 힘이다. 당신은 모든 장애물을 하나의 도전으로 생각한다. 당신은 시각화와 확언을 통해 의도와 욕망을 명확하게 하고 그에 우주는 감응해 온다. 당신이 목적에 집중하면 할수록 실현은 더 빨라진다. 당신이 애쓰는 것에 대해 불쾌해 하지 마라. 타인들은 당신처럼 보지 않을 수도 있다.

일 : 당신은 계획을 행동에 옮겨 성공적으로 수행한다. 당신의 능력은 사장일 수도 있는 손윗사람의 눈에 띄게 되는데, 그는 당신이 잘 처리한 일에 대해 칭찬한다. 그는 다소 독단적일 수 있다. 그러나

당신은 그의 말에 귀를 기울이고 그의 행동을 관찰함으로써 배울 수 있다. 당신에게 마땅한 임금 인상과 승진을 얻게 되고, 직업적으로 당신을 차별화시킬 수 있는 알맞은 곳을 발견한다.

연애 : 연인은 당신보다 나이가 많고, 논리적이고 분석적인 사고를 하며, 자신감에 넘치고, 아마도 고집이 셀 것이다. 상대는 당신의 상사이거나 동료, 아니면 직무를 수행하면서 만나는 어떤 사람일 수 있다. 그 공감대는 즉각적이지 않고, 천천히 진행된다. 당신들 두 사람은 둘만의 작은 궁전을 만드는데, 여기서 다양한 의견들이 오고 간다.

재정 : 단순히 더 많은 돈을 벌기 시작하는 것만이 아니라, 의지를 집중해 돈을 벌 수 있는 기회들을 만들어 낸다. 동시성에 주목하고, 그들을 따라가며, 그들이 어디로 이끄는지 보아라. 당신의 일시적인 충동을 따라 행동하라. 당신의 보다 높은 자아는 돈은 단순히 에너지이고, 그것은 경제력을 증대시키는 사람들과 기회들로 당신을 이끈다는 것을 알고 있다.

건강 : 당신은 전통적인 치료법과 요법을 따른다. 담당 의사는 환자 다루는 솜씨가 그다지 좋지 않을 수도 있지만, 당신은 그가 당신을 치료할 수 있는 능력을 가지고 있다고 믿는다. 비록 당신은 의사의 치료에 병행해 비타민으로 보충하지만, 그가 허락하지 않을 것을 염려해 그가 모르게 한다. 좋은 건강을 가질 권리가 있다고 믿는 것은 당신이 받는 어떤 요법보다 더욱 도움이 된다.

영성 : 논리적이고 분석적인 좌뇌적 관심과 지적 열정은 당신을
직관적으로 전체를 보는 우뇌적 그림 속으로 인도해 간다. 당신은
현재 있는 곳과 앞으로 있을 곳에 대해 일종의 평화를 얻는다. 당신
은 제단이나 꿈의 게시판(wishboard)을 만들거나, 그저 자신만을 위
한 사적인 영적 공간을 만든다.

권능 : 당신은 집중된 의지를 통해 그것이 무엇이든 당신 가슴속
욕망을 찾아내고, 그것을 실현시키는 데 도움이 되는 조건들을 만들
어 낸다.

교황 – 열쇠 5

종교나 가족, 미합중국과 같은 조직, 단체 및 기구들은 이 카드로
표현된다. 그것은 전통, 의식, 관습적 절차에 관한 것이다. 그것은
양(陽), 즉 남성이다. 이것은 점성학적으로 보다 높은 교육, 조직화
된 종교 및 신학적인 지도자의 아홉 번째 하우스를 지배하는 목성과
관련된다.

읽기 : 당신은 종교나 회사 혹은 가족과 같은 힘에 부딪친다. 이 신
념 체계들과의 충돌은 당신이 자신의 위치를 분명히 하도록 하는 데
도움이 된다. 상담가나 목사, 교사 또는 부모는 당신을 미치게 만드
는 보수적인 충고나 지도를 하려 한다. 결국 당신은 스스로 판단하여
기존의 구조 속에서 자신의 생각을 통합해 내는 방법을 발견한다.

일 : 당신의 직업적 삶은 전통적이고 조직화된 체계 안에 자리 잡고 있다. 규칙을 따르고 성공적인 것으로 이미 증명된 일의 방식을 고수할 때 성공은 찾아온다. 자신을 존재하는 힘에 맞춤으로써 보다 빨리 앞으로 나아간다. 그러나 다른 의견일 수도 있는 표현을 회피할 목적으로 당신의 개인적인 고결함을 더럽히지는 말라.

연애 : 머지않아 결혼을 할 수도 있는데, 교회에서 하는 전통적인 결혼이거나 라스베이거스에서 10분의 의식으로 끝나는 결혼일 수도 있다. 만약 최근에 누군가를 만났다면, 그 관계는 극히 전통적인 만남으로 남성이 구애하고 여성이 전화를 기다리는 방식이다. 역할을 바꾸고자 한다면 그 관계는 깨어진다. 그 관계는 사회의 기대를 따른다.

재정 : 안정되고 실제적인 전략이 가장 중요하다. 보수적인 투자 자문의 조언을 구하라. 모은 돈을 당신이 손댈 수 없는 개인 퇴직 연금에 맡기든지, 아니면 땅이나 주택에 투자하라. 장기적 재정 전망은 밝지만, 당신은 규칙을 따라야 한다.

건강 : 의례적인 요법의 도움을 구하여라. 이것은 MRI나 X선 촬영, 혈액 검사 같은 틀에 박힌 전통적인 건강 검진들이 될 수도 있고, 아니면 대안 요법이 될 수도 있다. 어떤 길을 선택하든 중요한 것은 관습에 맞추어 규칙적으로 지속하는 것이다. 치유에 가장 중요한 것은 신체의 자가치유력에 대한 믿음과 당신을 치유할 수 있는 사람을 찾을 수 있는 힘이 자신에게 있다는 것을 믿는 것이다.

영성 : 당신은 전통적인 것에서 도움을 받을 수 있다. 전통적 믿음 체계는 당신을 자극하고 영적 가치를 심화시킨다. 명상을 통해서든, 기도를 통해서든, 아니면 자연에 대한 의례적 경배를 통해서든 시간을 가지고 자신의 영적 자아와 접속하라. 영적 의례는 당신을 보다 높은 지식으로 이끄는 문이다. 중요한 것은 특정한 길에 대한 탐구를 헌신적으로 매일 하는 것이다.

권능 : 의례는 당신에게 에너지를 주고, 존재하는 모든 것의 근원에 접속시켜 준다.

연인 – 열쇠 6

이 카드는 종종 연애 사건과 관련된 선택과 이원성 및 결정에 대한 것이다. 그것은 어떤 관계의 갑작스럽고 예상치 못한 변화나 당신을 위해 애정 생활을 조정해야 하거나, 안전과 어떤 개인적 위험 간의 선택을 의미한다.

연인 카드가 의미하는 부분은 본성의 이원성과 그것이 가까운 사람과의 관계에 어떻게 영향을 미치는가를 알아차리게 하는 것이다. 이것은 황도대의 쌍둥이자리와 관련을 가진다.

읽기 : 새로운 만남이 가까이 와 있거나 현재 만나고 있는 사람과의 관계에 큰 변화가 온다. 당신은 자신의 삶의 주요 문제나 관계에서 분리되어 있다고 느낀다. 가슴은 어떤 이야기를 속삭이는데, 머

리는 비명을 지르며 또 다른 이야기를 한다.

일 : 당신은 결정을 하여야 하고, 일단 결정을 내리게 되면 일이나 경력 면에서 향상이 기대된다. 표면적으로는 부정적으로 보이는 어떤 것이 불행을 가장한 행복으로 판명된다. 당신은 함께 일하는 누군가에게 매혹되는데, 그 관계를 더 지속시키는 것에 대해 갈등을 일으킨다. 옳다고 생각되는 길을 가라.

연애 : 결정의 시간. 당신이 맺고 있는 관계는 긴장되고 어려운 시기를 지나가고 있다. 당신이나 연인은 다른 사람에게 매력을 느끼고 있지만, 어떻게 말로 표현해야 할지 모르고 있다. 당신은 그 상황을 애써 외면하며 지나가기만을 바라고 있다. 정면으로 대립하는 것을 피하라. 부드럽지만 정직한 대화를 시도하라. 고위여사제나 궁정 카드와 짝을 이루면, 그것은 종종 어떤 관계 속에 감추어져 있는 혼외정사나 밖으로 드러나야 할 비밀을 가리킨다. 가족, 친구 또는 동료 중 누군가가 당신의 결혼이나 만남을 방해하고 있다.

재정 : 일단 당신의 자금력에 영향을 미치는 것에 대해 결정을 내리면 부담이 덜어진다. 돈은 협력이나 제휴 또는 공동의 목표를 위해 일하는 힘의 연합을 통해 온다. 지금이 당신과 연인이 함께 일할 수 있는 좋은 시기이다.

건강 : 당신은 건강 검진을 받을 것인가 아니면 생활 방식을 바꿀 것인가를 결정해야 한다. 어떠한 진단이든 두 번째 의견을 따라라.

전통적인 것은 물론이고 대안 요법 등 다양한 요법들을 충분히 시도해 보라. 시각화와 확언을 사용하라. 건강과 질병 및 몸의 무결성에 대한 당신의 핵심적 믿음들을 알아내기 위해 탐구하라.

영성 : 이국적이고 신비스러운 곳들을 여행하며, 그 여행을 통하여 얻어라. 형이상학의 실제적 적용에 대한 주말 세미나와 워크숍에 참가해 보라. 전생에 대한 정보는 정신적인 어려움을 치료하는 데 도움이 된다.

권능 : 결정하라. 그리고 계속 앞으로 나아가고, 당신의 선택이 옳다고 확고하게 믿어라.

전차 – 열쇠 7

이 카드는 영웅의 여행을 나타내며 야심, 결단력 및 젊은 에너지를 의미한다. 마부는 그의 힘과 재능을 사용하여 서서히 나아가고 있으며, 성공을 향한 욕망으로 불타고 있다. 인디아나 존스처럼 마부는 자기절제와 허세 그리고 순전한 의지력을 통하여 성공한다.

이 카드는 "한번 해 봐." 카드로 그 목적은 그동안 배운 것을 시험하고 능력을 입증하도록 당신을 고무시키는 데 있다. 바보와는 달리 이 전차를 모는 사람은 자신의 여행 이유를 알고 있다.

읽기 : 여행, 그것은 자기발견의 영적 여행이거나 아니면 보통 자

동차로 하는 실제적 여행이 될 수 있다. 어떤 여행이든 당신은 운전석에 앉아 있으면서 행위들을 통해 자신의 운명을 스스로 창조해 낸다. 새로운 차를 얻을 가능성이 높고, 현재 살고 있는 지역 내에서 새로운 집이나 아파트로 이사할 수도 있다.

일 : 일정 기간 동안 당신이 매달려 온 계획이 이제 결실을 맺는다. 당신은 비합리적인 상사 밑에서도 일을 잘 해낸다. 그의 제안은 당신과는 다르고, 당신은 그의 사고방식을 자신의 사고방식에 맞추려 하기보다는 그냥 주어진 자신의 일을 한다. 그동안 배운 것을 시험하고 능력을 입증하며, 목표에 집중하고 분명한 장애물 앞에서도 용기를 잃지 말라.

연애 : 당신은 시간이 없거나 연애를 하고 싶은 마음이 거의 없다. 즐거운 시간을 보내기 위해 밖으로 나가 잠깐의 연애를 해 볼 수는 있지만 길지는 않다. 다른 사람과의 정서적인 관계는 현재의 당신 계획 안에는 없다. 당신은 만나고 있는 사람과 주말에 여행을 떠날 수 있다. 그러나 당신은 함께 하는 사람보다 방문하는 장소에 더 많은 흥미를 느낀다.

재정 : 지금 가지고 있는 자동차를 개조하거나 아니면 새 차를 사거나 하면서 자동차에 돈을 쓴다. 은행은 좋은 이자로 새 자동차를 사는 데 돈을 빌려 주겠다는 멋진 제안을 해 온다. 당신은 신용 카드 빚을 갚을 수 있고, 결국에는 버는 돈 중 일부를 저축할 방법도 찾게 된다.

건강 : 예방 의학이 해결의 열쇠가 되는 말이다. 몸매 관리를 위해 운동하고, 먹는 음식에 신경을 쓰며, 무엇이든 무리하지 마라. 당신은 신경이 예민할 수도 있다. 따라서 피곤하거나 몸이 좋지 않을 때는 안정을 취하고 하는 일의 속도를 늦추어라. 만성 질환이 현저히 좋아진다. 만성 질환의 원인 중의 일부는 직접적인 관련이 없는 다른 일에 사로잡혀 너무 바쁜 데 있다.

영성 : 당신은 자기발견의 여행을 떠난다. 워크숍이나 세미나, 에너지를 얻을 수 있는 파워 스팟(power spots)으로의 여행이 포함된다. 당신은 꿈이나 투시적 생각을 통해 아니면 투청력을 통해 영적으로 열리기 시작한다. 당신은 이제 막 시작되는 영적 능력을 높일 수 있는 적당한 수단을 발견한다.

권능 : 과단성 있는 행동을 통해 목표를 달성한다.

힘 - 열쇠 8

힘 카드의 점성학적 짝은 사자자리로서 통치를 상징한다. 이 카드에서 의미하는 통치는 자기통제나 자신의 능력에 대한 절대적인 신뢰 중의 하나이다. 강한 사람은 타인을 지배할 필요가 없다. 이 힘은 내면에서 비롯되며, 자신이 가지고 있는 지혜와 지식 및 믿음에 기초한다.

전차 카드의 자신감은 정제되지 않은 용기로 남성의 원형인 반면,

힘 카드의 자신감은 내적인 힘으로 여성의 원형 속에 있다. 힘은 영적인 것과 물질적인 것 사이의 균형, 그리고 대립하는 힘 사이의 조화를 의미한다. 짐승과 싸우기보다는 내면에서 그 짐승을 길들인다.

읽기 : 당신은 삶이 가져오는 것은 그 어떤 것이든 다룰 수 있는 천부적인 능력을 가지고 있다. 장애물을 극복하고 도약하기 위해 당신의 거대한 에너지를 이용하라. 운명의 고삐를 스스로 잡고 계획에 따라 앞으로 나아가라. 당신은 내적인 힘을 길러 필요한 계약과 기회를 이끌어 낸다.

일 : 당신은 힘이 있는 위치에 있다. 진급이나 임금 인상, 그리고 당신이 받을 자격이 있다고 생각되는 것은 무엇이든 요구하라. 동료들은 당신에게 도움을 구한다. 당신이 계획한 대로 직업 세계에서 서서히 선두로 나서라. 끈기와 인내는 성공으로 돌아온다. 해야 할 일을 하고는 소란스러워지기 전에 슬쩍 그곳을 빠져나가라.

연애 : 성적인 에너지가 타오르고, 당신의 성생활이 시작된다. 당신은 보자마자 바로 매혹되어 열정적인 사랑에 빠지게 되는 누군가를 만나게 된다. 이미 누군가에게 빠져 있다면, 그 관계는 보다 강력하고 열정적인 관계로 나아간다. 당신은 그 관계를 강하게 확신한다. 그러나 단지 그 평온한 관계를 유지하기 위해 자신의 고결함을 더럽히는 타협은 하지 않는다.

재정 : 빚을 갚고 기대해 온 돈이 도착한다. 인내하되 돈을 빌려간

사람과의 돈거래는 확실히 하라. 당신은 재정 계획에 따라 앞으로 나아간다. 이 계획에는 집이나 부동산을 사는 것이 포함될 수도 있다.

건강 : 건강 검진이 다시 나쁘게 나온다. 당신의 건강은 극적인 전기를 맞아 좋아진다. 이를 계기로 나쁜 식습관과 생활 습관을 바로잡아라. 운동 요법을 시작하라. 하루에 10분에서 15분 정도 명상하고 이 시간만큼은 긴장을 완전히 풀어라. 일지를 기록하기 시작하라. 떠오르는 생각은 그때그때 기록해 두면 나중에 많은 도움이 된다.

영성 : 당신은 영적인 것과 물질적인 것 간에 적절한 균형을 찾는다. 당신은 의식적인 힘과 무의식적인 힘을 성공적으로 조화시킬 수 있다. 직관에 귀 기울이고 내적 지혜를 통하여 당신이 원하는 것은 무엇이든 실현시켜라.

권능 : 의지력과 결단력은 장애물을 정복한다.

은둔자 – 열쇠 9

진리를 찾는 디오게네스를 상상하라. 그의 여행은 고독하고 독립적이며 진정한 구도자의 길이다. 어떤 길을 가든 은둔자는 자신의 질문에 대한 답을 찾아 그의 문제를 풀고, 자신의 계획을 완수한다.
그는 보다 깊은 수준의 영혼, 즉 보다 높은 자아의 지혜를 상징한다. 그는 종종 감추어진 것들이나 영적인 문제, 초자연적인 비밀을 가르치는 자이거나, 그의 내적 빛이 다른 사람들의 삶을 밝히는 자를 의미한다. 이 카드는 토성이나 크로노스, 대략 28년마다 돌아오는 점성학적 토성 주기와 관련된다. 토성처럼 은둔자는 임무를 주고 엄격히 시험한다. 그는 우리에게 삶을 진지하게 생각해 보도록 압박한다.

읽기 : 당신이 감당해 온 고독의 시기는 이제 끝이 보인다. 끝마무리를 하고 기획한 것을 완성하라. 그러고 나서 다음 단계의 계획을 미리 세워라. 당신은 워크숍이나 강의를 듣고, 목적을 달성하도록 도와 주는 과정을 밟는다. 여기에는 대학으로 다시 돌아가거나 오랜 공백을 깨고 대학원에 등록하는 것이 포함될 수 있다. 형이상학과 교육에 관련된 여행을 하게 된다.

일 : 당신은 교차로에 도달한다. 당신은 한발 뒤로 물러나 상황을 다시 검토한다. 그동안 일이 느리게 진행되어 왔지만, 이제 생산성이 올라가는 것을 경험한다. 시간 관리와 연구, 기획 및 교육을 중요하게 생각하라. 성공과 사람들의 인정이 가까이에 있다.

연애 : 당신은 자신 속에 은거하고 있으며, 다른 사람과의 관계는 현재 당신 삶에서 우선적인 일이 아니다. 초연한 마음에도 불구하고 당신은 곧 누군가를 만나게 될 것이다. 연애 감정이 다시 살아나거나 아니면 당신이 좋은 조언자 또는 안내자라고 생각하고 있던 어떤 사람이 그 이상의 존재가 된다.

재정 : 당신은 돈이나 물질적인 자산에 그다지 관심이 없다. 기대하지 않은 돈이 생긴다면 그것으로 좋은 일이다. 그렇지만 그 돈을 낭비하지는 마라. 그동안 좋은 기록을 보여 온 주식이나 채권을 사라. 금융 시장에 투자하라. 당신의 믿음에 부합되는 것에 돈을 투자하라. 형이상학이나 연구, 지도 및 단독적인 일을 하는 것이 금전적으로 유익하다.

건강 : 당신의 건강 문제는 진리 탐구에 관한 문제가 신체적으로 나타난 것이다. 건강 문제를 삶의 특정한 분야에서 당신이 해야 할 일의 은유적인 표현으로 생각하고 관찰하라. 예를 들어, 근육 경직이 나타나면 특정한 주제에 대한 당신의 신념을 유연하게 해야 할 필요를 나타낼 수 있다. 알레르기가 나타난다면 당신이 누군가에게 민감하게 반응하는지를 살펴보아야 한다.

영성 : 당신은 사람들을 가르쳐 깨우치게 하는 능력을 가졌지만, 모든 답을 알고 있지는 않다는 것을 깨닫는다. 당신은 배우는 사람이며 동시에 가르치는 사람이다. 내면으로 향하고 영성을 추구하는 기간 동안 내적 귀로 듣는 법을 배우면 당신 자신의 진리가 나타날 것이다.

권능 : 당신은 고독과 내적인 집중 기간을 통해 다시 힘을 찾아 돌아온다.

운명의 수레바퀴 – 열쇠 10

삶의 수레바퀴는 우리가 행운과 숙명에 연결되어 있음을 나타낸다. 당신은 제자리에 갇혀 있을 필요가 없다. 위험을 감수하고 뛰어들면 행운은 당신과 함께 한다. 일단 당신이 모든 것을 추진하기 시작하면 우주는 당신의 욕망에 즉시 응답해 온다.

갑작스럽고 예상치 못한 변화가 이 카드를 천왕성에 접속시킨다. 인습에 사로잡히지 않은 독창적인 사고는 새로운 방법과 새로운 생활 방식, 새로운 믿음 체계를 만들어 낸다. 당신의 생활 방식에 혁신을 일으켜 현재의 자신과 또는 앞으로 되고 싶은 자신의 모습에 더욱 가까운 생활 방식을 만들어라.

읽기 : 당신은 삶의 전환점에 도착해 있다. 바퀴의 중심은 안정성과 관련되지만, 바퀴의 테두리는 한 차례 도박을 감행하는 변화를 예고한다. 예상하지 못한 사건과 동시성에서 단서를 잡아라. 운명은 당신을 새로운 방향으로 가도록 유혹하고 있다. 당신은 운명에 저항할 수도 있지만, 그것이 무엇이든 흐름에 몸을 맡기는 것이 좋다.

일 : 당신은 새로운 직업적 주기에 들어간다. 이 주기에 들어가면 당신은 현재의 직장을 떠나 꿈을 좇아갈 수도 있다. 직관을 따르고, 성장을 방해하고 있는 두려움을 버려라. 일단 어쩔 수 없는 위험을 감수하게 되면, 길이 크게 열린다. 자신을 지금 있는 곳에 있게 하는 유일한 사람은 당신이다. 일단 이 사실을 깨닫고 나면, 당신은 자유를 얻는다.

연애 : 당신에게 애정 운은 사라진 지 오래고, 다람쥐 쳇바퀴 돌리는 듯하는 그런 생활에 갇혀 있다. 오래된 관계는 더 이상 당신의 욕구를 충족시키지 못한다. 그것을 놓아 버리거나 다시 평가해 보라. 지금 누군가를 만나고 있지 않다면 당신이 찾는 사람이 어떠한 사람인지 정확히 파악하라. 그 뒤 위험을 감수하라. 즉, 소개해 주는 사람을 만나 보고, 저녁을 같이 먹을 새 친구를 사귀어라. 자신을 연민하며 가만히 앉아 있지는 말라. 당신이 만나는 사람은 새로운 당신을 반영한다.

재정 : 당신은 상승의 운을 타고 있으니, 자신의 직감을 믿어라. 정체 상태에 빠지지 말라. 원하는 만큼의 이익을 가져오지 못하는 부동산과 주식, 채권은 팔아 버려라. 성장주와 새로운 상품에 투자하라. 개인적인 위험을 감수하라. 자신의 회사를 차리고 혁신적인 의식을 가지고 있는 사람과 함께 일하며, 자신의 창의성을 믿어라.

건강 : 감정의 억압과 변화에의 저항은 정서적 불균형과 정신적 불균형을 유발한다. 가슴을 열고 마음속에 있는 생각을 말하고, 그것이 무엇이든 자신이 믿는 것을 지켜 내라. 당신 자신이 되어라. 융통성을 가지고, 가슴을 활짝 펴고, 움직이고, 운동하고, 호흡하라. 요가, 에어로빅, 수영과 같은 규칙적인 운동을 하면 좋다. 시대에 뒤떨어진 식습관은 버려라. 최신 영양학을 받아들이고 시도해 본 뒤, 당신에게 가장 좋은 것을 선택하라.

영성 : 당신과 당신의 삶 속에는 외적 세계(바퀴의 외륜)보다 더 많

은 것이 있다는 것을 깨닫게 된다. 내적인 존재(바퀴의 중심축)와 대화하면서 세속적 운명을 만들어 내고 있는 힘의 핵심을 발견하라.

권능 : 당신 자신의 생각과 믿음이 바퀴를 돌린다. 자신의 행동에 책임을 져라.

정의 – 열쇠 11

정의 카드의 점성학적 짝은 천칭자리이다. 대부분의 카드 덱에서 양날의 검으로 묘사되는 이 카드는 선택을 의미하며 정의는 양쪽 방향을 모두 고려해 가장 조화로운 지점을 찾는 것임을 가리킨다. 천칭은 균형과 조화를 의미한다. 여기서 표현하고 있는 정의는 황제 카드의 영역 안에 있는 사회적 정의가 아니라 법적 또는 카르마적 정의이다.

그 영향력은 공명정대하고 객관적이며 초연하고, 개인적인 심판은 하지 않는다. 타협은 이 카드의 본질적인 것이다. 즉, 우리 자신과 타인들에게 공정하기 위해 필요한 것을 배워야 한다. 균형 잡힌 성격은 선입견이나 편견이 거의 없다. 의사결정을 할 때는 공정한 결정을 내리기 위해 모든 요소들을 심사숙고하는 법을 배워야 한다.

읽기 : 법적인 문제의 해결이 가까이 와 있고, 판결은 당신에게 유리하게 난다. 그러나 판결이 내려지기 전까지는 일상적인 활동이 유예될 수 있다. 이루어지길 기다려 온 것은 갈등이 해결되고 화합이

찾아온다. 당신이 얻고 체험하는 세상은 당신 자신의 생각과 행동의 메아리라는 믿음을 갖게 된다. 양심에 따라 타인들을 공정하게 다루면, 그만큼 당신도 공정한 대우를 받게 된다.

일 : 우선순위를 다시 정하여 삶이 균형 잡히도록 해야 할 필요가 있다. 일을 지나치게 중시함으로써 가정생활은 고통을 받는다. 그 반대의 경우라도 마찬가지가 된다. 결정을 내리기 전에 문제의 양면을 보고 모든 요소들을 고려하라. 당신이 이루길 바라는 것에 대한 분명한 그림을 얻기 위해 목표에 초점을 맞추어라. 그리고 그것을 향해 나아가라!

연애 : 하나의 주기가 끝나고 또 다른 주기가 시작된다. 계약이 성사되거나 깨어진다. 다시 말해서, 결혼을 하거나 법적 별거 또는 이혼을 할 수 있다. 미래 관계는 양보다는 질적 문제에 집중하라. 그것이 무엇이든 신념을 확고히 하면, 가슴속의 욕망은 보다 빨리 성취된다.

재정 : 계약서가 우편으로 도착하고, 법적인 문제는 당신에게 유리하게 판결이 나며, 그동안 기다려 왔던 거래가 성사된다. 당신이 그동안 겪어 온 재정적인 어둠은 갑자기 밝아지고, 당신의 길을 명확히 볼 수 있게 해 준다. 뜻밖의 횡재가 시기적절하게 굴러와 당신을 구한다.

건강 : 균형이 중요하다! 너무 많이 먹고 있지는 않은가, 지나치게

일하고 있지는 않은가, 운동이나 잠은 충분한가? 자신을 본성의 주기에 따라 흐르도록 허락하여 건강과 행복감을 높인다. 숲 속이나 해변, 뜨거운 태양 아래를 오랫동안 걸어라. 당신은 현재에 살게 됨으로써 헤아릴 수 없는 이로움을 얻는다.

영성 : 당신의 자리가 사물의 전체 구조 안에 있다는 것을 이해하기 시작하면, 당신은 존재하는 모든 것과 연결되어 있다는 것을 느끼게 된다. 당신이 중심을 잡고 땅에 발을 딛고 서면, 당신은 '지금 여기에 존재하는 것'이 어떤 의미인지를 체험한다.

권능 : 당신은 주기와 주기 사이에 있다. 어제는 가고 내일은 아직 오지 않았다. 오늘을 즐겨라.

매달린 남자 – 열쇠 12

과도기, 연기된 계획, 머물러 있는, 정체되어 있는, 좌절 속에 있는 인생을 생각하라. 어떤 것을 인지할 때는 완전히 180도 다르게 보아야 한다. 결국 거꾸로 매달린 사람은 땅 위에 바로 서 있는 사람과 같은 방식으로는 세상을 보지 않는다.

바보의 여정에서 이 시기는 삶의 보다 깊은 의미와 목적에 대해 질문하기 시작할 때를 의미한다. 낡은 생각과 믿음은 이미 그 의미를 잃었고, 더 이상 그를 만족시키지 못하고 있다. 하지만 그는 자신의 새로운 방향을 찾지 못하고 있다. 매달린 남자는 메이저 카드에서 관행을 따르지 않는 사람이다. 다른 사람의 의견에 둔감하고, 그는 자신의 길을 가면서 최선이라고 생각하는 것을 한다.

읽기 : 당신의 견해를 조정하고, 정해진 일의 진행 순서를 뒤집어라. 당신이 기다리고 있는 결정은 지연된다. 피해 의식을 가지지 않도록 노력하라. 이 정체 상태는 영원한 것이 아니다. 당신은 완고한 생각과 고정관념 때문에 상투적인 방법에 빠져 있다. 아무도 당신과 생각을 같이 하고 있지 않은 것 같다면, 어쩌면 그 이유는 다른 사람들이 바뀌었는데 당신은 그렇지 않기 때문일 수도 있다. 진부한 생각과 관념들을 버려라.

일 : 당장은 진급과 임금 인상 소식이 없을 것이다. 협상이 교착 상태에 빠져 있고, 당신은 기다리는 데 지쳐 있다. 그러나 순교자가 되겠다는 유혹을 물리쳐라. 이 난국은 일시적일 뿐이고, 곧 상황이 좋아진다.

연애 : 현재 관계가 이것도 저것도 아닌 상태에 갇혀 있다. 상대방의 관점에서 상황을 보려고 노력하라. 일단 그렇게 하면 그동안 외면해 왔던 해결책이 한층 명확해진다. 고독감과 소외감은 일시적일 뿐이다.

재정 : 돈은 들어오지 않고, 지난 주에 산 주식은 오르지 않았으며, 은행 계좌에는 잔액이 쌓이지 않고 있다. 그러나 일단 이 문제에 대해 당신의 시각을 바꾸면, 장애물은 사라지고 모든 것은 다시 앞으

로 나아가기 시작한다. 그 힘은 당신이 감수할 수 있는 것과 할 수 없는 것에 대한 한계를 정하는 것만큼이나 간단한 것일 수도 있다.

건강 : 오랫동안 끌어온 건강 문제에 대한 당신의 생각이 완전히 바뀐다. 새로운 접근법을 시도해 보고, 필요하다면 의사를 바꾸어라. 대안 치료와 요법을 찾아라. 당신의 질병은 점진적으로 개선된다.

영성 : 삶의 사건들이 당신으로 하여금 자신의 내면을 보게끔 만든다. 어쩌면 처음으로 내적 현실이 외적 현실을 만들어 낸다는 사실을 깨닫게 된다. 이것은 저것의 직접적인 반영이다. 당신의 믿음을 바꾸면 삶도 그것에 따라 바뀌게 된다. 그것이 어떠한 위험이나 희생을 가져온다 하더라도 당신의 내적 여행을 과감하게 시작하라.

권능 : 부정적(희생적)인 신념들을 버리고, 당신의 삶의 방향을 바꾸어라.

죽음 – 열쇠 13

두려워하지 마라. 죽음 카드는 육체적인 죽음을 의미하지는 않는다. 그것은 변천과 변형, 재생, 영구적인 변화에 관한 것이다. 새 생명력을 불어넣는 힘이 새로운 것을 위해 길 위의 낡은 것을 쓸어 낸다. 죽음으로 상징되는 이 변화는 영구적인 것이다. 즉, 당신이 어떤 문으로 들어가게 되면, 그 문은 뒤에서 큰 소리로 영원히 닫히게 된다. 점성학적 짝은 전갈자리이며 죽음과 재생의 여덟 번째 하우스이다.

이 카드는 탑과 유사한 면이 있으며 변화가 필요함을 지적한다. 당신이 스스로 변하지 않는다면, 어떤 것이 삶 속으로 뛰어들어 와 당신을 변하게 만든다. 그 뒤 당신은 불사조처럼 예전의 삶의 재 속에서 다시 태어난다.

읽기 : 미래가 두려운가? 어떤 대가를 치른다 해도 옛 상황에 매달리고 싶은 강박 관념을 가지고 있는가? 만약 그렇다면 완전한 전환을 기대하라. 표면적인 변화로는 이제 충분하지 않다. 오래된 상황은 방향을 바꾸어야만 한다. 당신이 경험하는 충격적인 변화는 너무도 희망이 없어 보여 거의 절망에 굴복하게 한다. 그 뒤 갑자기 상황이 개선된다. 당신은 다시 숨을 쉴 수 있다.

일 : 싫지만 안정된 수입 때문에 떠나지 못했던 직장을 잃게 된다. 이것은 학교로 다시 돌아가라는 의미이지만, 이것을 새로운 직장이나 직업을 찾는 기회로 삼아라. 결국 직장을 잃은 것이 도움이 된다.

연애 : 오래 전에 끝냈어야 했지만 두려워 끝내지 못하고 있던 관계에 끝을 낸다. 친숙한 것에서 떠나는 것은 극히 고통스러울 수 있으나, 관계에서 당신이 얻고자 하는 것을 명확히 하는 데 도움이 된다. 결국 당신은 보다 행복하고 만족스러운 관계를 발견하게 된다.

재정 : 자산이나 소득에 손실이 생길 수 있다. 당신이 다니는 회사

가 규모를 축소하거나 보유하고 있는 주식의 가격이 떨어진다. 당신은 청구서를 지불하는 데 어려움을 겪게 되거나 가까스로 그것을 지불하게 된다. 은행은 당신의 집을 강제 처분한다. 어쩔 수 없이 당신은 어려운 결정을 내리게 되고 새로운 방향으로 나아간다. 그 뒤 손실을 회복하고, 자신이 배운 것들을 통하여 이윤을 얻는다.

건강 : 이 카드와 연관된 신체적 증상과 상태는 변비(옛 습관을 버리는 데 대한 저항), 치근관(근원적 믿음들이 변화하고 있는 신호), 수술(어떤 제한적인 상황을 끊어 자유로워질 필요) 등이 있다. 흐름에 맞서지 마라. 그것과 보조를 맞추고, 문제가 발생하면 발생하는 대로 받아들이고, 이 성가신 문제들을 있는 그대로 인정하라. 그것은 내적 본성이 관심을 가져 달라고 부르는 소리이다.

영성 : 더 이상 목적 달성에 도움이 되지 않는 상황과 관계에서 벗어나게 되면 변형이 일어난다. 당신은 이제 누군가여야 한다고 생각하는 당신이 아니라 진정한 당신이 된다. 이것은 다시 태어나기 위한 진정한 의미의 죽음이다.

권능 : 변형과 탈바꿈은 자신의 불멸을 깨닫게 해 준다.

절제 - 열쇠 14

어떤 카드 덱의 경우는 이 카드를 연금술사라고도 부른다. 대개 이 카드는 한쪽 발은 물 속에 담그고 다른 한쪽 발은 땅을 딛고 서 있는 천사로 묘사되는데, 이것은 의식과 무의식의 영역을 연결시키는 중용의 태도를 의미한다.

절제란 단어는 라틴어 temperare에서 비롯된 것으로 적당히 섞고 합치는 것을 의미한다. 이 카드 자체는 당신에게 맞는 것을 찾을 때까지 어울리지 않는 것들을 서로 잘 짜 맞추어야 할 필요가 있음을 나타낸다.

읽기 : 마음의 평온은 반대되는 것들을 성공적으로 섞어 조화와 균형을 유지하는 능력을 통해 온다. 당신은 정의를 연민과, 성공을 실패와, 기쁨을 슬픔과 조화시키는 법을 배우고 있다. 모든 것에 중용이 필요하다. 오랫동안 지녀 온 당신의 의견과 다른 의견에 대해 타협하고 그것을 포용하라. 그러나 이것은 다른 사람의 의견에 굴복하는 것을 뜻하는 것은 아니다.

일 : 오래 해 오던 일을 새로운 방법으로 하라. 스트레스를 많이 주는 일도 쉽게 할 수 있도록 조용하고 편안한 작업 분위기를 만들어라. 성공은 이내 찾아오는 그런 것이 아니라, 인내와 끈기가 그만큼 필요한 것이다. 상사나 동료들이 가끔 견디기 힘들게 하지만 무시하고 자신의 일을 하라.

연애 : 연민과 화합, 용서는 최근에 느껴 보지 못한 연인과의 유대감을 만들어 낸다. 서로의 차이에서 오는 불만에 대해 차분하고 솔직하게 이야기하다 보면 당신이 원하는 결과를 얻을 수 있다. 당신의

느낌에 귀를 기울이고, 사실을 정직하게 바라보고 그 뒤 행동하라. 만약 당신이 미혼이라면 충동적으로 새로운 관계를 맺지는 마라. 깊은 관계에 빠져 들기 전에 그 사람을 알 수 있는 시간을 가져라.

재정 : 이제 당신의 인내력은 바닥을 드러냈고, 인금 인상 또는 승진을 기다리거나 복권이 당첨되기를 기다리는 데 지쳐 있다. 누군가와 협상하여 당신이 번 것을 손에 넣어라. 평정을 유지하고 자신의 입장을 간단하고 솔직하게 표현하라.

건강 : 당신의 신체적 문제는 어떤 것의 계기로서 작용한다. 특히 당신이 치유의 능력을 가지고 있다는 것을 발견하는 계기가 된다. 그것은 영적 치유나 아니면 보다 전통적인 의료 처치를 할 때 나타날 수 있다. 당신이 그 능력을 필요로 하는 바로 그때 타인에게서 이 재능을 발견할 수도 있다. 절제는 당신의 건강을 개선시켜 준다.

영성 : 당신의 개인적인 길의 열쇠는 조화와 평화, 그리고 원하고 필요로 하는 것에 대한 집중적인 관심에 있다. 답은 명상이나 요가 수행, 꿈을 통해 당신에게 온다. 당신은 발을 땅에 딛고 우주적인 에너지와 접속함으로써 평화로운 휴식의 상태를 경험한다.

권능 : 정서적 안정과 에너지가 당신의 삶을 가득 채운다. 당신은 존재하는 모든 것들과 조화를 이루고 있다.

악마 - 열쇠 15

이 카드는 유혹이나 짐, 속박, 선택 및 그릇된 방향을 의인화한 것이다. 그것은 어떤 상황의 내적 진실보다는 표면적인 믿음을 반영한다. 한계, 제한 그리고 욕망에 대한 노예가 되면 선천적인 선한 판단은 압도된다.

악마는 당신 자신의 두려움을 의미한다. 그는 가장 안이한 길이다. 당신은 아무것도 할 수 없는 사람이고, 삶을 통제할 힘도 없다고 믿는다. 이러한 믿음에서 오는 속박을 벗어나기 위해서는 당신의 생각과 행동을 바꾸어야만 한다. 당신을 묶고 있는 사슬은 사실은 마음대로 제거할 수 있는 것이라는 것을 깨달아야 할 때다.

읽기 : 당신은 적극적인 선택자이기보다는 소극적인 선택자인가? 삶의 사건들에 의해 결정되는 대로 따르다 보면 타성과 어쩔 수 없다는 생각의 늪에 빠져 소극적인 선택을 하게 될 것이다. 자신의 삶을 책임지고 "선택하기 위해 선택하라." 당신을 주인으로 만들 수도 있고 노예로도 만들 수 있는, 당신이 가지고 있는 행동이나 사고의 패턴을 바꿈으로써 악마는 쫓아 버릴 수 있다.

일 : 물질주의와 이익은 숨겨진 야망을 부추긴다. 당신은 더 이상 일에서 보다 깊은 만족과 의미를 찾지 못한다. 돈이나 두려움에 중점을 두게 되면 당신이 진정으로 원하는 것을 이루지 못한다. 당신이나 당신의 상사는 사사건건 간섭하는 사람일 수도 있다. 작업 환경은 지금 당장 정확하게 시간(말 그대로든 아니면 비유적으로든)을 지

킬 것을 요구하고 당신은 모든 규율에 질식할 것만 같다.

연애 : 당신은 알코올이나 약물 중독자와 친밀한 관계에 있을지도 모르고, 가끔은 당신도 마찬가지로 그런 사슬에 묶여 있다고 생각한다. 당신은 본능적으로 상대방을 변화시킬 수 없다는 것을 알지만, 그 관계가 자신을 나락으로 빠뜨리려 하고 있음에도 불구하고 관계를 지속한다. 연인과의 강력한 성적 화학 작용은 더 이상 부족한 것을 채워주지 못한다.

재정 : 유혹. 잘 속고, 무지하고, 순진한 것을 이용해 큰 이익을 약속하는 거래는 면밀히 살펴라. 물질적 이익을 얻기 위해 원칙과 양심을 포기하지 말라. 연인과의 관계가 경제적 판단을 왜곡시키는 한 함께 사업을 하는 것은 피하라.

건강 : 질병이 더 이상 성장을 위한 발판으로서의 역할을 하지 못하는데도 불구하고 당신은 그 상태에 집착한다. 과로나 수면 부족으로 쇠약해질 수 있다. 약물과 알코올은 문제를 해결할 수 없다. 정신적 우울은 당신의 건강 문제를 악화시킬 수 있다. 약을 복용하기보다는 집 밖으로 나가서 머릿속의 일을 잊게 하는 신체적 운동을 하면 많은 도움이 된다.

영성 : 변형은 부정적인 에너지를 버리고 그 자리를 긍정적인 사고와 행동으로 대체하고자 하는 당신의 의지를 확언하는 순간 시작된다.

권능 : 자신의 삶을 포기하지 말고 스스로 통제하라.

탑 − 열쇠 16

이 카드는 당신을 가두어 왔던 구조물이 산산이 깨어지는 것을 상징한다. 갑작스럽고 예상하지 못한 삶의 변화는 탑 카드의 핵심을 구성한다.

이 변화는 어딘지 모르는 곳에서 나와 당신의 삶 속으로 난입하는 것 같다. 그러나 당신의 믿음과 삶 속에서 행동으로 옮긴 패턴에 대해 스스로 정직하게 바라본다면, 당신은 이 카드가 그것에서 벗어나고 싶은 내적 열망에 의해 나타났다는 사실을 깨닫게 된다.

읽기 : 이것은 모닝콜이다. 격렬한 소요가 임박했다. 이것은 집에 번개가 내리치는 것만큼이나 기이하고, 배우자가 예고 없이 떠나겠다고 선언하는 것만큼이나 충격적인 것이 될 수 있다. 이 카드는 놀라운 사건을 예고하고 있지만, 사실 그것은 당신의 삶을 깨끗이 청소하는 것에 관한 것이다.

믿음 체계가 무너지고, 일상이 붕괴되고, 그리하여 당신은 한동안 과도기 속에서 떠돈다. 그 뒤 새로운 문이 열리고, 새로운 장이 시작되면 당신은 준비가 되어 있든 그렇지 않든 새로운 국면 속으로 인도된다.

일 : 소식이 좋지 않다. 예고 없이 해고가 닥쳐 올 수 있다. 기다리

던 승진이나 임금 인상이 당신을 지나쳐 가도 놀라지 마라. 분명한 것은 현재 하고 있는 일이나 직장이 당신이 바라던 직업 생활이 아니라는 것이다. 지원한 일자리는 얻지 못하고, 원고는 거절당하고, 경영하던 작은 사업은 문을 닫는다. 안타깝게도 가야 할 길 위에 명백한 비극이 당신을 향해 정면으로 서 있다.

연애 : 오랜 연애에 지쳤나? 숨 막히는 관계가 곧 끝이 난다. 만약 당신이 스스로 떠나기를 두려워하고 있다면, 예상하지 못한 일이 일어나 어떤 불행한 상황에서 당신을 꺼낸다. 당신은 발버둥치고, 고독이 당신을 엄습해 온다. 그러다 갑자기 상황을 인정하게 되고, 기분은 나아지고, 그리하여 당신은 삶과 화해한다.

재정 : 시장이 곤두박질치고, 사업을 위한 자금은 끊어지고, 설립한 회사들은 파산하고, 대출 신청은 거절된다. 당신은 원하는 것을 대신할 대안을 찾지 않을 수 없다. 그러나 상황이 가장 어두울 때 뜻밖의 행운이 불현듯 찾아온다. 예상하지 못했던 새로운 재정의 세계가 당신에게 열린다.

건강 : 조심하라! 자동차 문제나 화재 또는 집 주위에서의 사고를 조심하라. 신경증, 떨림, 고열 및 기이한 증상들이 나타나 우려를 낳는다. 수술을 의미할 수도 있다. 회복은 빠르고 완전하게 진행된다.

영성 : 깊은 내면에서 비롯된 갑작스런 깨달음이 당신의 삶 속으로 휩쓸고 들어온다. 설명할 수 없는 어떤 일이 일어나, 당신의 눈은

갑자기 존재하는 모든 것의 아름다움을 향해 열린다.

　권능 : 현존하는 상태를 뒤엎는 것은 새로운 기회와 신선한 출발을 가져온다.

별 - 열쇠 17

　균형과 조화, 물병자리와 관련된 모든 것을 생각하라. 탑의 격렬한 폭발 결과, 당신은 자신의 가장 높은 잠재력에 도달하기 위한 영감을 얻는다. 당신은 질서와 평화를 경험한다. 별은 부드러운 빛과 온화함으로 당신을 목적지로 안내한다.

　이 카드는 고요, 새롭게 되기, 치유 중 하나이다. 새로운 주기가 시작된다. 당신의 인내와 노고는 크게 보상을 받는다. 무의식에서 솟아나는 깊은 평화를 경험한다. 당신은 태어나면서 하기로 되어 있던 일을 하고 있다.

　읽기 : 모든 것은 이치에 맞게 돌아간다. 당신의 삶은 완전성, 즉 합일을 이룬다. 이제 당신은 자신의 목표에 대한 자신감과 믿음을 보여 주어야 한다. 믿음을 보여 주는 작은 몸짓으로 시작하고, 그런 다음 그 믿음 자체를 정화하는 일을 하라. 당신이 오늘 시작하거나 계획하고 있는 것은 먼 미래에 이루어질 것이다. 당신은 바른 길 위에 있고, 계획은 열매를 맺을 것이다. 우유부단함과 내적인 갈등은 이제 사라진다.

당신의 전망과 계획이 긍정적이면 긍정적일수록 성공 가능성은 보다 높아진다. 별 카드는 약속을 실현하고 일반적으로 행운을 가져 다준다.

일 : 당신의 일이 마음에 들지 않는다면, 더 좋은 일을 위해 전직을 생각하라. 문이 열린다. 새로운 기회가 미지의 곳으로부터 온다. 당신의 원고는 팔리고, 대본은 채택되며, 회사 주식이 공개되어 주식 가격이 급등하고, 꿈꾸던 직업이 말 그대로 당신에게 온다. 당신은 가장 높은 잠재력을 달성한다.

연애 : 약속된 만남이 수평선 위에 어렴풋이 나타나고, 어떤 특별한 사람이 당신의 삶 속으로 들어오면서 동시성이 사방에 만연해 일어난다. 당신은 사람을 소개받거나 사람을 소개시켜 준다. 당신과 연인은 서로에 대한 약속을 새롭게 한다. 당신이 불가능하다고 생각해 왔던 것은 이제 가능해진다.

재정 : 일단 자신을 가능성을 향해 열어 놓으면, 당신의 재정 상태는 현저하게 좋아진다. 투자한 돈은 불어나고, 집을 단장하거나 아니면 새 집을 짓는 데 필요한 것 이상으로 돈을 번다. 이제 그 돈으로 빌린 돈을 갚는다. 모든 것은 기대 이상으로 잘 된다.

건강 : 만성적 문제가 하룻밤 사이에 다 나은 것 같다. 심각했던 병이 차도를 보이고, 그동안 바라던 기적이 당신의 삶을 밝힌다. 그동안 추구해 왔던 대안 요법들이 효력을 발휘한다. 은거, 온천욕, 가장

좋아하는 사람과 함께 보내는 시간 등이 도움이 된다. 마침내 당신은 마음과 몸의 연결이 단순히 이론이 아니라 실제라는 것을 인정한다.

영성 : 당신은 한층 높은 수준, 보다 진화된 영적 기운에 접속되어 있다. 당신은 유체 이탈, 꿈꾸고 있음을 자각하며 꾸는 명석몽(明晳夢), 무의식 활동의 쇄도를 경험한다. 봉사를 통한 연민으로 당신을 아낌없이 내주어라. 그렇게 할 때 당신은 지혜를 발산하고 빛을 찾는 다른 사람들을 돕게 된다.

권능 : 당신이 별이 되기를 희망한다면, 당신의 그 꿈은 이루어진다.

달 – 열쇠 18

당신은 무의식의 미로를 따라 잠과 꿈의 어두운 세계로 들어간다. 그것의 마력 아래 당신은 환각과 신비의 지옥으로 들어선다. 여기서 한 가지 생각해 볼 문제가 있다. 당신은 두려움과 영혼의 어두운 밤에 굴복할 것인가? 만약 당신이 열의와 용기를 가지고 여행에 나선다면, 깨어 있는 삶을 개선시키기 위해 필요한 것을 꿈에서 얻는, 꿈에 정통한 과학자가 될 수도 있다.

달은 당신을 신비와 여성적 영혼의 양육 자질에, 감정과 직관에, 알려져 있지 않은 것의 유혹과 두려움에 접속시킨다. 그것은 종종 편집증을 의미하지만 현실 기만, 파괴 행위 심지어 심리적 공격도 암시할 수 있다.

읽기 : 당신은 잠을 잘 자지 못해 왔다. 당신은 가족을 걱정할 수도 있다. 걱정과 불안이 늘 당신을 따라다닌다. 의지할 수 있다고 생각해 오던 어떤 사람이 당신을 실망시키고, 어쩌면 속이기까지 했을지도 모른다. 수수께끼가 당신의 관계에 파고든다. 무엇이 실재이고 무엇이 환각인지 구분하기 위해 두려움과 직면하라.

지금 당신이 무슨 일을 겪고 있든 그것은 단지 하나의 일시적인 현상일 뿐이다. 답과 해결책을 찾기 위해 꿈, 백일몽 그리고 직관에 시선을 돌려라. 지금은 논리와 이성이 직관이나 통찰력만큼 중요하지 않다.

일 : 어쩌면 당신은 전체적인 이야기를 모르고 있거나 모든 사실을 다 알지 못할 수도 있다. 일 문제를 둘러싸고 비밀이 있다. 함께 일하는 누군가가 어떤 상황에 대해 모든 사실을 다 말하고 있지 않다. 당신은 여성들에게 둘러싸여 있고, 게자리의 사람이 당신의 작업 환경에서 중요한 역할을 한다.

연애 : 당신의 관계는 어떤 때는 좋고 어떤 때는 나쁜 그런 여러 단계들을 거친다. 현재 만나고 있는 사람에게서 실망과 환멸을 경험하지만, 깊은 정신적 매혹 때문에 그 관계를 완전히 끊지 못한다. 당신과 연인은 전생에서 마주했던 문제들에 직면하고 있다.

재정 : 재정 시장이 불안정하다. 당신이 알 수 없는 상황에서 한 투자는 현금화하지 마라. 당신이 신청한 대출은 연기되고, 은행 계좌 내역서는 당신의 계산과 맞지 않는다. 한 여성 증권업자 또는 금융

전문가가 실행 가능한 해결책을 제시한다.

건강 : 조직 검사에서 혹이나 낭종이 나타난다. 그러나 당신은 신체 상태에 대해 예감에 의존하고 직관을 따르는 경향이 있다. 만약 어떤 것이 당신에게 맞지 않는다는 느낌이 든다면, 그것을 하지 마라. 다른 의사의 의견을 들어 보고 기존의 의학 외의 대체 의학을 찾아보아라.

영성 : 당신의 영적 삶이 깊어진다. 당신은 명석몽, 투시 또는 투청, 유체 이탈, 전생을 힐끗 보는 이상한 경험들을 한다. 당신은 꿈과 명상을 통해 정신의 신비한 세계로 들어가 그것의 다차원적 실재를 경험한다.

권능 : 당신의 미래를 창조하기 위해 꿈에서 도움을 구하라.

태양 ―열쇠 19

이 카드는 당신의 삶에 있어 하나의 문, 하나의 열림이다. 이것은 풍요와 열의, 달성, 성공 및 물질적 부를 가져온다. 태양과 관련된 모든 것들을 나타낸다. 즉, 열대 기후, 깨달음, 권능 부여, 그리고 창조와 부활의 기쁨을 나타낸다. 이 카드의 일은 깨끗하게 하고, 정화하고, 강화하고, 개선하고, 명백히 하는 것이다.

태양은 그것이 지배하는 사자자리와 마찬가지로 지도자의 지위와 관심의 초점이 되는 것을 다룬다. 종종 숭배, 거만, 이기주의, 자기중심적 성격을 나타낸다. 그것은 물질적 성공에의 집착과 자신의 이익을 위해 다른 사람을 이용하는 경향을 나타낼 수도 있다.

읽기 : 목표가 그 어느 때보다도 명확하여 힘을 얻는 것 같은 느낌이 든다. 당신은 운명을 받아들이면서 자신이 그 운명을 만들어 냈다는 것을 깨닫는다. 기회를 받아들임으로써 당신의 삶은 새로운 전망을 갖게 된다. 관대한 마음으로 다른 사람들을 용서하라. 승리가 확실하기 때문에 얼마든지 관대해질 수 있다.

당신은 사업차, 아니면 즐기기 위해, 아니면 그 둘 다를 위해 따뜻한 지역으로 여행을 간다. 이 여행은 멕시코나 이집트, 그리스, 인도, 또는 모로코와 같은 곳으로의 해외여행이다. 여행 중에 그곳 중의 한 곳과 관련된 전생의 기억이 떠오를 수도 있다.

일 : 당신은 지원한 직장을 구하는데, 그 직장은 당신이 원하던 직장으로 판명된다. 당신은 자신의 일을 좋아한다. 당신의 생산성과 창의성은 인정과 높은 평가를 받는다. 일과 관련해 따뜻한 기후의 지역으로 여행을 갈 수 있는데, 이 여행은 부분적으로는 일이고, 부분적으로는 원기를 회복시키는 워크숍이나 세미나가 될 수 있다.

연애 : 당신이 아직 미혼이라면, 어떤 새로운 사람이 당신의 마음을 사로잡는다. 당신과 새 애인은 카리브 해나 지중해로 여행을 떠난다. 이미 사랑하는 사람이 있다면, 당신과 연인은 이전의 열정을 되찾는 경험을 한다. 긴장을 풀고, 즐겨라. 당신은 이미 그것을 이루

었다.

재정 : 행운이 찾아오고, 당신의 소득은 증가한다. 진급을 하게 되고 은행 대출이나 주택 융자가 승인된다. 당신이 충동적으로 산 주식의 가치가 크게 뛴다. 당신은 값비싼 새 컴퓨터를 사거나 꿈에 그리던 휴가를 가게 되고, 그 모든 순간을 아낌없이 즐긴다.

건강 : 당신은 지금 건강을 되찾고 있다. 활력이 다시 돌아오고 있고, 정서적으로 만족감을 느끼고 있고, 수술 또는 병에서 빠르게 회복되고 있다. 최근의 신체적 문제, 즉 화병이나 심한 감기 또는 독감이 하루아침에 사라진 것 같다. 당신은 이제 두려움을 다 극복했다.

영성 : 태양의 의식은 잠에서 깨어난 마음을 의미한다. 달의 환각에서 벗어나 모든 삶이 진리와 빛으로 가득하다는 것을 안다.

권능 : 당신은 어둠을 벗어났다. 이제 빛을 따라가라.

심판 – 열쇠 20

영적 깨달음. 바보가 그의 여정에서 이 시점에 도달할 무렵에는 보다 높은 의식과 그의 일상에서 오는 깨달음을 통합시키는 법을 배워 알고 있다. 이제 자신의 순례 여행에서 찾아온 깨달음과 진리, 감추어진 지식, 그리고 조화와 만족감을 모두 얻게 된다. 그러나 이 여행은 나선형으로 위쪽으로 이동하기 때문에, 그가 이 시점을 다음에 지나갈 때는 보다 현명해져 있을 것이다.

깨어나 진정한 당신의 일과 인생의 길을 깨달아라. 귀중한 교훈을 배웠다. 이제 그 교훈들을 실천에 옮겨라. 당신에게는 두 번째 기회가 주어졌고, 당신은 보다 의미 있는 존재로 살 준비가 되어 있다.

읽기 : 과거를 버리고 새롭게 출발하라. 이것은 오래된 빚을 갚고, 당신의 삶을 스스로 책임지고, 다른 사람들을 비난하고 판단하는 것을 그만두라는 의미이다.

행복은 당신 밖에 있는 것이 아니다. 과거의 행동들을 정직하게 돌아보고, 기회를 어떻게 사용했는지 잘 생각해 보고, 그 뒤 당신이 원하는 미래를 마음에 그려라. 일단 당신이 그렇게 하고 나면, 당신의 삶은 보다 나은 삶으로 변화하기 시작한다. 당신의 의식 속에 확실히 자리잡고 있는 생각들은 결국 물리적 현실이 되어 나타난다.

일 : 개시 시간! 당신이 해 온 모든 일들은 시험을 받게 된다. 당신은 승진 명단에 들어 있다. 당신은 새롭고 혁신적인 아이디어를 생각해 낸다. 결국 당신이 진행해 온 기획에 청신호가 들어온다. 당신의 원고는 팔려 나가고, 고객들은 늘어나며, 꿈은 펼쳐지고, 당신은 지배적인 위치에 앉아 있다.

연애 : 당신의 관계는 새롭게 태어난다. 당신과 연인은 서로에게 전념하거나 끝을 낸다. 그 관계가 끝난다면 머지않아 누군가를 만나게 된다. 그리고 그 만남은 우연이 아니다. 전생의 기억들이 이 새로

운 사람을 만날 때 떠오른다.

  재정 : 당신의 소득은 증가하고, 계약이 성사되어 소식이 오거나 아니면 막 성사되었다. 돈이나 법적 권리에 대해서는 예상하지 못한 의견 차이 때문에 문제가 생기지만, 결국에는 당신에게 유리하게 해결된다. 이것은 소유권이나 저작권, 음악 또는 극본의 권리를 말한다. 속도 위반으로 무거운 벌금을 물 수도 있지만, 어쨌든 당신의 수입을 높여 주는 계약은 성사시킨다.

  건강 : 자연의 재생 치유력이 질병과 장애를 극복하는 데 도움을 줄 수 있다고 확신하라. 이 힘이 당신에게 가장 필요하고 이것으로 질병의 치료가 가능하다고 생각하게 될 때, 당신에게 그 힘이 집중적으로 들어온다. 과거를 버림으로써 문제를 유발한 육체적 장애도 사라진다.

  영성 : 당신은 교차로, 즉 믿음 체계의 전환점에 접근하고 있다. 당신의 방향이나 목적이 변화하려고 하고 있다. 그 흐름을 따라가라.

  권능 : 새로운 보다 나은 삶을 만들어 내기 위해 당신 자신을 변화시킬 능력을 가지고 있다.

세계 – 열쇠 21

이 카드로 바보의 여정은 끝이 난다. 그는 자신의 목적지에 도착한다. 목표는 달성되었고 상황의 모든 요소들이 하나의 통합된 전체 속으로 수렴된다.

당신과 관계된 문제들을 깊이 이해하게 되었다. 당신 삶의 모든 것들은 내부에서 시작되어 밖으로 발산되고, 대부분의 개인적인 믿음이 자신이 사는 현실을 창조한다는 것을 깨닫기 시작했다. 모든 것을 당신은 이용할 수 있다. 이제 당신을 제약에서 자유롭게 할 시간이다. 당신의 지평을 넓혀라.

읽기 : 완성, 성공, 성취. 당신이 한 일에 대한 보상을 받고 새로운 단계로 나아갈 준비가 되어 있다. 만약 결코 끝날 것 같지 않은 장기적인 기획에 매달려 왔다면, 끝이 가까워졌다는 것을 확신하라.

당신 삶의 궁극적인 목표가 달성되었다고는 생각하지 마라. 이 카드는 진정한 자신이 되는 쪽으로 한 걸음 더 가까이 다가가는 숭고한 체험을 상징한다. 이것은 당신이 바보로서 다시 시작하기 전의 승리를 만끽할 수 있는 중간 기간이다. 세계 카드의 춤추는 사람은 이 여행이 진정한 목표라는 것을 상기시켜 주는 역할을 한다.

일 : 초점은 세계 여행, 해외 교역, 사업이나 직업에 영향을 미치는 세계적인 행사에 있다. 당신의 책에 대한 권리는 해외로 팔려 나가고, 영화 제작자는 당신의 작품을 선택하고, 당신의 기대를 능가하는 승진을 하게 된다. 당신은 정확히 자신이 원하던 곳에 있다.

연애 : 당신은 자신이 낭만적인 관계를 원해 왔다는 것을 알게 될 것이다. 그리고 내내 그러한 관계를 가져 왔다는 것도 깨닫게 될지 모른다. 여행은 기존의 만나던 사람과의 관계를 좋게 하거나 당신의 삶 속으로 새롭고 흥미로운 사람을 보내 준다. 당신은 새로운 상대의 나라로 이사할 수도 있다.

재정 : 만약 불경기가 진행되고 있을 때 이 카드를 뽑는다면, 용기를 내어라. 그동안 기다려 온 모든 것들은 거의 당신에게 가까이 와 있다. 당신은 갑자기 돈을 얻는데, 아마도 유산 상속을 통해서일 수 있고, 하나 이상의 원인에서 비롯될 가능성이 높다. 외국에 투자한 것이 효과를 나타낸다.

건강 : 당신은 일치, 조화 및 균형을 찾는다. 이것은 당신이 인습적인 의학을 따르는 사람에서 전일 의학을 따르는 사람으로 바뀔 때 올 수 있다. 동시성을 받아들여라. 이 동시성들은 보다 높은 자아가 당신의 관심을 보다 이로운 운동 습관으로 이끌어가는 것이다.

영성 : 신체적인 면과 영적인 면이 균형을 이룰 때 당신은 인생 여정의 보다 깊은 의미와 목적을 힐끗 보게 된다. 일상적인 것과 찰나적인 것을 초월함으로써 다소 얼마간의 우주적 의식을 획득한다.

권능 : 당신은 장애물을 넘고 한계를 극복했다.

4

궁정 카드

실용성

전형적인 타로 덱이 가지는 궁정 카드는 16장이며, 네 개의 슈트로 이루어지고, 각 슈트마다 시종, 기사, 여왕 및 왕이 있다. 보이저(Voyager)와 마더피스(Motherpeace)와 같은 비전통적인 카드 덱의 경우 이들은 딸, 아들, 여사제, 샤먼, 또는 아이, 남자, 여자, 현자와 같이 다른 이름으로 불려지기도 한다. 만약 이제 막 타로를 배우기 시작했다면, 비전통적인 카드 덱을 사용하면 다소 혼란스러울 수도 있다.

그러나 궁정 카드의 문제는 우리가 그들을 어떻게 부르느냐가 아니라 그것이 무엇을 의미하는가에 달려 있다. 이들은 우리 삶 속의 사람들, 특성이나 실제 사건들, 심지어 우리가 가지고 있는 생각들, 또는 위의 모든 것들을 표현하고 있는 것으로 간주된다. 진실은 그 사이 어딘가에 있을 것이다.

궁정 카드를 이해하는 가장 좋은 방법은 시도와 실수를 통해 배우는 것이다. 이것은 모든 카드에 해당되는 말이지만 궁정 카드에서는 특별히 중요하다. 주위에 있는 카드들도 궁정 카드가 질문이나 문제에 어떻게 연관되는지를 통찰하는 데 도움을 준다.

만약 한 여자가 자신의 결혼에 대해 묻고 있고, 컵의 5가 그녀를 표현하고 있는 궁정 카드 옆에 나타난다면, 그녀는 결혼에 대해 몹시 슬퍼하고 있을 가능성이 있다. 남편이 그녀를 떠났을 수 있다. 한편 컵의 8이 나타나면, 그녀가 떠나려고 마음을 먹었거나, 결혼 생활을 이미 끝내고 다른 생활을 할 준비가 되어 있을 가능성이 높다.

다른 사람을 위해 카드를 읽는 것은 책을 통해 배운 궁정 카드의 의미가 실제로는 어떻게 표현되는지 알 수 있는 가장 쉬운 방법이다. 그것은 읽기를 하기 전에 특정한 질문에 얼마나 많은 사람이 연루되어 있는지를 알아보는 경우에도 도움이 된다.

당신이 읽어 주는 사람이 35세나 40세 정도의 유부녀이고 비슷한 나이의 유부남과 연애를 하고 있다고 가정하자. 읽기를 시작하기 전에 이 사실을 알고 있다면, 읽기에서 나타난 궁정 카드들의 의미를 파악하기 쉬울 것이다. 이 왕들과 여왕들은 누구이고, 그들이 어떤 관계인지를 아는 데 시간을 낭비하지는 않을 것이다.

이 여성은 누구인가?

　궁정 카드의 의미는 타로 리더에 따라 크게 달라진다. 컵의 여왕을 예로 들어 보자. 이 카드의 교과서적인 의미로 볼 때 그녀는 친절하고, 아이를 양육하는 엄마일 가능성이 가장 높다. 그녀는 고도로 발달된 직관을 가지고 있으며 형이상학에 관한 천리안을 가진 사람을 의미할 수도 있다.

　레이첼 폴락은 『78개의 지혜(78 Degrees of Wisdom)』에서 컵의 여왕을 "의식과 느낌의 결합. 그녀는 그녀가 원하는 것을 알고 있으며 그곳으로 가는 데 필요한 단계를 밟을 것이다. 그러나 항상 사랑을 가지고 행동한다."라고 기술하고 있다.

　『신화 타로(The Mythic Tarot)』의 공동 저자 줄리엣 샤먼 버크(Juliet Sharman-Burke)는 "컵의 여왕은 헬렌이 가지고 있는 것 같은 깊고 복잡한 많은 자질들을 구체적으로 표현하고 있기 때문에 트로이의 헬렌에 비유된다. 그녀는 열정적이고, 자존심이 강하고, 감정적이며, 그 어떤 사람에게도 머리를 조아리기를 거부한다."고 적고 있다.

　로즈 그웨인(Rose Gwain)은 그녀의 책 『타로를 통한 자신의 발견(Discovering Your Self Through Tarot)』에서 컵의 여왕에 대해 다음과 같이 말하고 있다. "결혼한 컵의 여왕은 결혼이나 일 또는 그녀가 하는 그 밖의 것들에 대해 전념하지 않을 수 있다. 그녀는 헛되고 감각적인 환상의 세계에 살면서, 항상 자신에게 일어날 가능성이 있는 일들을 상상할 뿐, 그것들을 실현시킬 그 어떤 것도 하지 않는다. 이렇게 볼 때 그녀는 게으르고, 교묘하며, 기만적이고, 물질주의적이라고 할 수 있다." 이것은 전혀 틀린 말은 아니다.

보이저(Voyager) 타로의 창시자인 제임스 원리스(James Wanless)는 훨씬 더 친절하게 설명한다. 그녀를 컵의 여인이라 부르며 "향유하는 자…… 인생의 기쁨을 느끼고 표현하는 사람"이라고 말한다.

『선택에 중점을 둔 타로(Choice-Centered Tarot)』에서 게일 페어필드(Gail Fairfield)는 여왕들을 "자신들의 할 일을 다 한" 자들이라고 말하고, 그녀들은 능력을 상징한다고 말한다. 그녀는 컵의 여왕을 "정서적 또는 직관적 성숙"으로 정의한다.

그렇다면 어느 정의가 바른 정의인가? 그것은 전적으로 당신에게 달려 있다.

최근에 타로를 하기 시작한 친구인 한 작가에게 컵의 여왕은 그녀가 개발하고 있는 자질을 가진 사람, 즉 카드를 읽는 천리안을 가진 사람을 상징한다. 또 한 친구에게 있어 컵의 여왕은 자신의 어머니를 의미했다. 컵의 여왕은 또 상사, 시어머니, 또 다른 여인, 언니, 아내, 친척이 될 수도 있다. 그렇지 않으면 그녀는 그냥 당신이나 당신과 가까운 어떤 사람의 자질을 의미할 수도 있다.

컵의 여왕은 어떤 사람과의 관계에서 어려운 선택에 직면해 있는 젊은 미혼 여성인 안나의 읽기에서 나타났다. 우리는 그 여왕의 속성들을 기술하면서 현재 안나의 삶 속의 어떤 사람, 즉 그녀와 가까운 어떤 사람과 일치하는지를 물었다.

잠깐 동안의 어색한 침묵이 흐른 뒤, 안나는 만나고 있는 남자는 결혼을 한 사람이고 두 명의 아이가 있다고 설명했다. 여왕은 그 남자의 아내를 상징했는데, 그녀는 전혀 다른 빛으로 배열에 나타났다.

점성학과 궁정 카드

타로를 읽는 많은 사람들은 왕, 여왕, 기사 및 시종을 특정한 별자리와 관련시켜 생각한다. 우리는 가장 일반적인 대응을 소개했지만 지나치게 집착하는 것은 원치 않는다. 왜냐하면 그렇게 하는 것은 타로를 읽을 때 가능성들을 제한하기 때문이다. 게다가 어떤 궁정 카드가 점성학의 어떤 별자리와 연관되어 있는지에 대해서는 저마다 의견이 다르다.

황도대의 12궁은 특정한 에너지 형태를 대표하는 네 원소들로 나누어진다. 불 원소는 상상력과 창조성을 상징한다(양자리, 사자자리, 궁수자리). 공기 원소는 정신적이고 지성적인 것을 의미한다(쌍둥이자리, 천칭자리, 물병자리). 물 원소는 느낌, 감정, 직관을 의미하고(물고기자리, 게자리, 전갈자리), 흙 원소는 몸, 물질적 욕구, 육체적 존재를 의미한다(황소자리, 처녀자리, 염소자리). 마이너 카드의 슈트도 유사한 모형을 토대로 한다. 즉, 지팡이는 불, 검은 공기, 컵은 물, 펜타클은 흙의 원소를 나타낸다.

컵의 여왕이 나타날 때, 그녀는 당신 삶 속의 또는 당신이 읽어 주고 있는 사람의 삶 속의 전갈자리 여인을 의미할 수도 있고, 의미하지 않을 수도 있다. 그러나 대개 그녀는 물의 궁 아래서 태어난 잘 돌봐 주고 인정이 많으며 직관적인 여자를 의미할 가능성이 높다.

예시자로서의 궁정 카드

왕과 여왕

예시자는 당신이 읽어 주고 있는 사람을 상징하는 카드이다. 만약 당신이 읽기 전에 예시자를 뽑으면, 그것은 그 사람의 피부와 머리색, 별자리 또는 나이를 아는 데 기초가 될 수 있다. 일반적으로 왕은 남자를, 여왕은 여자를 의미하지만, 성별을 알 수 없는 경우가 많다.

어떤 읽기에서는 종종 여왕은 성보다는 오히려 자질과 특성을 나타내기도 한다. 남자가 일반적으로 여성(컵의 여왕)의 속성인 동정적이고 돌보는 자질을 가질 수도 있다. 종종 남자는 예시자로 여왕을 뽑을 수도 있는데, 그 이유는 그 특정한 여왕의 자질이 그가 자신 속에서 개발하고자 희망하는 자질과 일치하기 때문이다.

나이는 성별과 마찬가지로 종잡을 수 없기도 하다. 왕은 대개 성숙한 남자를 의미하지만 그가 몇 살이냐에 대해서는 의견들이 다르다. 왕은 거의 항상 카드를 보러 온 사람보다 나이가 많지만, 왕의 나이를 확정짓는 것은 좋지 않다. 만약 당신이 그는 40세 이상이라고 말했는데 실제로는 30대 후반이라면, 가능성이 사라져 버릴 수 있다. 따라서 왕의 나이에 대해서는 융통성을 가져라.

이것은 여왕에게도 어느 정도 적용된다. 그녀의 나이 범위는 왕보다 더 넓다. 즉, 그녀는 젊은 나이인 25세일 수도 있다. 왕과 마찬가지로 그녀는 성숙한 사람이지만 성숙도는 사람마다 다르기 때문이다. 따라서 유연한 자세를 가지고 경험을 통해 배워 나가라. 조만간 당신은 이 카드의 특정한 의미에 대해 직관적 감각을 개발하게 될 것이다.

일부 카드 리더들은 왕과 여왕에게 일정한 신체적 특징을 부여한다. 이를테면 펜타클의 여왕은 뛰어난 사업 감각을 가진 흙의 궁의 검은 피부를 가진 여자나 외국인을 나타낸다. 그러나 지나치게 이 묘사에 의존하면 카드 해석이 제한될 수 있다.

어떤 타로 리딩에서, 한 여성은 자신을 표현하는 카드로 검의 여왕을 뽑았다. 이 카드가 의미하는 것 중 하나는 과부 신세이고, 따라서 별점 배열의 첫 번째 하우스에서 이것이 나타났을 때 우리는 그녀가 최근에 과부가 되었다고 생각했다. 그녀는 자신의 남편이 죽은 지 채 일 년도 되지 않았다고 확인해 주었다.

펜타클의 왕이 상대방 위치에 나타났다. 그러나 그것은 그녀의 죽은 남편은 분명 아니었고, 그녀의 삶 속의 그 누구에게도 이 궁정 카드가 해당되지 않았기 때문에 우리는 추가 정보를 얻기 위해 두 번째 카드를 뽑았다. 컵의 6이 나타났다. 이것은 분명 과거의 누군가, 아마도 그녀가 오랫동안 만나지 못한 어린 시절의 한 친구가 그녀의 삶 속에 다시 나타났음을 의미한다. 그녀는 그 남자가 벌써 나타났다고 말했으며, 그들은 30년 전, 즉 그녀가 남편을 만나기 전에 데이트를 한 적이 있다고 했다.

기사와 시종

이 두 궁정 카드는 의미가 너무도 다양하기 때문에 초심자는 물론 전문가들까지도 종종 화나게 한다. 기사는 성별과 관계없이 25세에서 40세 사이의 사람이나 생각, 상황 또는 활동을 의미할 수 있다. 때때로 기사는 이 네 가지 모두를 의미하기도 한다. 시종은 메시

지나 젊은 사람을 의미할 수 있다. 기사는 예시자로 거의 사용되지 않지만, 시종은 어린아이를 의미할 때 사용될 수 있다. 그러나 카드 리딩을 할 때 그 카드의 정의 중 어느 것을 나타내고 있는지를 어떻게 알아낼 것인가?

우리는 주위의 카드들을 한번 보라고 말하고 싶다. 만약 컵의 시종(탄생, 재생, 새롭게 되기)이 여황제(모성, 다산, 임신) 옆에 나타나고, 그 읽기가 여성을 위한 것이라면 그녀 또는 그녀와 가까운 누군가가 임신했을 가능성이 있다. 이 조합이 남성을 위한 읽기에서 나타나면, 그의 아내나 연인이 임신하거나 그가 새로운 사업, 새로운 아이디어, 새로운 직업을 가지게 되는 상승기에 있음을 의미한다.

만약 지팡이의 시종이 직업이나 취업과 관련해 배열에서 나타난다면 임금 인상, 진급 또는 새 직장과 같은 좋은 소식이 곧 날아든다. 펜타클의 시종은 돈과 관련된 좋은 소식이 곧 들릴 것이라는 것을 의미할 수 있다.

시종은 경이롭고 놀라운 자질을 지니고 있다. 그들은 종종 그 슈트와 관련된 배움의 과정에 열정적인 학생을 상징한다. 펜타클의 시종은 사업을 하는 학생일 수 있고, 컵의 시종은 초자연적인 힘을 가진 학생일 수 있다. 다시 말하지만, 더 많은 정보를 원하면 주위의 카드들을 눈여겨보거나 추가로 카드를 더 뽑아라.

만약 펜타클의 시종과 펜타클 8이 함께 나타나면, 카드를 보러 온 사람은 학교에 다니고 있거나, 학교에 갈 좋은 기회를 잡는다. 새로운 기술은 작게나마 수입의 증가를 가져온다.

기사는 종종 개인의 삶이 유동적, 변화, 과도기 상태에 있을 때 나타난다. 기사는 대개 상황들을 의미하지만, 우리 삶 속으로 들어오거나 우리 삶에서 나가는 사람을 의미할 수도 있다. 기사는 신체적 여행을 의미할 수도 있고, 또는 오래된 상황이 갑자기 변화하기 시작하기 전의 삶의 어떤 시기를 의미할 수도 있다.

시종과 기사에 부여된 의미는 매우 다양하다. 에일린 코넬리(Eileen Connely)는 기사를 시종이 심은 씨앗을 싹트게 하는 정서적 에너지로 생각한다. 메리 그리어(Mary Greer)는 "기사들은 그들의 슈트가 나타내는 것에 대해 행동하고, 관계하고, 헌신한다. 기사들은 순수한 에너지를 대표하면서 종종 당신이 어디에 에너지를 쏟고 있는지를 보여 준다…… 기사들은 여성에게 종종 아니무스적 인물, 특히 낭만적인 인물을 의미한다."고 말한다.

센더 콘라드(Sendor Konraad)는 기사를 생각으로 본다. 생각의 유형은 그 슈트에 의해 결정된다. 우리가 알고 있는 한 카드 리더는 종종 기사를 우리 삶 속의 동물들, 즉 애완동물이나 우리가 종종 보는 야생동물, 우리의 주의를 끄는 동물들로 해석한다. 당신은 아마 어떤 책에서도 그러한 해석을 찾지 못할 것이지만, 중요한 것은 그것이 카드 리더에게 많은 도움을 준다는 점이다.

당신이 타로 읽기에 전문가인가와 상관없이, 그들의 정의가 반드시 도움이 되는 것은 아닐 것이다. 따라서 타로를 읽을 때 어떤 카드에 대한 가장 최고의 정의는 당신이 직접 시도하고 실수하며 배운 것이다.

왕

왕은 종결과 완성, 경험이나 상황의 정점, 결말을 의미한다. 왕은 당신의 남은 삶을 살아가기 위해 낡은 행동 패턴을 버리는 것에 관한 것이다.

사람들이 알고 있듯, 왕은 자신들이 누구이고, 그들이 할 수 있는 일이 무엇인지를 판단할 수 있는 지혜를 가진 성숙한 남자다. 왕은 또한 이 속성들을 지닌 여성을 의미할 수도 있다. 왕은 아버지나 삼촌, 형, 또는 당신보다 나이가 많은 믿음직한 친구이기도 하다.

지팡이의 왕

그는 자신의 목표를 달성하기 위해 위험을 감수할 줄 알며, 무한한 열정과 에너지를 가지고 자발적으로 일하는 원대한 꿈을 가진 사업가이다. 그는 자신의 사업을 하며 판촉과 홍보, 광고, 판매 또는 사무를 독립적으로 처리한다.

이 왕은 종종 마음대로 안 되면 불같이 화를 내는 기질을 가지고 있다. 그러나 그의 존재만으로도 사람들에게 가장 최고의 잠재력을 발휘할 수 있도록 동기를 부여해 주기 때문에 그들에게 격려가 될 수 있다. 그는 점성학적으로 불의 원소와 연결되며 양자리, 사자자리 또는 궁수자리에 해당한다.

읽기 : 당신 삶 속의 나이 많은 남자가 당신에게 영감을 준다. 그는 당신이 모든 잠재력을 발휘하고, 보다 나아질 수 있도록 밀어붙인다. 당신의 꿈이 무엇이든 격려하고 지지한다. 그의 냉혹한 추진력과 에너지는 종종 그와 가장 가까운 사람들까지도 화나게 하지만 그가 일을 성사시켰다는 사실에 아무도 반론을 제기하지 못한다.

일 : 혁신적인 아이디어가 당신에게 몰려온다. 상사나 동료가 새

로운 방법을 실행에 옮길 수 있도록 도와 준다. 당신의 사업이 번창하고, 주문량이 증가하며 자신에 대한 신뢰도는 점점 더 높아진다. 조급함을 버려라. 당신이 생각하는 방식을 다른 사람들에게 강요하지 마라. 성공이 당신 가까이 있다.

연애 : 당신은 일에 너무 열중해 있어서 현재로서는 아무도 당신을 유혹할 수 없다. 그렇지만 분명 당신은 절친한 사람들과의 정서적인 관계는 끊을 수가 없다. 컵의 8과 조합되면 당신은 현재의 관계에서 떠난다.

재정 : 혁신과 독창성은 재정 상태를 개선한다. 주문량이 늘어난다. 당신은 번영의 길로 들어섰다. 자신의 예감을 따르고, 당신이 사업 설계에 재능이 있다는 것을 알게 된다. 펜타클의 9와 짝을 이루면 경제적 안정이 생각하는 것보다 가까이 있다.

건강 : 편두통, 가슴앓이 또는 좌골 신경통이 침이나 식이 요법, 비타민, 미네랄 및 허브와 같은 대안 요법을 통해 개선된다. 당신에게 어떤 것이 가장 잘 맞는지 찾을 때까지 계속 시도해 보라. 노여움은 건강에 영향을 미치므로, 무엇이 당신을 화나게 하는지 확인하여 단계를 밟아 그것을 고치도록 하라. 전체적인 건강 상태는 온화함을 유지할 때 개선된다.

영성 : 당신의 여행은 진행 중이다. 미지의 곳에서 오는 것으로 생각되는 가능성과 기회에 마음을 열고 기다려라. 본능적인 충동을 따

르고 동시성에 주목하라. 그것들은 당신 여행의 길잡이다.

권능 : 자기의존과 자신감은 당신을 앞으로 나아가게 하는 추진력이다.

컵의 왕

그는 형이상학자 또는 설교자, 요리사 또는 요리점 주인, 상담가 또는 심리학자이다. 그의 직업은 그것이 무엇이든 그의 연민과 누군가를 돌보고자 하는 성격적 측면을 반영한다.

가정과 가족은 그에게 중요하다. 그래서 그는 집에서 사업을 할 가능성이 있다. 그는 경제적 독립을 추구하지만 이익을 위한 이익은 추구하지 않는다. 그는 자신이 즐길 수 있는 어떤 일을 하길 원한다. 그의 점성학적 원소는 물로서 물고기자리, 게자리 또는 전갈자리이다.

읽기 : 이 왕은 낭만적인 왕이며, 생일이 아닐 때도 꽃을 보내는 그런 남자다. 그의 감정은 종종 애매함과 무뚝뚝함 사이를 왔다 갔다 하지만, 그것을 개인적인 것으로 받아들이지는 말라. 그는 대개 자신에 대해 이야기하는 것보다 다른 사람의 말에 귀를 기울이는 것을 더 편하게 생각한다. 그는 느낌과 욕구에만 지나치게 의존함으로써 맡은 일을 지성의 날카로움으로 꼼꼼히 따져 보지 못하는 경향이 있다.

일 : 당신은 집에서 일하고 있거나 그러기를 원하고, 따라서 그렇게 하기 위해 하나하나 단계를 밟고 있다. 수익이 일을 하는 유일한 이유가 될 수 없고, 당신의 일은 자신이 하고 싶은 어떤 것이 되어야

한다. 당신의 고양된 직관은 새로운 기회를 가져다준다. 지팡이의 7
과 짝을 이루면 자영업이 당신의 목표다.

연애 : 당신은 형이상학적 집단 또는 보트 타기, 항해 또는 수영과
관련된 활동을 통해 누군가를 만난다. 당신의 전체 분위기는 들뜨고
모험적이고 직관적이다. 당신이 이미 누군가를 만나고 있다면 둘은
새로운 차원의 이해에 이르게 된다. 어쩌면 당신은 예전에 한 맹세
를 새롭게 할 것이다. 지팡이의 4와 짝을 이루면, 여러 가능성 중 결
혼 또는 이사가 있을 수 있다.

재정 : 당신의 재택 사업은 번창하고, 주문량이 증가하고, 돈이 들
어오기 시작한다. 당신은 아침에 일찍 잠자리를 박차고 일어나 하루
를 시작한다. 돈은 단지 당신이 나타내 보일 수 있는 에너지라는 믿
음을 키움으로써 번영과 경제적 성공의 기회를 이끌어 낸다.

건강 : 마사지나 에너지워크(energy work), 발반사법이 도움이 된
다. 식욕을 억제하고 술은 지나치게 마시지 마라. 수영이나 요트를
스트레스 해소를 위한 한 방편으로 생각하라. 당신은 주기적으로 휴
식이 필요하다. 해변으로 짧은 여행을 떠나거나 호숫가에서 일주일
을 보내거나 하는 등의 물과 관련된 휴가 여행이 필요하다. 수시로
변하는 당신의 기분과 싸우지 말고 그 흐름을 타라.

영성 : 당신이 찾는 답은 집 가까이 있고, 어쩌면 서재 근처에 있을
지도 모른다. 당신의 상황과 연결된 주제를 다루고 있는 형이상학의

책들로 직관적 경험을 증가시켜라. 당신의 가장 깊은 영감은 꿈을 통해 온다. 그러므로 꿈 일지를 써라. 당신의 질문에 답하는 꿈을 의식적으로 구함으로써 존재의 풍요를 거두어들인다.

권능 : 자신의 느낌과 접촉함으로써 직관이 흐를 수 있는 여지를 가진다.

펜타클의 왕

세속적인 성공과 성취의 화신으로서 이 왕은 말 그대로 "적임자"이다. 그는 그가 지배하는 모든 것들의 왕으로 부유한 사업가, 재정가, CEO, 지배인, 산업가, 은행가, 미디어 재벌, 또는 성공한 예술가일 수 있다. 그는 흔히 자영업자이다.

무엇보다도 그는 자기 자신에 대해서, 그리고 사회적인 자신의 위치에 대해서도 성공적으로 자리잡은 사람이다. 그는 달성 가능한 목표들을 세우고 정확하게 위험을 계산한 뒤 그 각각의 성취들을 이루어 낸다. 그는 실용적이고 현실적인 방식으로 느리되 꾸준히 자기 자신을 확장하면서 위로 올라간다. 그는 흙의 궁, 즉 염소자리, 처녀자리 또는 황소자리이다.

읽기 : 사업적이거나 직업적인 교제는 실제적 문제에 도움이 된다. 이 남자는 실용주의적이고, 책임감이 강하고, 신뢰할 수 있고, 항상 본질과 관계한다. 어떤 사람은 그를 둔감하다고 생각할 수도

있다. 그러나 계획하고 생산하는 데 있어 그만 한 자신감과 능력을 따라갈 유형은 없다.

여성에게 있어 이 왕은 종종 이러한 자질들을 가진 남자가 그녀 가까이 오거나 곧 그녀의 삶 속으로 들어올 것이라는 것을 의미한다. 남성의 경우, 이 왕은 대개 아버지, 형 또는 상사로부터의 도움을 의미한다.

일 : 당신은 직업적 만남을 통해 소득을 얻는다. 영향력이 있거나 힘을 가진 어떤 사람에게서 예상하지 못한 인정을 받게 된다. 당신이 그동안 진행해 온 사업이 이제 완성을 앞에 두고 있고, 중요한 다음 사업을 준비하고 있다.

연애 : 당신에게 애인이 있든 없든, 누군가가 당신에게 술을 사 주고, 밥을 사 주고, 왕족처럼 대접하면서 구애한다. 억눌려 있던 열정이 되살아나고, 전생의 연결이 이어지고, 깊은 이해가 이루어진다. 연인과 여행을 하게 된다. 먼 곳에서 보내는 낭만적인 주말을 기대하라. 만약 연인이나 컵의 3 옆에 위치하면 머지않아 결혼이 있을 수 있다.

재정 : 번영이 지금 여기에 있다. 도전을 통해 보다 새롭고, 보다 나은 거래를 만들어 내라. 물질주의가 유일한 목표가 되지 않도록 하고, 사소한 일에 지나치게 집착하지 마라. 균형을 유지하고 재미와 유쾌함을 가지고 번영에 다가가라.

건강 : 목과 어깨, 배 그리고 무릎에 긴장이 나타날 수 있다. 만약 당신이 달리기를 하는 사람이라면, 한동안 무릎에 힘이 덜 가는 운동을 하라. 식이 요법을 바꾸고, 다양성을 받아들여라. 당신이 받는 모든 건강 검진 결과가 부정적으로 나타난다. 가장 큰 적은 슬픔이나 정서적 고통 또는 화를 내면화하는 것이다. 이 감정들이 몸 속에 자리 잡으면 병으로 바뀔 수 있다.

영성 : 당신은 이유 없이 불안하다. 정서적으로 만족감을 느끼게 하는 것이 무엇인지 알아내서, 물질적인 성공을 추구하도록 한 것과 같은 냉철한 에너지를 가지고 그것을 쫓아가라.

권능 : 과거의 성취를 기초로 새로운 목표와 꿈을 세워라.

검의 왕

이 전사/학자/외교관은 정치가, 변호사, 판사, 의사, 작가, 철학자, 장군, 대통령일 수도 있다. 그는 법과 질서와 제도의 정의를 의미한다. 그는 불필요하거나 비논리적이라고 생각하는 것은 가차없이 잘라 버린다. 그는 종종 삶과 죽음의 문제에 대해 결정적인 말을 하여 상대방이 더 이상 그 문제에 대해 거론하지 못하게 만든다.

권위와 관계되기 때문에, 이 왕은 어떤 회사나 부서의 장을 의미할 수 있다. 그는 현명한 조언을 하고 또 중요한 문제에 대해서는 거의 망설임이 없지만, 모든 문제를 주의 깊게 심사숙고한다. 이 왕의 점성학적 원소는 공기, 즉 쌍둥이자리, 천칭자리 또는 물병자리이다.

읽기 : 당신은 그 목적이 다한 낡은 생각과 믿음을 버릴 시간이라는 통지를 받는다. 그러나 다른 사람에게 영향을 미칠 수 있는 결정을 내릴 때는 공정하고 논리적이어야 한다. 변호사, 의사, 판사 또는 일반적인 사법 제도와 관계가 있을 수 있다. 당신은 지능에 지나치게 의존할 수 있다. 직관에 귀 기울이는 법을 배워라.

일 : 당신의 상사나 남자 동료는 완곡하게 말하지 않으며, 그의 말이 당신에게 어떤 영향을 미칠지에 대해서는 안중에도 없는 것 같다. 그의 판단은 빠르고 적나라하지만 공정하다. 당신은 그의 정신적 명민함과 사고력에 감탄한다. 따라서 지금은 당신이 가장 효과적으로 의사소통을 해야 할 단계에 와 있다. 탑과 함께 나타날 때는 직장에서 해고 또는 파면될 수 있다.

연애 : 당신의 연인은 무디고, 종종 무관심하기까지 하다. 감정적으로 대응하지 마라. 잠시 크게 숨을 한 번 쉬고, 당신은 그 둔감함이 왜 싫은지 조용히 설명하라. 당신과 연인과의 관계는 주로 정신적이다. 연인 카드와 함께라면, 당신은 관계와 관련하여 어떤 선택을 해야 하는 기로에 서 있다. 기사 또는 전차 카드와 함께라면, 두 사람이 짧은 휴가를 떠나면 도움이 된다.

재정 : 돈 문제와 관련하여 당신이 겪어 온 긴장이 극도로 악화된다. 그 문제를 정직하게 다루고, 그런 후 계속 나아가고 뒤돌아보지 말라. 그러면 문제가 해소되고 번영이 다시 삶 속으로 흘러들어 온다.

건강 : 의사를 찾아갔는데 건강 검진를 받아야한다고 한다. 수술을 권하면 다른 의사에게 다시 한 번 진단을 받아 보고, 스스로 잘 알아보라. 그러고 나서 의사와 차근차근 상의하여 당신에게 가장 잘 맞고 당신이 감당할 수 있는 치료법을 찾아내라. 태양이나 별 카드와 함께라면, 의사에게 찾아가 건강 검진을 받은 것이 좋게 나온다. 만약 당신이 임신 중이고 이 카드가 여황제나 컵의 에이스와 함께 나타나면, 제왕 절개를 할 가능성이 있다.

영성 : 당신의 영적인 길은 정신적 수준에서 시작하여 종교, 철학, 형이상학에 대한 지적 호기심으로 나아간다. 읽고, 공부하고, 연구하라. 일단 당신에게 맞는 지성적인 자신의 분야를 찾으면, 정서적으로 당신의 길에 몰입하게 된다.

권능 : 당신의 날카로운 지성은 모든 문제의 핵심을 파고든다.

여왕

여왕들은 여성적 에너지, 음(陰), 내적 본성의 수용적 자질, 사회에서의 여성적 영향력을 의미한다. 이들은 종종 어떤 관계나 사업, 직업, 임신이 완성될 무렵에 나타난다.

사람들이 알고 있듯, 여왕은 자신 안의 이원성에 직면하여, 그 이원성을 그들 자신이 누구이고 무엇인지에 대한 물음 속에서 통합시켜 이제 그 지식이 가져다준 지혜를 즐기는 성숙한 여인들이다. 여왕은 어머니나 아내, 주부 또는 연인, 누이, 그리고 상사와 동료, 친구를 나타낸다.

지팡이의 여왕

그녀는 사무적이고 그녀가 하는 모든 일에 대해 열의가 넘친다. 그녀는 마르지 않는 에너지의 샘물을 가지고 있는 것 같고, 극적인 사건에 대한 예민한 직감을 가지고 있으며, 그녀가 믿는 것에 대해 열정적이다.

그녀의 기분에 따른 행동은 가까운 사람들까지도 격분하게 만들지만, 그것은 그녀의 한 부분일 뿐이다. 그것을 받아들여라. 왜냐하면 그녀는 변하지 않을 것이기 때문이다. 그녀는 완전한 불, 즉 양자리, 사자자리, 궁수자리이다.

읽기 : 지금 당신은 일과 영적 신념에 집중하는 삶을 살고 있다. 직업적인 일이나 영적인 일에서 실현하고자 열망하는 새로운 아이디어들로 가득하다. 한 나이 많은 여인이 도움을 주거나 방해를 하는데, 주위의 카드를 참고하여 읽어라.

일 : 일반적으로 일이 진척되고 취업을 알리는 소식이 들려 온다. 여자 상사는 완전히 당신 편이다. 남성의 경우, 직장에서 연상의 여자와 사귀게 될 수 있고, 그 연애는 열정적이고 만족스러울 것이다. 당신이 관심을 쏟아 온 문제나 상황과 관련해서 조만간 어떤 소식이 들려 올 것이다.

연애 : 격렬한 감정과 열정을 가진 갑작스런 연애 사건에 휩쓸린다. 예상하지 못한 일을 기대하라. 이 사람을 외면하기란 불가능하다. 그 결과 당신은 미지의 영역으로 들어간다. 그 연애 사건의 핵심에는 심오한 영적 연결이 있다. 함께 여행을 갈 수도 있는데, 외국으로의 여행은 그 관계의 단점과 장점을 확실하게 보여 주게 된다. 기혼 남자의 경우 이 여왕은 그의 아내나 아니면 그의 삶 속의 또 다른 여인을 의미할 수도 있다.

재정 : 당신은 쇼핑에 돈을 물 쓰듯 하면서 그 순간을 즐기고는 그 뒤에 죄의식을 느낀다. 전체적으로 당신의 재정 상태는 안정되어 있지 못하다. 변동성이 큰 주식은 팔고 땅을 사라. 집을 개조하고 수선하는 등 집을 파는 데 도움이 되는 것에 돈을 써라. 당신은 현재 사는 집에 그리 오래 머물지 않을 것이다.

건강 : 당신은 비록 체중을 좀 줄이기를 원할 수도 있지만 건강하다. 당신은 동종 요법이나 허브, 비타민을 실제로 체험해 보면서 몸에 나타나는 징후들을 살핀다. 신경을 너무 쓰지 않도록 경계하라. 허브가 이로울 수도 있다. 녹차는 면역 체계에, 멜라토닌은 숙면에, 인삼은 에너지와 에스트로겐 생성에 좋다.

영성 : 당신은 자신의 길을 찾았다 싶으면 세세한 것까지 빠뜨리지 않고 열심히 모든 것을 시도하며 열정적으로 앞으로 돌진한다. 속도를 늦추고 그 여행을 즐겨라. 당신의 예감에 따라 가야 할 방향을 정하라.

권능 : 당신은 원하는 삶을 만들어 낼 열정과 에너지를 가지고
있다.

컵의 여왕

그녀는 전형적인 양육자이고, 그녀의 가슴은 연민으로 가득 차
있다. 그녀의 돌봄은 어린이, 동물, 환경 문제, 그리고 그녀가 열렬
히 믿는 주제들에까지 확장된다. 그녀는 형이상학에 뛰어나고, 천
리안을 가진 사람, 영매, 타로 리더, 점성가일 수 있다. 그녀는 또한
비밀스러운 일이나 연출 또는 의료계에서 일할 수도 있다.

이 여왕의 본성은 영적이고 애정이 있지만, 성적이고 종종 비밀스
럽다. 만약 당신이 그녀를 화나게 한다면 그 값을 치러야 한다. 그녀
의 점성학적 원소는 물, 즉 물고기자리, 게자리 또는 전갈자리이다.

읽기 : 당신의 세계는 주로 어린이나 동물, 형이상학, 자연, 성(性)
을 중심으로 이루어지는데, 순서는 반드시 이 순서와 일치하지는 않
는다. 당신은 겉으로 꾸미지 않으며, 그대로가 편안하다. 남자의 경
우 이 여왕은 그의 어머니나 아내, 연인을 나타내며, 또는 자신 속에
서 개발하고자 하는 직관적 자질을 의미하기도 한다.

일 : 새로운 기회가 당신에게 찾아오고 그것은 아주 적절한 시기
에 온다. 이 기회는 당신을 정서적으로 만족시키고 충족시키는 일이
된다. 여성 상사가 당신을 감싸 보호하거나 어머니가 직업적으로 도
움을 준다. 당신은 집에서 애완동물들과 함께 자기식의 옷차림을 하
고 일할 때가 가장 행복하다.

연애 : 성적 충동이 당신을 사로잡고, 연애는 열정적이고 격정적이며, 믿을 수 없을 정도로 낭만적이다. 꿈들은 이 관계를 이해하는 데 매우 도움이 되는데, 어쩌면 전생의 연결들을 정확히 보여 줄 수도 있다. 당신은 이 관계에 대한 비전이나 투청 경험을 가지고 있을지도 모른다. 이 만남의 열정이 당신 전체를 집어삼키지 않도록 평정심과 정상적인 일상을 유지하라.

재정 : 당신이 정서적으로 막혀 있지 않을 때는 번영이 당신의 삶 속으로 밀려들어 온다. 그것을 기회로 이용하고, 직감에 따라 행동하라. 당신은 경마장이나 라스베이거스에서 운이 좋고, 거래에서도 운이 따른다. 당신은 물 위에 있거나 물가에 매우 가까이 있는 부동산을 눈여겨봐 왔다. 주저하지 말고 그 부동산을 사라.

건강 : 당신의 감정이 건강에 크게 영향을 미친다. 만약 정서적으로 막혀 있다면, 그 결과가 당신 몸 속 어딘가에서 나타난다. 발이나 림프계, 생식 계통, 소화계에 문제가 발생할 수 있다. 규칙적인 운동과 마사지, 침, 에어로빅, 절제된 식습관이 좋다. 스트레스가 쌓여 있는 상태에서 이 여왕이 컵의 6 옆에 나타나면 아이들이 그 스트레스의 원인이다. 컵의 에이스 또는 여황제와 짝을 이룰 때 당신은 임신하고 있을 가능성이 있다.

영성 : 당신이 가야 할 영적인 길이 삶의 모든 영역을 관통해 흐른다. 당신의 꿈은 특히 생생 명료하므로 명석몽을 연구하고 실천하면 좋다. 일반적이지 않은 영역에 대한 탐구는 여러 사람이 함께 하는

샤먼 의식, 명상, 치유, 그리고 동물이나 어린이와 함께 하는 일을
통해 강화된다.

권능 : 아무리 짧아도 사랑하는 사람과 시간을 보내면 에너지가
재충전되어 당신을 전속력으로 앞으로 나아가게 한다.

펜타클의 여왕

그녀는 대지의 어머니로 변신한 여황제로 출산, 양육 및 모성적
보살핌을 의미한다. 그녀는 자신의 창조물들에게 매우 친절한 사랑
과 배려를 쏟아 붓는데, 그것들이 실제 자녀이거나 사업이거나 활동
인가는 문제가 되지 않는다.

이 여왕은 그녀의 집과 사무실을 둘 다 효율적으로 지배한다. 그
녀는 지극히 실질적이며 수완가로 예술가, 작가, 여배우, 무용가 또
는 기업체 임원일 가능성이 높다. 그녀의 점성학 원소는 흙, 즉 염소
자리, 황소자리, 처녀자리이다.

읽기 : 당신은 실질적이고 구체적인 해결책을 찾고 있다. 당신은
동료들이나 종업원들이 실행할 수 있는 효과적인 사업 계획, 전략
또는 행동 지침을 내놓는다. 가정에서도 가족들이 똑같은 종류의 안
내를 해 줄 것을 기대하고 있다. 마법사와 짝을 이루면, 당신의 해결
책은 순간적인 영감을 통해 온다.

일 : 직업적으로 일을 성취해 내고 그로 인해 인정을 받는다. 당신
은 충동적이지 않다. 자신이 하는 일을 사랑하지만, 개인적 공간 내

에서 책과 음악, 동물과 식물 그리고 당신이 창조한 개인적 세계에 둘러싸여 있을 때 가장 행복하다. 펜타클의 10과 짝을 이룰 경우 극적인 수입의 증가를 기대하라.

연애 : 당신은 지금 당장 누군가와 사귈 만큼 그렇게 다급한 것은 아니다. 당신에게 맞는 어떤 장소를 찾았고, 비록 혼자라 하더라도 금요일 밤에 좋은 책을 읽으면서 애완동물과 집에서 보내도 괜찮다는 사실을 알게 된다. 어쩌다 관심이 가는 사람이 나타나면 좋겠지만, 당신이 찾아 나서지는 않는다. 당신이 누군가를 만나 왔다면 그 관계는 평화롭고 순조로운 시기로 들어간다.

재정 : 당신의 금전 상황은 꽤 좋으며, 이전보다 더 좋아진다. 당신이 손대는 일마다 잘 되며 의심의 여지가 없다. 흐름에 그대로 몸을 맡겨라. 당신은 지성으로 확률과 맞서기를 즐긴다. 지금이 부동산, 주식, 새 집을 살 적기다. 돈은 마음껏 쓰라. 당신은 그만 한 재력이 있다.

건강 : 전체적으로 건강하다. 무릎의 통증이나 목 부위의 긴장, 걱정이 있을 때 나타나는 복부 긴장이 조금씩 괴롭힐 뿐이다. 건강 검진 결과가 좋게 나온다. 만약 임신하고 있다면 임신 기간 내내 문제가 없을 것이다. 의사에게 분만과 출산에 관해 당신이 원하는 것이 무엇인지 명확히 알려라. 당신 스스로에게도 그렇게 해야 한다. 자세하고 분명하게 말하라.

영성 : 당신은 직관과 이성이 아름답게 조화를 이루는 영적으로 풍요로운 삶의 시기로 들어간다. 모든 것이 순조롭게 흘러간다.

권능 : 당신은 부와 능력을 통해 자신과 타인들에게 힘을 북돋아 준다.

검의 여왕

이 여왕은 위대한 전사인 팔라스 아테나 여신이다. 그러나 그녀의 전투능력은 여성적인 특성과 창조적인 지성이 혼합되어 있기 때문에 양면적인 부분이 있다.

여성의 경우에 한해, 이 여왕은 과부이거나 이혼, 또는 때때로 아이가 없는 사람을 의미한다. 그녀는 아마도 자기 자신만의 생각과 가치를 가진 독립심이 강한 직업 여성일 가능성이 높다. 흔히 그녀는 검의 왕에게는 아내이기보다는 오히려 누이와 같은 배우자로 간주된다. 점성학적으로 그녀의 원소는 공기, 즉 물병자리, 천칭자리, 쌍둥이자리다.

읽기 : 당신은 관계없는 정보를 잘라 버리고 문제의 핵심으로 나아가는 법을 알고 있다. 거리낌 없이 말하는 경향이 있고, 혀는 날카롭다. 당신은 대개 공정하고 공평하지만, 보복적일 수 있다. 천성적으로 숨기는 경향이 있기 때문에 다른 사람의 비밀을 간파할 수 있다. 일이 쉽게 풀리지 않는다. 아마도 자신의 자리를 스스로 지켜 나가야 하며 자신의 정당한 권리를 위해서도 싸워야 할지 모른다.

일 : 상사나 동료가 당신을 소외시킨다. 정서적으로 초연함을 유지하고 행동을 정중하고 효율적으로 함으로써 그들의 냉대를 극복하고 직업적인 손상을 최소화한다. 신중하게 행동하고, 자신의 의견을 말하지 말라.

연애 : 당신은 두뇌 회전이 빠르고 몸이 민첩하지만 따뜻한 마음이 부족한 사람에게 매력을 느낀다. 어머니나 나이 많은 여성이 당신과 연인 사이에 끼어들 수 있다. 그녀는 방해할 의도는 없지만, 내심 당신에게 관심을 가지고 있으므로, 친절하게 행동하되 분명한 태도를 취하라. 당신의 한계를 분명히 설명하라. 당신이 읽어 주고 있는 사람이 남자인 경우에 고위여사제와 짝을 이루면 그 남자는 나이든 여인의 신비한 매력에 끌린다.

재정 : 시간의 지연을 예상하라. 당신은 저금한 돈을 빼거나 주식을 팔거나 변호사를 만나야 할지도 모른다. 당신이 직접 집을 팔기보다는 부동산 업자에게 맡겨라. 전문가에게 맡기고, 모든 일을 직접 다 하려고 하지 마라. 당신의 재정 상태가 보다 안정될 때까지는 작은 사치품을 사는 것도 뒤로 미루어라.

건강 : 수술을 할 가능성이 있다. 검의 3과 짝을 이루면 수술은 심장이 될 가능성이 있다. 신체보다 더 깊은 곳을 들여다보아라. 놓아버려야 하는데도 불구하고 계속 매달리고 있는 상황이나 관계가 있지는 않은가? 그것을 알아내고 처리하는 것이 외과 의사의 수술용 칼보다 더 좋을 수도 있다.

영성 : 일단 당신이 지성과 감정을 통합하는 법을 배우면 당신의 영적인 길이 명확해진다. 당신은 자신만의 길을 따라간다.

권능 : 많은 어려움을 극복하고 나면 당신은 자신이 누구이며, 어디로 가고 있는지를 알고 미래와 마주하게 된다.

기사

기사들은 사람이나 상황을 나타낸다. 주위의 카드들은 이 기사들이 무엇을 나타내고 삶의 어떤 영역에 영향을 주게 될지 말해 준다.

만약 기사가 실제 사람을 의미하고 있다면, 그것은 당신의 삶 속으로 들어오는 젊은 남자나 혹은 젊은 여자를 의미한다. 만약 기사가 어떤 상황을 나타내고 있다면, 그것은 당신의 삶 속에 오랫동안 지속되어 온 어떤 상황이 변화하고 다시 앞으로 나아가게 될 것임을 의미한다. 여행은 그 기사의 슈트와 연관성을 가진다.

지팡이의 기사

젊은 인디아나 존스, 즉 탐색이 그의 모든 것인 여행가와 모험가를 생각하라. 열정과 에너지는 그의 존재의 중심에서 타오르며 항상 그를 앞으로 나아가게 한다. 그는 뒤돌아보지 않는다.

이 기사는 그 자신은 자각하고 있지 못할 수도 있지만 깊은 영적 중심을 가지고 있다. 그는 아직 한 번도 물은 적이 없는 질문에 대한 답을 찾고 있지만, 집요한 여행 속에서 어떻게 해서든지 더 큰 퍼즐의 조각들을 찾아내고 이것들은 그를 계속 앞으로 나아가게 한다. 이 기사의 삶 속에 동시성이 작용하고 있다. 따라서 그는 적절한 시기에 적절한 곳에 있게 된다.

읽기 : 당신이 원하는 것이 무엇인지 알기도 전에 당신은 원하는 것을 발견한다. 요컨대 중요한 것은, 당신이 하기를 원해 왔던 것이 무엇이든 서둘러 그것을 하는 것이다. 낙관적이고 긍정적인 마음 자세로 임하면, 현재의 상황이 보다 빨리 변화할 수 있다.

일 : 일과 영적인 문제와 관련해 여행을 하게 된다. 예를 들면, 주말 경영 연수나 전생에 대한 워크숍과 같은 것이 이에 해당된다. 직장에 변화가 오는데, 고용인들이 승진되거나 해고되고 새로운 사람들이 채용된다. 그 변화가 주위에 동요를 일으키지만, 당신은 직접적인 영향을 받지 않는다. 지팡이의 4나 검의 6과 짝을 이루면 사무실을 새로운 지역으로 옮겨가게 된다.

연애 : 일이나 영적인 모임이나 활동을 통해서, 아니면 여행을 하는 중에 누군가를 만난다. 당신은 바로 그 사람에게 매혹된다. 이미 누군가를 만나고 있었다면, 연인과 같은 사무실에서 일하거나 함께 소규모 사업을 할 수도 있다. 때때로 사소한 의견 차이를 보이기도 하지만, 중요한 문제에 있어서는 의견을 같이한다. 현재 함께 살고 있지 않다면, 곧 함께 살게 될 수도 있다.

재정 : 재정적인 성장이 곤경에 처해 있거나 답보 상태에 머문 시

기에 있었다. 이 카드와 함께라면 모든 것이 앞으로 나아가기 시작한다. 당신에게 빚을 갚거나 집을 계약할 여윳돈이 생긴다.

건강 : 오래 계속되던 건강 문제가 좋아지기 시작한다. 그러나 당신은 하고 싶은 일이 무엇인지를 확인해야 하고, 목표를 달성하는 것을 도와 줄 수 있는 계획을 세워야 한다. 자신의 신념들을 점검하라. 경험상으로 볼 때 더 이상 맞지 않는 신념들은 버려라.

영성 : 당신은 계속 나아가며 특정한 영적인 길을 적극적으로 모색하고 있다. 도전은 당신이 배운 것을 삶의 모든 국면 속에서 융합해내는 데 있다. 당신은 더 이상 자신의 신념을 외면하거나 숨길 수 없다. 진정한 당신 속으로 발을 옮겨 놓을 시간이다.

권능 : 당신의 불같은 성격과 자신감, 열정은 목표에 도달하는 것을 도와 준다.

컵의 기사

그는 부분적으로 사회적 활동, 로맨스, 흥분 및 여행을 당신의 삶 속으로 가져다주는 음유시인 돈키호테다. 그가 가진 매력은 그의 가장 큰 자산이고, 가장 강력한 무기이다. 그것으로 그는 적들을 물리치고, 사람들을 그의 생각에 따르게 하며, 물고기처럼 유연하게 삶 속으로 나아간다.

이 기사의 초점은 감성과 그곳에서 흘러나오는 창의성에 맞추어져 있다. 그는 대개 따뜻한 가슴을 가지고 있고 말하기를 좋아한다.

그러나 가끔 지나치게 자신만의 생각에 빠져 애매모호하고 지나치게 자신을 안으로 숨기는 것처럼 보이기도 한다. 그를 약 오르게 해도 그는 별다른 반응을 보이지 않는다. 그저 단지 무관심하며 상관하지 않을 것이다.

읽기 : 새로운 경험들이 당신의 삶 속으로 들어온다. 그것은 당신의 원기를 북돋우고, 동정심을 자극하여, 가능한 것에 대한 당신의 믿음을 바꾸어 놓는다. 이 기사는 가슴으로 가는 길을 상징한다. 당신의 긴장과 외로움은 최근 몇 달 동안 가지지 못했던 마음의 평화를 찾으면 좋아진다.

일 : 당신이 지고 있는 책임과 맡고 있는 사업 계획에 직관을 통해 접근하면, 당신의 작업 조건은 개선된다. 당신이 씨름해 온 업무상의 문제에 대해서 즉각적이고 어쩌면 감정적인 대응이 올 수도 있다. 감정을 지나치게 드러내지 않도록 주의하라. 그렇게 한다고 해서 당신이 가고자 하는 곳에 더 빨리 도착하는 것은 아니다. 때를 기다려라. 성공은 바로 코앞에 있다.

연애 : 당신은 연인과 여행을 하게 되고, 그 여행은 서로를 더 가깝게 만든다. 두 사람은 의기투합한다. 만약 만나고 있는 사람이 없다면 새로운 만남이 시작되어 글자 그대로 당신의 삶을 밝혀 준다. 당신은 갑자기 이성에 대한 관심이 폭발해서 이성을 유혹하려 들며, 낭만적인 순간을 경험한다. 펜타클의 8과 짝을 이루면, 수강 또는 워크숍을 통해 새로운 연인을 만나게 된다.

재정 : 돈이 들어온 속도만큼이나 빠르게 나가는 것 같으나 아직은 자산이 증가하고 경제적으로도 좋다. 당신은 운이 따른다고 생각하여 복권, 경마장, 라스베이거스에서 도박을 한다. 당신은 집을 나갈 때 가지고 나간 돈보다 더 많은 돈을 가지고 집으로 돌아온다. 이제 부모님의 충고를 따를 때이다. 번 돈 중 10~15%는 저축하라.

건강 : 건강이 현저히 좋아지는데, 이것은 부분적으로 새로운 연애 덕분이다. 발반사법, 마사지, 물과 관련된 신체 활동, 그리고 낭만적인 성적 여흥 등이 도움이 된다. 꿈을 통한 치유를 시도하라. 그 결과는 당신을 놀라게 할 것이다.

영성 : 마음으로 함께 하는 길을 감으로써 새로운 정신의 세계가 열린다. 당신이 꾸는 꿈들은 방향을 제시하고 질문에 답을 얻는 것을 도와 준다. 동시성에 주목하고, 그리고 하루라도 비록 그것들이 꿈의 일부라 할지라도 깨어 있는 삶의 경험들을 해석하려고 시도하라.

권능 : 당신은 자신의 가장 깊은 신념과 감정 속으로 파고들어 가, 그것들이 당신이 경험하는 것들을 어떻게 만들어 내는지에 대해 이해하게 된다.

펜타클의 기사

그는 책임감이 강하고, 열심히 일하며, 완고할 만큼 진지하고, 믿을 수 있으며, 가끔 약간 무디다. 그는 조직의 다른 구성원들을 위해 모든 것을 계획하고 조직하면서 전면에 드러나지 않고 뒤에서 일한다. 그는 힘든 일을 두려워하지 않으며, 삶의 의무에 대해 그 이유보다는 방법에 더 많은 관심을 가지고 있다.

그의 모험은 실제적인 문제에 초점을 맞추고 있다. 예를 들면, 이 사람은 유명인을 대신해 돈을 관리해 주는 사람이다. 돈과 사업, 미디어, 광고 및 판촉과 관련된 여행을 기대하라. 당신은 부동산에 투자하거나 집을 사고 팔거나, CD(양도성 예금증서)를 사거나 현금화하거나, 새 금융 시장에 계좌를 개설할 가능성이 있다. 그 초점은 돈과 경제적 안정에 맞추어져 있다.

읽기 : 재정에 관한 목표를 세우고 그것에 전념하라. 여기에는 예산을 편성한다든지 자녀들의 교육을 위해 또는 주택 융자금을 상환하기 위해 저축하는 것이 포함될 수 있다. 재정 상태는 느리지만 확실하게 개선된다. 당신은 자신에게 맞는 틈새 시장을 찾는다. 또는 그것이 당신을 찾아온다.

일 : 어떤 고객이나 사업에서 금광을 발견한다. 만약 이것을 제대로 사용한다면 당신은 직업적 성공과 명성을 얻게 된다. 새로 들어온 종업원은 열심히 일하고 회사에 공적을 세운다. 당신의 초점은 이제 현재 지속적으로 수입을 가져오고 단골 고객을 끌어들일 수 있는 사업 기획을 찾고 육성하는 데 있다.

연애 : 열심히 일하는, 성공한 한 연인이 삶 속으로 들어온다. 꽃이나 낭만적인 저녁 식사는 기대하지 마라. 주말에 농촌 저택에서 머물거나 가족 요트를 타고 바다로 나갈 가능성이 더 높다. 연인은 세

심하지만 당신이 원하는 방식으로 해 주지 않을 수도 있다. 이 사람을 변화시킬 수 없다는 사실을 인정하고 다만 그대로의 관계를 즐겨라. 그것이 더 행복한 길이다.

재정 : 뜻밖의 횡재. 그것은 주식 시장이나 사업, 복권 당첨, 거액의 원고료에서 온다. 연구하고 직관을 발휘하면 당신은 큰돈을 번다. 돈을 낭비하지는 말고 즐겨라. 돈이나 자산과 관련하여 여행을 하게 된다.

건강 : 일반적인 건강 상태는 좋다. 그러나 몇 군데 위장 장애나 목 경직, 무릎과 관련된 경미한 문제 등의 불편을 겪을 수도 있다. 건강 검진 결과는 좋지 않고, 의사에게서 생활 습관에 관한 권장 사항을 듣고 병원을 나온다. 당신은 아주 좋은 건강을 가질 자격이 있고 건강한 상태에 있으며 또 앞으로 그렇게 살아갈 것이라고 믿어라.

영성 : 돌연 커다란 문제가 당신의 삶에 나타나 그 답을 찾아 나서는 계기를 만든다. 당신은 단순히 그 문제에 반응하는 것으로 끝나지 않고, 그 문제를 본격적으로 다루면서 서서히 발전시켜 간다.

권능 : 당신은 기꺼이 자신의 의무를 받아들이고 행동에 대해 책임을 진다.

검의 기사

젊은 알렉산더 대왕처럼 검의 기사는 자신의 길을 막는 모든 것을 정복하며 앞으로 돌진한다. 그는 어떤 장애물도 넘겠다는 열망으로 칼을 휘두르며 허세와 용기로 폭풍우 속을 내달린다. 이 카드는 정신적인 힘과 육체적인 힘 모두를 과시하고 싶은 욕구를 나타낸다. 이 카드는 자신의 신념을 지킬 준비가 되어 있는 용감하고 공격적인 젊은 사람을 의미한다.

이 기사가 어떤 사람이 아닌 어떤 상황을 상징하고 있다면, 사회적 활동에 있어 갑작스런 변화가 올 것을 말한다. 여기에는 지역을 벗어난 출장이나 아이디어들이 교환되는 모임(회의 또는 워크숍) 등이 포함되며 당신의 일에 있어서 갑작스럽고 긍정적인 큰 변화가 올 수도 있다.

읽기 : 당신은 자신의 의사를 분명히 하는 데 초점을 맞추고 있다. 비록 유능한 의사 전달자이기는 하지만 대개 자신의 의견을 끝까지 주장하기보다는 자신의 의견에 따른 행동을 실행해 버린다. 고집이 세고 지나치게 공격적이며, 너무 거리낌 없이 말해서 사람들에게 하고자 하는 일을 미리 말해 버린다. 이제 하고자 하는 일에 대해 말하는 것을 멈추고 그저 해야 할 시간이다. 당신의 의견을 표현하는 데 주저하지 말라. 당신은 견실한 이유와 논리적인 주장으로 어떤 적이든 설득할 수 있다.

일 : 진급이나 승진, 사업, 출판 계약 및 영화 계약 등 무엇이든 당신이 원하는 것을 추구하라. 예상하지 못한 곳에서 동지를 만난다. 주위에 있는 사람들은 당신의 추진력과 열정에 경의를 표한다. 당신의 여행은 이제 특정한 목표 달성을 향해 간다. 목표의 추구가 자신

을 압도하지 않도록 주의하라. 꽃 향기를 맡기 위해 가던 길을 잠깐 멈춘다든지 하는 사소한 일에도 시간을 할애하라.

연애 : 누군가를 만나고 있든 그렇지 않든, 마치 무언가가 삶에서 빠져 있는 것처럼 당신은 들떠 있고 불안하다. 당신은 지금 가지고 있는 것보다 더 많은 것을 원한다. 하지만 한편으론 우리 모두가 그렇지 않은가? 때를 기다려라. 당신과 당신의 관심사, 당신의 연인이 함께 공존할 수 있는 여지를 마련하라.

재정 : 노력은 크게 보상을 받는다. 당신은 오랜 시간 동안 주말과 휴일에도 일을 해 왔고, 이제 그것이 열매를 맺기 시작한다. 경제적으로 보상을 받는 시기로 들어간다. 이 기간에 지적 능력은 날카롭게 연마되어 어떤 것이 효과를 낼 것인지 그렇지 않을 것인지를 거의 즉각적으로 알아차리게 된다. 서두르지 마라. 조급함으로 목표 달성을 방해하지 말라.

건강 : 당신은 치료법이나 요법을 훤히 알고 있다. 상당한 능력을 발휘해 자신의 건강 문제를 해결할 수 있는 적합한 해결책을 찾아낸다. 당신은 더 이상 자신을 희생자로 여기지 않으며, 이것은 치유의 첫걸음이 된다.

영성 : 성급함은 당신에게 해롭게 작용한다. 속도를 늦추고 여유를 가져라. 그리고 일이 어떻게 돌아가는지 차근차근 살펴라. 머리가 아니라 가슴에 귀를 기울여라.

권능 : 당신에게 필요한 것은 그것을 필요로 하기 전에 주어질 것이라는 완전한 믿음을 가지도록 노력하라. 당신이 원하는 것이 무엇을 위한 것인지 곰곰이 생각해 보라.

시종

시종이 사람들을 의미할 때는 대개 청소년이나 청년을 나타낸다. 그렇지만 자주 시종은 정서적으로 성숙하지 못한 성인을 의미하기도 한다.

시종은 또한 메시지나 정보 전달을 의미한다. 시종은 대개 그것이 무엇이든 그들의 슈트가 의미하는 것의 시작과 관련된다.

지팡이의 시종

그는 모험심이 강하고, 영적이며, 재미있는 것을 좋아하고, 카리스마가 있고, 쉽게 지루해 한다. 이 시종은 일을 끝내지 못한 상태에서 새로운 일을 시작하고, 찾는 것을 완전히 이해하지 못하면서 찾고, 알고 있는 것 이상으로 자신이 알고 있다고 생각하는 경향이 있다.

그는 종종 당신이 심어 놓은 창조의 씨앗에서 이제 싹이 트기 시작하는 것을 의미한다. 여러 달 동안 공들여 온 계획이 거의 드러날 준비가 되었다. 당신이 그동안 써 온 소설이 거의 끝나간다. 당신은 영적 성장을 가져올 주말 워크숍에 등록할 준비가 되어 있다. 그의 점성학적 원소는 불, 즉 양자리, 사자자리 또는 궁수자리이다.

읽기 : 당신의 소설이나 영화 각본을 대신 처리해 줄 대행 업체를 찾고 있다. 당신은 유체 이탈과 같은 범상치 않은 것들을 시도하기 시작한다. 자신의 숫자상의 나이와는 상관없이, 길들지 않은 젊은 영혼들에 감격한다. 목표를 포기하지 마라. 성공이 당신의 손 안에 있다.

일 : 일이나 취업과 관련된 소식을 기대하라. 어떤 직장에 지원서를 냈다면 채용 소식을 듣게 된다. 새로운 사업을 시작하거나 다른 사람들이 시작한 사업을 인수한다. 이것은 자서전 대필업이나 편집 일 또는 그 밖의 자유 계약직의 일을 나타낼 수도 있다. 세계 카드와 짝을 이루면 상이나 상금 또는 당신이 한 일에 대해 인정을 받는 것을 의미할 수도 있다. 새로운 기회가 뜻밖에 나타날 수 있다.

연애 : 기다려 온 전화나 이메일이 도착한다. 새로운 관계가 삶 속으로 찾아오고 그것은 당신이 바라던 것으로 재미있고, 흥미로우며, 만족스러운 관계이다. 연인과 함께 책과 연극, 영적 주제에 대한 공통의 관심사를 나눌 수 있고, 심지어 함께 일할 수도 있다.

재정 : 당신의 경제적 전망은 개선된다. 당신이 신청한 낮은 이자율의 주택 담보 대출이 승인되고, 기대도 하지 않았던 환급을 받고, 빌려 준 돈이 이자와 함께 돌아오고, 신용 카드 빚을 한동안 걱정하지 않아도 된다. 당신이 시작한 어떤 기획에 대한 경제적 보상이 주어진다. 지금이 당신의 아이들을 위해 선불 대학 프로그램을 시작할 적기이다.

건강 : 한 가지 방법밖에 없다. 당신의 식습관과 생활 방식을 바꾸어야 한다. 기름진 음식은 삼가고 감당할 수 있는 정도의 다이어트에 들어가라. 그리고 운동 교실에 등록하고 명상에 대한 강의를 들어라. 영적인 것과 신체적인 것을 잘 조합하고, 표면상으로 볼 때 무작위로 나타나는 삶 속의 단서들에 주의를 기울여라. 그렇게 하면 건강을 개선할 수 있다.

영성 : 당신의 행복을 찾고 그것을 추구하라. 다른 사람이 당신에게 부과한 제한과 한계에서 자유로워져라. 당신은 부활의 시간들을 통과하고 있다. 당신 가슴 속의 계절은 봄이다. 깨어나 어둠에서 나와 빛 속으로 들어가라.

권능 : 당신의 힘의 중심은 현재에 있다.

컵의 시종

그는 민감하고, 감정적이며, 애정이 있고, 종종 심령력이 강한 사람이기도 하다. 앞에 나서기보다는 뒤에서 일할 때 가장 잘하고 종종 다른 사람들이 시작한 일을 마무리한다. 그의 강력한 상상력은 가장 좋은 자산의 하나로 창조적이고 영적인 깊은 집중력을 준다. 그의 점성학적 원소는 물, 즉 물고기자리, 게자리 또는 전갈자리이다.

이 시종의 초점은 확장, 새로운 시작, 창조적이면서 영적인 발전에 있다. 그의 목소리는 정확한 시간에 정확한 방향으로 당신을 슬쩍 인도해 주고, 필요한 정보가 들어 있는 책을 우연히 책꽂이에서 뽑아 들게 하는 그런 직관적 속삭임이다.

읽기 : 새로운 뭔가가 삶에서 태어난다. 지난 몇 달 동안 숙고해 온 책에 대한 아이디어가 마침내 머릿속에서 나와 컴퓨터 속으로 흘러 들어간다. 사업은 확장되고, 경제력은 상승 기류를 탄다. 아기의 임신이나 탄생이 분명 가능성이 있다.

일 : 일에서 밀려오는 정서적 신선함이 당신이 최근에 경험하고 있는 직업적 정체감을 사라지게 한다. 그것은 당신이 갈망했던 곳에 당신을 데려다 놓는다. 갑자기 정확한 시간에 정확한 장소에 자신이 있다는 것을 알게 된다. 기다려 온 소식이 도착하여 새로운 희망으로 가득 찬다.

연애 : 새로운 사람을 만나거나, 아니면 만나고 있던 연인에게서 온 소식은 당신을 가장 가고 싶어 하던 곳으로 데려다 줄 것이다. 이제 모든 것이 가능해 보인다. 당신은 연인과 함께 살기로 결정할 수도 있다. 만약 두 사람 중 한 사람 또는 둘 다 아이들이 있으면, 그 아이들에게도 결정에 부분적으로 참여하게 하라.

재정 : 당신은 잠깐 쉬게 되는데 이것은 최근의 돈 걱정을 다시 상기시킨다. 투자는 직관에 귀 기울여 판단하라. 새로운 회사의 주식이나 사회적인 양심을 보여 주는 회사의 주식을 사라. 만약 땅이나 집을 찾고 있다면, 충동적으로 사지는 마라. 세세한 사항까지 점검토록 하라.

건강 : 당신의 감정은 긍정적이든 부정적이든, 몸에 거의 즉각적

으로 영향을 미친다. 가장 약한 부위는 발과 다리 및 생식 기관이다. 바로 의사에게 달려가서 성급하게 치료를 받기보다는 우선 몸에 귀를 기울여 보라. 이것이 당신에게 말하려 하고 있는 것은 무엇인가? 여황제 카드와 짝을 이루면 당신은 임신하고 있을 가능성이 있다. 검의 8과 짝을 이루면 분만 시 진통이 길어질 가능성이 있고, 검의 4와 함께 나올 경우 유산이나 낙태의 가능성이 있다.

영성 : 당신의 정서적인 열정을 간과하지 말라. 당신의 관심을 사로잡는 심원한 과학을 공부하여 내적 고요를 길러라.

권능 : 일단 당신의 진정한 길을 찾으면, 당신은 모든 가능성들에 자신을 연다.

펜타클의 시종

그는 타로를 배우는 견습생이다. 그는 어린아이들이 새로운 일에 대해 가지는 열정과 경이의 형태를 의미한다. 그는 배우는 일에 완전히 빠져 일과 놀이를 거의 구분하지 못한다. 자신의 가상 세계에 완전히 빠진 컴퓨터광과 같은 존재로 생각하라.

바보와 마찬가지로 펜타클의 시종은 영원한 초심자이다. 이것은 지구의 에너지와 강력하게 연결되고, 영적 탐구의 고독한 여행과도 강력한 연결이 있다. 삶은 계속되는 입문 의식처럼 보인다.

읽기 : 실용적 이상주의와 재정 그리고 교육은 현재 당신의 삶에서 가장 중요한 것이다. 당신의 열정은 다른 사람에게도 영향을 주며,

당신을 일과 놀이의 구분이 없는 마음의 상태로 데려간다. 돈이나 계약의 협상, 모든 형태의 재정적 수완과 관련된 소식을 기대하라.

일 : 당신은 새로운 사업을 하기 위해 임대한 사무실에 대한 거래를 성사시킨다. 당신은 고객과 관련하여 좋은 소식을 듣는다. 지팡이의 7과 짝을 이루면 책 출판 제안이 들어오거나, 홍보하고 있는 제품이나 팔려고 내놓은 집의 계약이 체결된다. 어떤 시험이든 높은 점수를 받는다. 마법사와 짝을 이루면 컴퓨터 게임에 빠질 수 있다. 그렇다면 어떤가, 즐겨라.

연애 : 기존 관계에 대한 책임감이 당신이 느끼는 양면적인 감정의 모순보다 더 무겁게 느껴진다. 전적으로 마음이 끌리는 것이 아닌데도 불구하고 그 관계를 지속하게 만드는 것이 무엇인지 보지 않으면 안 된다. 연인과의 관계를 더 지속해 나가기 전에 카르마적 연결을 해결해야만 한다.

재정 : 지금은 돈에 대한 감각이 정확한 시기이다. 당신이 추진 중에 있는 거래에 관해 들려 오는 소식과 정보들은 당신의 자신감을 높여 준다. 당신은 물건을 매각하고, 그 거래를 성사시키고, 그 부동산을 양도하게 될 것이라는 사실을 이미 알고 있다. 당신은 자신의 목표들을 단념할 수 없다.

건강 : 당신이 가진 모든 문제는 당신의 관심을 사려는 내적 본성이 보내는 메시지일 수 있다. 당신 몸의 가장 약한 부위는 무릎, 소

화계, 목 및 어깨이다. 당신을 초조하게 만드는 것은 무엇인가? 앞으로 나아가는 것을 머뭇거리게 할 정도로 당신을 몹시 두렵게 하는 것은 무엇인가? 물어라, 그에 대한 답은 거기 있다.

영성 : 머지않아 당신이 배운 것을 다른 사람에게 가르치게 된다. 이 카드가 은둔자와 짝을 이룰 때 특히 그러하다.

권능 : 당신은 모든 활동을 열정적으로 하고 그에 대한 보상보다는 일 자체에 더 관심이 있다.

검의 시종

그는 완전히 이분법적이다. 그는 개혁 운동, 자기주장, 솔직한 의사소통과 관련되지만, 문제를 심각하게 받아들이지 않는 경향을 의미하기도 한다. 문제를 해결하기보다는 문제에 초연한 것이 더 쉽다고 생각한다. 그는 방관자적이며 빈정대는 듯한 관찰자의 자세를 유지하는데, 이것은 종종 다른 사람을 염탐한다는 비난을 받을 수도 있게 한다. 그는 완전한 공기 원소, 즉 쌍둥이자리, 천칭자리 또는 물병자리이다.

검의 여왕과 마찬가지로 남녀 양성적인 이 시종은 고대 그리스의 전쟁의 여신인 팔라스 아테나와 연관된다. 아테나와의 연결은 검은 지적 능력을, 시종은 활동적이고 호기심이 많은 마음을 의미한다는 것을 강조한다. 예시자로서 이 카드는 성별에 관계없이 까무잡잡한 어린아이를 가리킨다.

읽기 : 사귀고 있는 사람이 당신의 마음을 진지하게 받아들이지 않을 수 있다. 마음을 터놓고 대화하면 분위기를 바꾸는 데 도움이 되지만 건설적인 비판을 들을 마음의 준비를 해야 한다. 법적인 문제, 즉 소환이나 계약 문제에 있어 새로운 소식을 기대하라. 당신의 지성을 자극하는 주제에 대해 연구하라.

일 : 당신은 자신보다 지적으로 우수하다고 생각하는 동료와 싸운다. 화내지 말고, 당신의 관점을 설교하려 들지 마라. 당신의 원칙을 훼손시키거나 자신의 견해를 잃지 않으면서 그의 입장에서 생각하면 문제를 풀 수 있다. 기다려 온 계약이 성사된다. 서명하기 전에 변호사에게 그 계약서를 검토하게 하라.

연애 : 당신은 연인과 여러 가지 중요한 문제에 대해 합의가 이루어지지 않는다. 당신들 각자는 그 문제에 대해 상대방의 마음을 바꾸려고 애쓰지만 부질없는 행동이다. 그냥 한 발짝 물러나 얼마간의 여유를 가지면, 모든 문제는 가라앉는다. 그 뒤에 중대한 발전이 있다. 즉, 컵의 2와 짝을 이루면 그 발전 중의 하나는 결혼이다.

재정 : 당신의 경제적 안목은 상당하지만, 때론 순진한 면도 있다. 전문가들을 찾아라. 즉, 부동산을 팔아 줄 중개인이나 계약서를 검토해 줄 변호사, 주식 매매에 대해 조언해 줄 증권업자를 찾아라. 위임하는 법을 배워라. 당신이 그 모든 것을 혼자서 처리할 수는 없다.

건강 : 당신은 오랜 기간 동안 쉬지 않고 너무 많은 일을 해 소진되

었다. 주말 내내 당신이 가장 좋아하는 것을 하라. 새로운 전망과 새로워진 에너지를 가지고 돌아오게 될 것이다. 끈질기게 당신을 괴롭히는 건강 문제에 대해 잘 알아볼 필요가 있고, 직접 그 문제에 뛰어들어 자신에게 맞는 생활 방식을 찾아내라. 검의 3과 짝을 이루면 수술을 할 수도 있다.

영성 : 이것을 인정하라. 당신은 삶에서 보다 더 큰 문제에 관심을 가져야 한다. 영적 진보를 위해 실제적인 목표를 세우고, 강의를 듣고, 교회나 종교 집회에 참석하고, 워크숍에 등록하고, 심령적 읽기를 즐겨라. 정상의 궤도에 올라설 때까지 무슨 일이든 계속 하라.

권능 : 당신은 호기심으로 가득 찬 마음과 인간사에 대한 날카로운 통찰력을 가진 강력한 사상가이다.

5

마이너 카드

당신은 지금 외국의 어떤 도시에 와 있다. 당신은 돈과 여권을 잃어버리고, 그 도시의 언어도 할 줄 모르며, 대사관이 어디 있는지도 전혀 모른다. 타로의 차원에서 볼 때 이 상황은 메이저 카드인 탑의 에너지에 속한다.

당신은 상형 문자로 쓰여진 것이나 다름없는 지도를 읽으려고 애쓰며, 여기저기 헤매 다니다가 8년 전에 함께 일한 적이 있는 사람을 우연히 만나게 된다. 그는 이곳의 언어를 알 뿐만 아니라 지난 2년 동안 이 도시에서 살고 있다. 더 좋은 것은, 그가 당신을 대신해 모든 일을 신속히 처리해 줄 대사관에 근무하는 사람을 한 사람 알고 있다는 것이다.

몇 시간 뒤 당신은 임시 여권을 발급받고 돈도 좀 구한다. 또 그

친구는 자기 집에서 묵어도 좋다고 한다. 타로의 차원에서 이와 같은 사건은 마이너 카드인 컵의 6, 그리고 펜타클 에이스의 에너지에 속할 것이다.

이 장면은 메이저 카드의 에너지가 마이너 카드들을 통해 어떻게 표현되는지를 보여 준다. 여행은 그 도둑(탑) 때문에 완전히 혼란 속으로 빠져들지만 결국 긍정적으로 해결된다. 왜냐하면 당신이 처리하는 것보다 더 빠르게 새 여권을 발급받도록 도와 주고 결국 무료로 묵을 수 있게 거처까지 마련해 준 친구를 다시 만났기 때문이다.

마이너 카드 알아가기

마이너 카드는 네 가지의 슈트로 구분되는데, 각각의 슈트는 게임 카드와 마찬가지로 번호가 매겨진 열 장의 카드로 구성된다. 메이저나 궁정 카드보다 이들 카드(40장)의 수가 더 많지만, 번호 또는 슈트로 집단화할 수 있기 때문에 배우기는 더 쉽다. 그 의미를 배울 때는 도표 1과 2를 항상 손에 지니고 다녀라.

일단 카드의 의미를 다 알게 되면 메이저 카드만으로 할 때와 같이 그 정의들을 통합하여 이야기를 엮어 낼 수 있어야 한다. 그렇게 하려면 연습이 필요하지만, 처음에 생각했던 것보다는 사실 더 쉬운 편이다.

마이너 카드의 상대적인 중요성

우리는 메이저 카드 22장이 카드 덱에서 가장 큰 힘을 가지고 있다고 생각하는데, 그것은 이 카드들이 우리 삶의 주요한 문제들과 관련되기 때문이다. 하지만 마이너 카드는 세밀한 부분들을 그려 낼 때 중요해지는데, 그것은 일상에 기반을 둔 중요한 사건들과 관련되기 때문이다.

타로 리더에게 묻는 대부분의 질문들은 장기적인 목표나 원형적인 상황에 관한 이야기가 아니다. 그 질문들은 지금 여기의 일과 직업, 연애, 금전, 건강, 가족 및 영적 문제 등에 관한 것이다. 어떤 배열 내의 카드를 해석할 때, 삶에 있어 아주 중대한 문제와 직접 관련되어 있는 읽기를 할 때를 제외하고는 메이저 카드나 궁정 카드 및 마이너 카드에게도 동등한 비중을 두어야 한다. 종종 특정한 형태의 질문에 집중하기 위해 메이저나 마이너 카드만으로 읽기를 할 수도 있다.

수와 타로

피타고라스는 세상이 수의 힘을 바탕으로 하여 세워져 있다고 주장했다. 그는 삶의 모든 것은 기본적인 수들의 조합을 통해 표현될 수 있다고 믿었다. 수에 대한 기초적인 상징을 이해하면 타로를 공부할 때 특히 많은 도움이 된다.

궁정 카드를 제외한 타로의 모든 카드는 수에 의해 연결되어 있다. 마이너 카드의 번호들은 서로 다른 발전 단계에 있는 우리 삶 속의 사건들을 의미한다. 마이너 카드를 쉽게 배우는 방법 중의 하나는 에이스에서 10까지 수의 의미를 공부하고 그들을 그 슈트들이 가지는 의미들과 조합하는 것이다. 도표 2에 우리는 숫자와 그 의미에 대해 정의했다.

개인적 손실에 관한 카드들

타로에서 어떤 카드도 죽음을 예고하지는 않는다. 그러한 카드가 있다고 해도, 그것은 많은 가능성 중 하나의 가능성일 뿐이다. 미래는 끊임없이 변화하며 흐르고 있다. 변하지 않는 것이란 아무것도 없다.

마이너들 중에는 만약 주위의 카드가 그것을 보충해 설명하고 있으면 개인적 손실을 의미하는 카드가 있다. 그 손실 형태는 대개 다른 카드들 속에서 읽어 낼 수 있고, 그 강도는 당신이 어디에 가장 높은 가치를 두고 있는가에 달려 있다. 나이 많은 과부에게는 애완동물을 잃는 것이 혼자서 네 명의 아이를 키우는 어머니가 직업을 잃는 것만큼이나 큰 충격이 될 수 있다.

컵의 5와 8은 모두 개인적 손실에 관한 것이다. 컵의 5에서 그 손실은 아직 자신의 삶에 여전히 무언가가 남아 있다는 사실을 깨닫지 못하게 할 정도의 깊은 슬픔 속으로 당신을 깊숙이 몰아넣는다. 컵의 8에서 그 사람은 더 이상 도움이 되지 않는 관계나 상황에서 벗어나기로 결심했다. 컵의 5는 어떤 외부적 사건이 그 슬픔을 초래했음을 암시한다. 컵의 8의 손실은 어떤 내적 사건이 초래한 것임을 보여 준다.

검의 7, 8 및 10은 다른 종류의 손실을 의미한다. 7의 경우 좀도둑과 관련될 수 있다. 그것은 반드시 물질적 소유물에 관한 것이 아닐 수도 있다. 종종 검의 7은 감정이 약탈당하고 있거나 당신이 이용당하고 있다고 느낄 때 나타난다.

반면에 검의 8은 합리적인 사고방식을 잃는 것을 상징한다. 그 사람은 마치 어디에도 빠져나갈 길이 없다는 듯 혼란을 느끼고 정신적인 덫에 걸려 있다.

검의 10은 관계, 결혼, 직업, 우정 등의 종말과 관계한다. 그러한 일은 어떤 믿음이 깨지거나 배신으로 신뢰가 무너질 때, 어떤 사람이 자신의 등에 칼을 꽂았다고 느껴질 때 종종 일어난다.

펜타클 5는 돈이나 직업과 관계된 손실을 나타낼 수 있다. 검의 3은 정서적 또는 정신적 고뇌, 즉 종종 어떤 관계의 종말을 초래하는 그런 종류의 일을 암시한다. 검의 5는 자못 흡족한 승리에 관한 것이지만, 마치 실제로는 어떤 것을 잃은 것처럼 느끼게 할 수도 있다. 아마도 그 이유는 싸움에서 승리하기 위해 어떤 식으로든 자신의 훌륭한 부분들을 저버렸기 때문이다.

이 "손실" 카드는 다른 카드와 조합해서 읽어야 한다. 예를 들면, 컵의 5가 컵의 2와 함께 나타나고 또 탑이 나타나면, 아마 어떤 관계가 갑자기 예상치 못한 사이에 끝나게 되어 고뇌가 생길 수 있다. 컵의 5가 지팡이의 에이스와 지팡이의 4와 함께 나타나면, 임금 인상 또는 승진에서 누락되거나 심지어 새 직장을 잃는 것을 의미한다. 그것은 어떤 이동의 가능성을 만들고 결국에는 그 사람에게 더 큰 행복을 가져다준다.

이 곤혹스러운 마이너 카드 중 하나가 나타나면, 주위의 카드들을 보고 추가 정보를 얻어 해석을 단순화시켜라. 당신이 읽어 주고 있는 사람이 궁금한 것이 있거나 특정한 부분에 대해서 명확히 해 주기를 원한다면, 새 카드들을 뽑아라.

읽기가 부정적인 카드만으로 구성된다 해도, 낙관적으로 끝을 내라. 자유 의지가 무엇보다 중요하다는 것을 강조하라. 절대로 죽음은 예언하지 말라.

유용한 이야기 한 토막

1996년 여름, 허리케인 에듀오드는 카리브 해안을 지나면서 4급 허리케인으로 발전했고, 이때 풍속은 시간당 145마일이었다.

이 허리케인은 4년 전 시간당 풍속 160마일로 마이애미 지역에 휘몰아쳐 남 플로리다 주민들을 공포에 떨게 했던 허리케인 앤드류를 상기시켰다. 앤드류는 지역 전체를 폐허로 만들고, 홈스테드 공군기지를 초토화했으며, 많은 사람들의 삶을 완전히 바꾸어 놓았다. 그 허리케인은 사람들의 마음속에 지표를 남기게 되었고 다른 허리케인을 측정하는 기준이 되었다.

위성 사진에서 에듀오드는 마치 육지를 향해 달려오는 감각을 가진 존재와 같이 보였다. 그것은 잘 발달되어 있었고, 분명해 보이는 다소 큰 눈을 가지고 있었다. 영향력을 미치는 범위는 상대적으로 작았지만, 그 파괴력은 엄청났다.

전문가들은 그가 육지로 상륙할지에 대한 여부를 판단할 수 없었다. 그는 북서쪽 진로를 통해 북쪽 방향으로 이동하고 있었는데 아직 어느 방향으로 나아갈지 명확하지 않았으며, 그 이동로에 남 플로리다가 표적이 될 가능성이 있었다.

우리는 에듀오드가 우리 지역을 강타할지에 대해 읽기로 했다. 이것은 결코 하찮은 문제가 아니었다. 우리는 예비 조치를 취해야 할지 말아야 할지를 알 필요가 있었다. 즉, 음식과 물을 확보하고, 자동차에 기름을 채우고, 허리케인 차단 덧문을 친다거나, 높은 곳으로 대피한다거나 하는 것에 대해 미리 알 필요가 있었다.

우리는 세 개의 카드를 뽑았는데, 모두 가까운 미래에 허리케인이 온다고 예상했다. 이때 뽑은 카드는 탑, 컵의 8 및 컵의 에이스였다.

우리는 사람들이 위험(탑)을 무릅쓰고 있지는 않을 것이라고 해석했다. 사람들은 밖으로 달려 나가 합판과 식량을 사 왔고, 허리케인 차단 덧문을 설치했다. 식품 가게에서는 물, 통조림, 비상용 물품이 과다하게 팔려 나갔다. 허리케인 경보가 남 플로리다 해안을 따라 올라왔다.

그러나 그 허리케인은 바로 하루도 안 되어(컵의 에이스), 방향을 북쪽으로 잡아 남 플로리다(컵의 8)에 등을 돌리려는 것 같았다. 이 읽기는 우리가 직관적으로 느꼈던 것과도 일치했다.

에듀오드가 그의 진로를 정할 때까지 국립 허리케인 연구 센터가 기다린 24시간 동안 현지 식품 가게들은 물건들이 동이 났다. 물통들이 통로에 즐비했다(1갤런에 59센트, 물통 6개는 3달러 이상). 일회용 바베큐 그릴이 개당 2달러 50센트에 팔렸고, 통조림도 엄청나게 팔려 나갔다.

이웃에 사는 주민들은 남 플로리다의 어딘가를 허리케인이 강타할 것으로 추측했다. 허리케인 차단 덧문의 값이 오르고, 합판은 품

절되었다. 우리는 카드를 뽑아 본 뒤에는 아무것도 하지 않았다. 사회의 현재 믿음 체계를 따르자면, 이것은 정상적인 행동은 아니다. 이와 같은 경우에는 직관을 바탕으로 읽는다 해도 카드에 의존해서는 안된다. 전례에 비추어 볼 때 상황이 그러하다.

다음 날 아침 허리케인 경보는 플로리다 남부 해안을 따라 위로 올라가고 있었다. 즉, 세바스찬 인렛에서 북쪽으로 캐롤라이나 남부 지역 쪽으로 올라가고 있었다. 약 12시간 뒤 경보는 플로리다를 제외시키고 조지아 남부 해안에서 캐롤라이나 북부로 확장되었으며, 그 뒤 캘리포니아 북부에서 롱 아일랜드로 확장되었다. 에듀오드는 차가운 해수면을 지나가면서 약해지기 시작했다. 롱 아일랜드에는 비가 왔지만, 그뿐이었다. 에듀오드는 많은 바람이 거세게 몰아치기는 했지만 그 이상은 아니었다.

이 읽기는 정확한 것으로 판명되었다. 그러나 그 이상으로 허리케인의 방향에 대한 우리의 읽기는 직관과 정확히 일치했고, 이는 어떤 예언 체계의 경우에 있어서도 가장 중요한 문제이다. 만약 카드가 어떤 것을 말해 주고 당신의 직관이 다른 어떤 것을 말하고 있다면, 당신의 직관을 따라라. 그러나 좌뇌가 현실을 인식해 일으킨 공포나 두려움 혹은 그 밖의 다른 감정이 아니라 반드시 직관이 말하게 하라.

도표 1 : 타로의 슈트

지팡이 : 일, 영적인 문제, 아이디어, 성장

　원소 : 불

계절 : 봄

컵 : 감정, 욕망, 내적 본성
　원소 : 물
　계절 : 여름

펜타클 : 돈, 발현, 번영, 건강, 재산
　원소 : 흙
　계절 : 가을

검 : 지성, 좌뇌적인 사고, 행동
　원소 : 공기
　계절 : 겨울

도표 2 : 마이너 카드의 수

에이스 : 시작, 새로운 아이디어, 창조력, 잠재력, 활동의 근원, 원
시적인 충동들, 약속.
　읽기 : 잠재력. 어떤 상황이 시작되려 하거나 이미 시작된
초기 단계. 1은 그 근원, 모든 것의 시작과 끝을 나
타내는 수이다.

2 : 협력, 관계, 양극단, 반대되는 힘들의 균형과 조화, 이원
성, 선택, 결정, 기다리는 기간, 일시적 중지.

읽기 : 결정 또는 선택의 시간, 이원성과 연합 사이에서 균
형을 찾을 시간.

3 : 종합, 성장, 창조성, 풍부, 협동, 우정, 예술적 표현, 계획
수정, 행동을 취할 준비.
읽기 : 단결과 단체 활동이 강조된다. 진행 중인 계획을
첫 번째나 두 번째 단계에서 수정하라. 목표의 초
기 성취.

4 : 기초, 훈련, 일, 질서, 안정성, 견고성, 현실적 성취, 실제
적 달성.
읽기 : 이전 3의 수준에서 상상하고 계획한 것들이 구체화
되기 시작한다. 당신의 기초는 안정적이고 견고하다.

5 : 새로운 주기, 변화, 전진, 이동, 조정, 미세 조정, 불안정,
도전, 다양성, 자유, 용기.
읽기 : 변화가 필요함을 나타낸다. 4수준에서 구체화되기
시작한 모든 것에 대한 조절 및 미세 조율. 불확실
성을 예상하되 그것 역시 지나갈 것임을 알아라.

6 : 균형, 건강, 변화에 직면해서의 조화, 만족, 이완, 소원 성
취, 마음의 평정.
읽기 : 5수준에서 나타난 도전에 맞서 승리하라. 조화와 균
형이 나타난다. 용기를 내라. 생각하는 것보다 목표

에 가까이 있다.

7 : 영성, 지혜, 완전한 질서, 대우주, 종교, 행운, 마법, 다양
한 선택.
읽기 : 6수준의 세속적인 문제들에 맞서 승리하고 수많은
기회들이 당신에게 열린다. 한 주기가 끝이 났다.

8 : 재생, 부활, 재평가, 갈무리, 우선순위 정하기.
읽기 : 당신은 유지할 것과 버릴 것을 결정하기 위해 7수준
에서 경험한 선택들을 정리하고 있다. 재생과 새로
워짐을 생각하라.

9 : 끝맺기, 통합, 이동, 유연성, 성취, 달성.
읽기 : 달성. 당신은 8수준에서 만났던 상황들을 완성하고
그 상황들을 당신의 삶 속에 통합한다.

10 : 변천, 새 주기로의 일신, 완성, 완전, 숙달, 초과, 과잉.
읽기 : 새로운 어떤 것으로의 이행. 종결. 새로운 시작을
위한 준비.

지팡이

주제 : 일, 창조성, 영적인 문제, 성장, 확장, 개발 중인 아이디어,
기획, 에너지, 시작, 재생.

점성학적 원소 : 불

계절 : 봄

지팡이의 에이스

이 카드는 창조적 시작, 어떤 아이디어의 탄생, 승급 또는 승진, 새로운 직업이나 새로운 사업의 시작 또는 새로운 도전을 의미한다. 이 에이스는 무한한 에너지와 불같은 열정, 낙천주의 및 유쾌한 기분과 관련된다. 이것은 그것이 무엇이든 당신의 흥미와 열정을 불러일으킨 것들과 함께 앞으로 나아간다는 신호이다.

읽기 : '새로운'이라는 단어를 생각하라. 즉, 여행이나 임신, 아이의 탄생, 성적 탈선 행위 또는 사업의 시작을 생각하라. 일이나 영적 문제와 관련한 좋은 소식이 편지나 전화로 온다. 계약이 성사되거나 원고가 팔리거나 계약금을 받게 된다.

당신의 머리는 새로운 아이디어들로 가득하다. 의심과 주저함이 대부분 사라졌기 때문에 안정된 직장을 버리고 자신의 일을 시작할 준비가 되어 있다.

일 : 새로운 인생의 장이 열린다. 이것은 그동안 당신이 탐내 왔던 자리, 책의 판매, 새로운 사업의 시작, 당신 자신의 사업 개업이 될 수 있다. 당신은 자신에게 알맞은 곳을 발견하게 되고, 그것이 줄 수 있는 모든 것을 즐기면서 꿈을 추구한다.

연애 : 새로운 만남이 당신의 삶 속으로 들어오고, 불가사의한 작용이 즉각적이고 강력하게 일어난다. 당신과 연인은 영적으로 새롭게 되고, 그것은 서로를 더 가깝게 한다. 이 관계에 있어서 당신의 열정은 육체적인 것에만 맞춰져 있지는 않다. 거기에는 아마 전생의 영적 연결이 분명히 있는 것 같다.

재정 : 어딘가에서 당신의 삶 속으로 갑자기 휩쓸고 들어온 것 같은 새로운 어떤 기회를 통해 수입이 증가한다. 위험이 소득을 창출해 낸다. 주위의 잘 알고 있는 사업에 투자하면 상당한 이익을 본다.

건강 : 당신은 새로운 치료를 받게 되거나, 새 의사와 상담하게 되거나 대안 요법에 마음이 끌린다. 영적인 깨달음이 건강에 긍정적인 영향을 끼친다. 좋아진 몸 상태는 정신적 탐구를 위한 발판이 된다. 임신의 가능성이 있다.

영성 : 영혼이 새롭게 태어난다. 당신의 세계관은 넓어지고 가능성에 대한 생각이 확장된다. 몸과 마음의 연결은 당신에게 있어 하나의 실재이다. 당신에게서 일어나는 본능적인 충동에 따라서 기회를 잡아라. 그 결과는 당신을 몹시 놀라게 할 것이다.

권능 : 큰 축복이 찾아오고 그것이 이끄는 대로 당신은 어디든지
간다.

지팡이의 2

성공이 임박했다. 지팡이 3의 경우만큼 빠르지는 않지만 당신의
배가 들어오고 있다. 당신은 자신이 할 수 있는 것을 알고 있고, 무
엇을 해야 하는지도 이해하고 있다. 또한 자신이 바른 방향으로 나
아가고 있다는 것을 실감하고, 아이디어와 시간, 돈을 투자한 것이
곧 효과를 나타낼 거라고 느낀다.

읽기 : 당신은 어떤 사람과 동업을 하고 있는데, 일이 전개되고 있
는 방식에 만족한다. 당신은 동업자와 중요한 문제에 대한 생각을
같이 하고, 목표는 순조롭게 달성된다. 일이나 영적 문제와 관련된
여행을 하게 되고, 당신은 아마도 사업적 동업자나 아니면 영적 믿
음이 같은 누군가와 함께 여행을 하게 될 것이다.

일 : 시나리오, 소규모 사업, 법정 사건과 같은 창의적 일이나 사
업을 다른 사람과 함께 하게 된다. 당신과 동업자는 아이디어를 새
롭고 특별한 방식으로 모은다. 당신은 좋은 관계를 만들고, 이것은
동업에 도움이 된다. 공동 노력, 일, 재정과 관련하여 조만간 좋은
소식이 들려온다.

연애 : 당신과 연인은 함께 한동안 생각해 오던 문제에 대해 의견
이 일치된다. 둘이 나눈 꿈은 서로의 관계가 삐걱거리고 모호할 때

서로를 확고하게 묶어 주는 끈의 역할을 한다. 꿈은 조만간 현실화
될 것이고, 이 여행은 훌륭하고 숭고한 것이었음을 알게 된다.

재정 : 머지않아 당신의 임금이 인상되고, 상사는 당신이 한 일에
만족한다. 그러나 임금 상승이 되기 전에 현금은 바닥나고, 그로 인
한 문제가 나타나기 시작한다. 편의를 위해 현금 카드는 가능한 한
사용하지 마라. 이 상황에 변화가 있을 것이란 믿음을 가져라. 당신
의 경제적 상태는 곧 크게 개선된다.

건강 : 당신은 건강 검진 결과를 기다리고 있다. 결과가 나쁘게 나
올 것으로 확신하고 그 불안감으로 인해 악몽까지 꾸며 괴로워한다.
그 생각에서 벗어나지 못하고 계속 거기에 머물러 있다 해도, 최소
한 즐길 수 있는 일을 하면서 그 생각에서 벗어나려고 노력해야 한
다. 틀에 박힌 생각을 깨뜨려라. 그러면 부정적인 검진 결과가 훨씬
편안하게 다가올 것이다.

영성 : 당신은 친구와 영적인 묵상회나 워크숍에 참가할 계획을
하고 있다. 그러나 시간이 당신의 발목을 잡는다. 시간은 잊어라. 지
금 바로 참가하라. 당신은 휴식이 필요하다. 일단 당신이 묵상회에
참가하고 싶다는 말을 꺼내면 당신이 아는 누군가도 함께 참가하고
싶다고 말한다.

권능 : 당신은 자신의 성장 비밀을 쥐고 있다. 모든 가능성에 자신
을 열어 놓아라.

지팡이의 3

당신은 성공의 문턱에 서 있고, 과거의 노력이 이제 그 효과를 나타내기 시작한다. 당신은 중요한 지점에 도달해 있다. 당신은 견고한 바탕 위에 서 있고, 장기적인 계획과 관련해 새로운 자신감을 키워 나간다. 초점은 상업, 해외 교역, 수입 및 수출과 관련된 벤처 사업에 있다.

읽기 : 당신은 할 수 있는 한 멀리까지 가 있다. 당신은 집단에서 주는 에너지를 받을 필요가 있다. 그 집단은 클 필요는 없고, 두 세 사람이면 충분하다. 그러나 그 사람들은 재능과 아이디어를 모을 수 있는 사람들이어야 한다. 이 지원을 기초로 당신은 새로운 자신감으로 미래를 향해 나아갈 수 있을 것이다.

일 : 준비하라. 당신이 기다려 온 변화가 시야에 들어오고 있다. 협력자들과 함께 모든 것을 바친 사업이 열매를 맺기 시작한다. 제품이나 서비스에 관한 새로운 주문이 들어오고 있다. 제품이나 서비스에 만족한 고객들의 입소문을 통해 사람들이 당신 회사의 문을 두드린다. 당신은 승진한다. 책이나 시나리오는 팔리고, 당신은 처음으로 중요한 예술 전시회를 연다. 간단히 말해서 당신은 제대로 가고 있다.

연애 : 소개를 통해서나 친구들과 외출 중 어떤 우연한 만남을 통해 연인이 당신의 삶 속에 나타난다. 당신들은 같은 영적 생각들을 가지고 있을 뿐만 아니라, 다른 모든 것들도 잘 맞는 것 같다. 연인과 함께 외국에서 물과 관련된 여행을 포함하는 색다른 휴가를 보낸다.

재정 : 당신의 사업이나 학자금 대출이 승인된다. 당신의 회사는 상당한 수익을 남기고, 당신은 동료들과 여행으로 스스로를 보상한다. 반드시 수입의 일부는 저축하거나 회사에 재투자하라. 조만간 보트, 새 차, 경비행기와 같은 비싼 물건을 살 수 있다.

건강 : 건강 검진 결과가 좋다. 혈압은 나이와 몸무게에 맞는 수치이고, 콜레스테롤도 문제가 없으며, 임신의 과정도 잘 진행되고 있다. 당신은 마침내 일과 놀이는 어떻게 균형을 잡아야 하는지 알았다. 당신은 내면의 가장 깊은 곳에서 어떤 변화를 느끼기 시작하고 이제 대안 요법에 대한 더 많은 정보에 목말라 있다.

영성 : 당신이 탐구해 온 많은 다양한 사상들은 우주와 자신을 바라보는 방식인 믿음 체계 속에서 마침내 통합된다. 이제 세상 속으로 나가 그 타당성을 시험하라.

권능 : 당신은 자신의 가슴속 희망을 이룰 힘을 가지고 있다.

지팡이의 4

이 카드는 결혼이나 헌신적인 관계, 사업적인 제휴, 우정 등 일반적으로 큰 행복을 의미한다. 지팡이 4는 약혼, 탄생, 사춘기 및 청소년기에서 성인기로의 통과 의례와 관련되어 있다. 그것은 또한 실제든 은유적이든 이동을 의미할 수 있다.

읽기 : 조만간 땅이나 집을 산다. 당신은 다른 집이나 다른 지역으

로 물리적 이동을 할 수 있는데, 아마도 결혼 때문일 것이다. 당신의 창조적인 기획은 한 회사에서 다른 회사로 옮겨 꽃피어 난다.

　시기가 좋다. 당신은 안정감과 안전함을 느낀다. 계획은 견실하고 기초는 튼튼하다. 당신은 휴식과 여가를 가질 만하다. 소풍을 가거나 동창회에 가거나 가족이나 친구들과 휴일 파티를 즐겨라.

　일 : 당신에게 다른 회사에서 거부할 수 없을 만큼의 더 많은 돈과 더 큰 책임을 제안해 온다. 이것은 미래로 가는 문이다. 자신감을 가지고 그 제안을 받아들여라. 일을 위해 다른 지역으로 이사를 하게 된다. 보다 좋은 이웃을 찾아 사무실을 옮길 수 있다. 당신은 직업적으로 새로운 번영의 시기로 들어간다.

　연애 : 생활이 보다 진지하고 전념을 요구하는 시기를 맞이한다. 연인과 함께 살기로 결정하거나 아니면 결혼한다. 결혼한다면 그 결혼식은 전통적인 의례를 따르게 된다. 만나는 사람이 없는 경우라면, 당신이 하는 일에서 이익을 내고 번창하는 방향으로 진전된다.

　재정 : 당신은 중개인, 은행, 저당권자를, 또는 이 세 사람 모두를 바꾼다. 당신의 창조적 사업은 큰돈을 벌어들인다. 돈을 버느라 너무 바빠 번 돈을 쓸 시간이 없다. 당신은 최소한 은행에 계좌를 개설하거나, 양도성 예금증서를 사거나, 땅에 투자해야 한다. 돈을 장기적인 관점에서 투자하라.

　건강 : 의사나 생활 방식을 바꾼 뒤 건강이 바로 개선된다. 당신에

게는 온화한 기후가 좋고 특정한 허브와 민간요법을 사용하면 좋다. 만약 임신이라는 사실을 알게 되면, 아이가 태어날 때쯤 이사할 수도 있다.

영성 : 당신이 놓은 기초는 매우 튼튼해서 사실상 당신이 하는 모든 일을 도와 준다. 당신의 믿음 체계는 다른 사람과 다를 수도 있지만, 당신에게는 잘 맞는다.

권능 : 행복을 즐겨라. 당신은 그만 한 자격이 있다.

지팡이의 5

다른 사람들도 당신이 원하는 것을 원하고, 그 경쟁은 고조되고 가열될 가능성이 높아지며, 싸움과 경쟁으로 가득 찰 수도 있다. 경쟁자들이 유리한 입장에 서지 못하도록 하라. 굳건히 자신의 자리를 지키고, 굴하지 말라. 힘겨운 투쟁이지만 당신은 그 경쟁에서 이긴다.

읽기 : 그 경쟁은 어떤 사업적, 사회적 또는 영적 상황과 관련된다. 당신의 경쟁자들에 맞서 너무 많은 에너지를 소모하고 그것으로 인해 나머지 삶이 지장을 받는다. 그 결과 일상적 추구를 위한 시간을 낼 수 없다. 따라서 시간을 만들어라. 자신과 자신의 열정을 위한 공간을 따로 남겨 두어라.

일 : 당신이 원하는 직장은 경쟁이 심해 좌절감을 느끼게 할 정도다. 직장에서 자꾸 퍼져 가는 소문은 무시하는 게 좋고, 그저 자신의

일이나 하고 최선을 다하라. 당신은 꽤 큰 도전을 받지만 노력은 반드시 인정을 받거나 보상을 받게 된다.

연애 : 관심이 가는 사람을 놓고 한 사람 또는 여러 사람과 경쟁하고 있다. 당신은 상대에게 전념하지만, 연인은 바람을 피우고 있을 수도 있다. 당신은 서로 함께 하는 시간을 보내는 것보다 각자의 일에 대해 더 시간을 할애하는 것이 좋다고 느끼고 있다.

재정 : 해 오던 일에서 진급이나 승진을 위해 애쓰고 있지만 그것은 힘든 투쟁이다. 지금 현금 상황이 어렵고, 지불해야 할 청구서들이 당신을 압박해 온다. 당신은 돌려막기를 하고 있다. 공황 상태에 빠질 필요까지는 없다. 청구서는 최소한만 지불하고 그 어려운 상황은 일시적일 뿐이라고 믿어라. 만약 부업을 한다면 경제적인 압박감이 다소 줄어들 것이다.

건강 : 보험 회사나 의사 또는 이 둘 다가 당신을 우왕좌왕하게 만든다. 스트레스가 쌓이고, 삶은 너무 바쁘게 돌아가는 것 같다. 당신은 휴식이 필요하다. 최선의 방법은 그 상황에서 한발 물러나, 그것들을 정직하게 평가해 보고 행동 방침을 만들어 내는 것이다. 그러고 난 후 무엇이든 당신이 해야 할 일을 진행하라.

영성 : 평범한 일상은 당신의 영적 시간과 경쟁한다. 천천히, 자신의 속도로, 참가하고 싶은 워크숍이나 호기심을 느끼는 세미나, 묵상회를 위해 시간을 내어라.

권능 : 당신은 그 도전을 극복한다.

지팡이의 6

승리 카드로 알려진 이 지팡이의 6은 어떤 임무나 기획 또는 모험적인 사업을 성공적으로 끝내는 것과 관련된다. 당신은 모든 장애물을 극복하고, 이제 승리는 거의 당신 앞에 와 있다. 당신은 끈기와 지성, 명확한 시각을 통해 소중한 꿈을 이룬다.

읽기 : 이 카드를 환영하라. 이 카드는 당신이 문제를 겪거나 시간이 걸림에도 불구하고 승리한다는 것을 의미한다. 이 카드는 고된 노동에 대한 지지나 보상을 의미한다. 그것이 가져오는 것이 무엇이든 당신은 야망과 욕망을 가지고 그것에 뛰어들어, 자신의 능력에 대한 믿음을 통해 그것을 획득하였다.

일 : 새 직장, 승진, 진급. 당신이 그동안 기다려 온 것이 무엇이든 이미 결정은 내려졌고, 그 결정은 당신에게 유리하다. 당신은 우수한 성적으로 학교를 졸업하고, 한 일에 대해 인정을 받는다. 당신 자신에게 온천, 리조트 또는 야외 캠핑 여행을 주말에 선물하라. 당신은 그만 한 자격이 있다.

연애 : 당신은 꿈에 그리는 남자 또는 여자를 얻게 되는데, 그것은 간단하면서도 복잡할 수도 있다. 만약 당신이 이미 누군가와 사귀고 있다면 상대는 당신의 입장을 이해한다. 결국에는 서로에 대한 이해가 깊어진다. 당신은 이제 잠자코 있어야 할 때를, 용기를 내어 말해

야 할 때를, 뒤로 물러나야할 때를 안다.

재정 : 증가. 주식은 값이 오르고, 집과 부동산을 원하던 가격에 사
며, 상당한 상여금을 받는다. 마침내 집필을 끝낸 책이 아주 높은 값
으로 팔리거나 당신의 말이 트랙에서 큰 승리를 한다. 당신은 분명
금전적으로 부유해진다.

건강 : 직업적으로 성공하고, 재정 상태가 개선되면서, 오래 끌어
온 병은 처음 나타날 때만큼이나 신비스럽고 갑작스럽게 사라져 버
린다. 다이어트의 효과가 나타나고, 담배를 끊게 되고, 운동은 효과
를 나타내기 시작한다. 그 어느 때보다 좋은 모습이다.

영성 : 당신의 영적인 활동이 그것이 무엇이든 구체적인 결과를
보여 주기 시작한다. 매일의 명상 중에 당신은 필요한 답을 얻기 시
작한다. 당신의 명석몽이나 유체 이탈의 시도는 그 효과를 나타낸
다. 당신의 영적인 능력은 속도가 붙는다. 만족감과 행복감이 빛을
발한다.

권능 : 당신의 승리를 즐기고, 당신이 실현시킨 것은 계속해 되풀
이될 수 있다는 것을 깨달아라.

지팡이의 7
당신은 모든 반대를 무릅쓰고 성공할 능력을 가지고 있다. 당신
은 유리한 입장에 서 있다. 상황에 정면으로 맞서고, 분명한 입장을

취하고, 자신의 의견을 주장하는 것을 주저하지 말라. 이 지팡이의 7은 지혜와 지식과의 연결 때문에 가르치기, 강의하기 및 작곡 능력과 관련된다. 이 카드는 종종 작가의 카드라고도 하지만, 모든 형태의 자영업이 이에 속한다.

읽기 : 당신은 여러 가지 형태의 도전을 받고 있다. 당신이 다음으로 할 일은 느슨한 과거의 끈을 단단히 묶고 삶을 충실히 살아가는 것이다. 자신의 일을 스스로 결정하고 자신의 내적 힘과 판단에 의지함으로써 그 경쟁에서 승리한다.

일 : 당신의 꿈은 자영업을 하는 것이고, 그것을 실현시키기 위해 꾸준히 일하고 있다. 이 카드는 당신에게 모험을 할 시간이라고 일러준다. 규칙적으로 나오는 월급과 보장된 이익, 특전은 잊어라. 만약 현재 하고 있는 일이 행복하지 않다면, 그것을 그만두어라. 자신을 믿고 스스로의 일을 시작하라. 시장의 경쟁이 아무리 치열해도, 또는 상대방이 아무리 똑똑해 보여도 당신은 그 시장을 장악한다.

연애 : 현재의 관계가 숨이 막힐 것 같고, 혼자 독신으로 사는 것도 숨이 막힐 것 같고, 누구를 만나도 무엇을 해도 숨이 막힐 것 같다. 당신이 마음에 두고 있는 사람을 발견해도 경쟁 상대가 있다. 그러나 그것은 하나의 과정일 뿐이다. 그것을 통해 당신은 이전보다 강해지고, 자신이 누구이며, 누구와 함께 생을 보내기를 원하는가에 대해 보다 분명하게 알게 된다.

재정 : 소규모 사업의 수익은 높아지기 시작하고, 원고는 팔려 나가고, 당신이 감수한 위험은 그것에 합당한 수익을 불러오기 시작한다. 이 전투가 처음에는 모두 힘든 것처럼 보이지만 봄이 되면 모든 게 변한다. 자신의 선견지명을 믿어라.

건강 : 운동이나 다이어트 등 현재 당신이 행하고 있는 모든 요법을 그대로 계속하라. 몸이 지닌 타고난 지혜가 당신을 지켜 준다. 당신은 그 도전에 맞설 뿐만 아니라 그 도전을 넘어선다. 무술 훈련, 태극권, 요가를 하면 좋다.

영성 : 당신의 믿음은 신념이 다른 어떤 사람 또는 당신의 사고방식을 바꾸고자 하는 누군가에 의해 시험을 받는다. 그 사람이 하는 말에 귀를 기울이고, 그 사람이 하는 말을 당신이 옳다고 생각하는 것과 비교 검토한 후, 그 뒤 당신의 위치를 방어하라.

권능 : 당신은 자신의 신념으로 정정당당히 도전에 맞서고, 반대를 극복한다.

지팡이의 8

이 8은 침체와 정체기의 끝을 의미한다. 당신은 목표를 향해 빠르게 접근해 가고 있고, 계획한 것이 거의 완성되어 가고 있다. 좋은 소식이 오고 있으니 팩스나 이메일, 전화와 같은 모든 통신기기에 신경을 써라. 여행은 일, 창의성, 영적 추구와 관련되어 있다.

읽기 : 당신 자신의 지평을 넓혀 새 아이디어를 시험하고, 새로운 기획을 시작하라. 그리고 자신의 사업을 보다 혁신적이고 새롭게 실행하라. 모든 과학 기술을 이용하여 당신이 만든 상품이나 당신 자신을 광고하라. 웹사이트를 만들고, 이메일로 의사소통하고, 팩스 사용법을 배워라. 세상은 당신이 생각하는 것보다 작다.

일 : 광고와 판촉 행사는 반응이 좋아서 우선 우편이나 팩스 또는 이메일로 계약을 하게 된다. 전문 워크숍이나 영적 묵상회, 그리고 상상력에 자극을 주고 목표를 달성할 수도 있도록 도와 주는 일과 관계된 여행을 하게 된다. 좋은 소식이 오는데, 이 소식은 전체적인 그림을 바꾸어 놓는다. 동시성들이 지금 당신의 삶에서 급격히 증가하고 있다. 동시성에 주의를 기울여 그 근원적인 메시지를 이해하려고 노력하라.

연애 : 갑자기 예기치 못한 곳에서 누군가를 만나 서로 아주 유쾌한 시간을 보낸다. 당신은 그 사람의 영적 믿음이나 하고 있는 일에 마음이 끌린다. 이미 누군가를 만나고 있었다면 그 관계는 점점 뜨거워진다. 당신들 중 누구 한 사람이나 아니면 두 사람 모두 이사를 하게 되는데, 아마도 둘이 함께 이동할 것이다. 서로에 대한 솔직한 대화와 정직함은 그 관계를 고양시킨다.

재정 : 기다려 온 돈이 들어오고, 주식 중개인이 들려준 정보가 돈이 되고, 당신의 주택 융자금 대출 신청이 빠르게 승인되고, 자금이 인터넷 이체를 통해 들어온다. 재정 상태가 돌발적이고 종종 예상치

못한 방향으로 진행된다.

건강 : 당신의 치료에 속도가 붙는데, 그 이유는 당신이 이것을 의식적으로 알아차리지 못하고 있지만 믿음의 방향이 바뀌었기 때문이다. 대안 치료에 대한 워크숍에 참여하는 것은 물론 건강과 치료에 대한 책을 읽는 것은 당신의 마음을 자극하여 몸의 면역 체계를 활성화시킨다. 일이 잘 풀리기 시작한다. 당신의 건강은 호조기에 있다.

영성 : 모든 일이 너무도 빨리 진행된다. 한순간 당신은 회의론자인가 하면, 다음 순간 어딘가에서 당신의 삶 속으로 던져진 것 같은 초월적인 경험에 몰입한다. 그것은 당신 존재의 모든 면들을 건드린다.

권능 : 정보에 대한 신속한 대응은 당신의 삶을 변형시키는 경험을 하게 한다.

지팡이의 9

마지막 한가지의 시험 또는 도전이 남아 있다. 당신은 더 이상 싸울 힘이 없다고 느끼지만, 아직 기술과 결단력이 남아 있다. 사실 당신은 아직 힘을 쓸 수 있는 위치에 있다. 모든 용기와 능력을 총동원해야 하지만, 당신은 극복해 낸다. 다음 행동을 위한 계획을 세워라. 뛰어들기 전에 먼저 생각하라.

읽기 : 일이 순조롭게 풀린다고 생각하는 바로 그 순간, 사소한 결함으로 일이 잠시 중단된다. 그것은 의사 전달 잘못으로 인한 작은 문제이지만 그럼에도 불구하고 당신을 성가시게 한다. 당신이 원하는 직장이나 클럽 회원 자격을 얻기 위해서는 마지막 면접이 남아 있다. 시험을 하나 더 통과하면 당신이 지원한 대학에 합격하고, 건강 검진 결과가 전혀 문제가 없다고 나오고, 사법 시험에 합격하고, 운전 면허를 취득한다. 인내하면서 자신의 의도를 남에게 알리지 말라. 일단 마지막 장애물을 극복하고 나면, 그곳에서 벗어나 자유를 얻을 것이다.

일 : 당신의 책이 TV나 영화로 선택되고, 당신의 비디오가 한 제작자의 주목을 받고, 당신의 웹사이트는 수상 후보에 지명된다. 어쨌든, 당신의 일은 인정을 받으며 공적으로도 진가를 높이 평가받는데, 조건이 붙어 있다. 당신은 새로운 기획에 대한 마지막 회의에 참가해야 하고, 은행은 당신에게 대출을 승인하기 전에 더 많은 정보를 요구해 오고, 오케스트라 지휘자는 당신에게 오디션을 한 번 더 보러 오라고 한다.

연애 : 당신 둘의 관계는 둘 중 하나 또는 둘 다 숨 돌릴 곳이 필요할 정도로 달아올랐다. 당신과 연인이 서로 비슷한 여정과 비슷한 목표를 그리고 있는지 판단해 보아야 한다. 만약 비슷하다면, 그 관계에서 당신이 바라고 있는 것은 무엇인가? 만약 그렇지 않다면 당신은 그것을 감수할 수 있겠는가?

재정 : 당신은 은행 잔고 이상으로 수표를 발행했고, 수표 하나가 부도 수표로 돌아왔다. 당신 잘못이 아니지만 그로 인해 일이 늦어진다. 당신이 가지고 있는 주식의 가격이 떨어진다. 생활비를 크게 증가시키는 일이 일어난다. 즉, 냉장고가 고장 나거나, 차고문이 어긋나거나, 냉온방 장치를 수리해야 한다. 당신은 비상금을 사용해야만 하거나, 신용 카드 빚이 늘어나게 된다.

건강 : 작은 분노가 쌓여 면역 체계에 영향을 미치고 그 결과 감기나 인후염, 후두염, 피로가 생긴다. 따라서 하루 정도 시간을 내어 해변이나 온천장, 명상 워크숍 등 무엇이든 당신의 일에서 벗어날 수 있는 곳에 가서 쉬어라. 다시 돌아왔을 때, 당신은 기분이 나아지고 더 많은 에너지로 충전된다.

영성 : 현재 정체된 느낌이다. 당신의 영적 탐구는 막다른 골목에 이른 것 같다. 마음을 굳게 먹고 절제하며, 정신을 집중하고 마음의 초점을 잃지 않으며 자신의 한계를 정하라. 어떤 일이든 필요한 일은 하되 목표에서 벗어나지 말라. 당신은 생각보다 목표에 더 가까이 있다.

권능 : 당신은 그 어떤 장애물도 극복할 수 있는 충분한 힘과 에너지 그리고 지혜를 축적해 놓고 있다.

지팡이의 10
이 카드는 일 중독자, 즉 어떤 임무를 수행 중에 있는 사람의 카드이다. 당신은 너무 많은 책임을 떠맡고 있어서 부담감을 느낀다. 당신은 아마도 자신의 일을 다른 사람에게 맡기고 싶지 않아 하는 것같다. 왜냐하면 당신은 "일을 정확하게 하려면 스스로 하라."는 옛 속담을 믿고 있기 때문이다. 어깨에 지워진 무거운 짐을 원망스러워하기도 하지만, 당신은 자신에게 주어진 순교자나 선교사와 같은 역할을 즐긴다.

일 : 세상 속으로 들어가 자신의 지식을 나누어 줄 때다. 당신은 맡은 일을 분명 해낼 수 있다. 그러나 그것이 삶의 다른 일들 때문에 지나치게 부담이 된다면 그 중 일부를 주저하지 말고 던져 버려라. 당신이 지고 있는 많은 짐들은 당신 스스로가 지운 것이다. 휴식의 시간을 갖고 인생을 즐겨라. 당신은 곧 새로운 몸과 마음으로 다시 싸움터로 돌아와야 한다.

연애 : 당신이 독신이든 누구를 만나고 있든 모두 짐스럽다. 혼자 술집을 드나드는 일에 지치고, 틀에 박힌 만남에도 지치고, 연인과 끊임없이 의견 차이를 보이는 일에도 지쳐 있다. 한 발짝 물러나 현상태를 점검하고, 당신이 감수할 수 있는 것과 그럴 수 없는 것을 판단하라. 그러고 나서 앞으로 나아가라.

재정 : 당신의 주식 포트폴리오나 퇴직 연금 저축, 연금 계획과 투자에 관한 것을 재평가할 시점이다. 빚이 당신을 압박해 온다. 그러나 당신은 도달하고 싶은 곳에 이르는 데 필요한 지식을 아직 가지고 있다. 단지 그 지식을 아직 쓰지 않았을 뿐이다.

건강 : 당신이 시도하는 요법이 효과가 없는 것 같다. 당신은 과체중이나 스트레스 또는 작은 질병들 때문에 지쳐 있다. 혼자 있는 시간이나 요가, 명상 또는 호흡에 집중하는 어떤 것을 하면 좋다. 힘차게 걷는 것이 그 해결책이 될 수도 있다.

영성 : 나는 누구인가 또는 나는 어떤 사람이 되고자 하는가와 같은 문제에 깊이 연관된 추구를 이제는 끝내야 한다는 심리적 압박감을 느끼고 있다. 그것은 당신이 사랑하는 사람들과 가족에게 부담을 주고 있다. 당신이 필요한 것에 대해 솔직해져라. 당신이 사랑하는 사람들이 그들의 연민으로 당신을 놀라게 하고, 당신에게 필요한 공간을 제공해 줄 것이다.

권능 : 당신은 실제 또는 가상의 책임이 삶의 기쁨에 그늘을 드리우는 것을 거부한다.

컵

주제 : 감정, 관계, 연애, 모든 애정과 관련된 사건

점성학적 원소 : 물

계절 : 여름

컵의 에이스

만약 독신이거나 아직 만나는 사람이 없다면 새 연애가 곧 시작된다. 당신이 결혼했거나 이미 다른 사람을 만나고 있으면, 그 관계는 다시 새롭게 열정을 되찾을 것이다. 성배와 같은 의미를 가진 이 에이스는 우리를 자신보다 더 큰 어떤 것에 연결시켜 주는 본질적인 정신인 사랑의 상징이다.

이 카드를 가진다면 새로움, 즉 새로운 사랑이나 새로운 출발, 새로운 생에 대한 이해, 새로운 운명, 새로운 기회, 기쁨, 비옥, 영적 깨달음을 생각하라. 어떤 만족스러운 상황이 곧 시작되거나 이미 시작 단계에 있다.

읽기 : 당신의 연애는 하룻밤 즐기는 것으로 끝나는 그런 만남이 아니라, 사랑이란 말 자체가 가지는 가장 순수한 의미의 사랑이다. 조건 없는 사랑과 수용에 자신을 내맡기는 기쁨을 경험하라. 이 에이스는 컵이 가진 원형적인 여성적 상징과의 연결 고리 때문에 종종 임신과 출산을 의미하기도 한다.

일 : 당신은 운 좋게 어떤 새로운 일을 시작하거나 당신을 만족시킬 수 있는 새로운 직업을 갖게 된다. 만약 이미 단조롭고 지루하며 활발하지 못한 상황에서 오래도록 일해 오고 있다면, 혁신적인 방법을 찾아 일에 새로운 활력을 불어넣어라. 당신은 창의적이고, 영감을 고취시키는 혁신적인 아이디어로 인해 칭찬과 감탄을 받게 된다.

연애 : 첫눈에 반한 사랑이 진지한 낭만적인 애정으로 빠르게 깊

어진다. 약혼이나 결혼 날짜가 발표되고, 서약이 교환되고, 서로에 대한 헌신이 보다 깊어진다. 연애와 관련된 모든 일들이 일찍이 예상했던 것보다 훨씬 잘 진행된다.

재정 : 예상치 않은 새집을 살 기회가 주어지니 진지하게 생각해 보고, 현재의 경제적 상황을 재편성하거나, 오랫동안 사고 싶던 비싼 물건을 큰 할인가로 구매하라. 새 사업으로 인해 가족의 소득이 크게 증가한다. 그 결과 당신의 경제적 기초는 크게 좋아진다.

건강 : 건강은 좋다. 당신의 신체적 건강은 정신적 전망에 정비례하여 향상된다. 임신 여부에 대해 묻고 있고 이 에이스가 검의 3, 4 또는 5와 함께 나온다면 유산 또는 제왕 절개의 가능성이 있다.

영성 : 복종하고, 받아들이고, 인정하라! 기회를 열어 두고, 가는 길에 마주하는 것들을 포용함으로써 보다 높은 의식으로의 여행을 시작한다. 이것은 워크숍과 묵상회, 멘토 또는 영적 교사와의 공부를 포함할 수 있다. 명상은 당신의 가슴을 신성한 사랑의 황홀감으로 인도한다.

권능 : 가슴과 마음 간의 갈등 속에서, 당신은 자신의 가슴을 따른다.

컵의 2
모든 종류의 협력, 특히 결혼은 이 카드가 지닌 본래의 의미이다.

여러 면에서 이 카드는 연인 카드보다 사랑의 관계에 대해 더 많은 의미를 가지고 있다. 연인 카드가 만나고 있는 사람과의 관계에서 관계를 지속할 것인지 말 것인지에 대한 선택을 의미한다면, 컵의 2는 궁극적으로 결혼으로 이어질 수 있는 연애, 구애 및 열정을 의미할 수 있다.

정서적 균형과 마음에서 우러난 인간적 만남이 이 컵의 2의 특징이다. 당신은 삶이 가져다주는 모든 것을 균형 잡힌 마음으로 받아들인다.

읽기 : 우정과 동료 의식이 강조된다. 집을 벗어나서 자기 자신을 즐기고, 당신이 좋아하는 사람들과 함께 시간을 보내라. 다른 사람을 만나고 그 밖의 사회적인 활동을 하는 것은 당신의 삶을 균형 잡아 준다. 친구들과 가족에게 감사하는 마음을 표현하라. 사소한 논쟁을 끝내고, 과거의 의견 차이들을 불식시킬 수 있는 좋은 시기이다. 또 다른 한 사람과 헌신적인 관계를 맺기 전에, 삶에서 자신이 원하는 것과 필요로 하는 것이 무엇인지를 명확히 해야 한다.

일 : 두 당사자에게 모두 이롭고 문제가 없는 협력을 기대하라. 당신이 원하는 조화롭고 유쾌한 작업 환경과 협조하는 친밀한 분위기를 만난다. 어떤 계약이 이루어질 단계에 있다. 지원한 직장을 구하게 되거나, 원하는 대학에 입학하게 되거나, 임금 인상이나 승진, 또는 그 둘 다를 손에 쥐게 된다.

연애 : 깊고 본능적인 수준의 강한 성적 매력에 이끌린다. 처음 만

남에서 어디선가 본 듯한 느낌이 든다. 이 컵 2는 전생에서 이루려고 했던 영혼의 반려자와의 재결합을 암시한다. 당신은 이사해 와서 연인과 함께 살고, 결혼하기로 결심한다.

재정 : 돈은 협력과 당신이 좋아하는 일을 통해 들어온다. 집단적인 투자가 좋다. 예상치 못한 행운이 찾아와 묵은 빚을 청산하고 오랫동안 끌어온 경제적인 문제를 해결한다.

건강 : 심각한 상태가 현저히 좋아지거나 병이 크게 완화된다. 신체적 기능을 안정되게 유지하는 것이 중요하다. 신진대사, 심장 박동, 혈압, 혈당량을 검사하여 모든 것이 완전한 균형을 유지하도록 해야 한다.

영성 : 가슴 차크라가 열리고, 당신은 우주와 하나가 된 느낌이다. 다차원 실재에 대한 자각은 유체 이탈과 명석몽을 통해 강화된다. 당신은 존재하는 모든 것들이 이루고 있는 조화와 연결됨을 경험한다.

권능 : 다른 사람과의 협력을 통해 당신이 혼자서 이룰 수 있는 것보다 더 많은 것을 이루어 낸다.

컵의 3

축제. 이것은 아마 결혼이나 휴가, 가족 모임, 탄생, 세례, 약혼, 행운, 성공으로 인한 것이다. 간단히 말해서, 당신을 기쁨으로 가득 차게 하는 모든 것이 될 수 있다.

컵의 3은 연휴와 연관성이 있기 때문에 항상 시기적 요소를 갖고 있다. 늦여름과 초가을 사이에 질문을 한다면, 추수 감사절과 새해 전날 사이에 어떤 일이 일어날 것을 예상하라. 늦여름과 초봄 동안은 부활절과 관련된다. 다가오는 어떤 연휴나 기념일은 행사의 시기를 결정하는 데 사용할 수 있다.

읽기 : 당신의 직관은 꽃을 피우고, 당신의 감정과 믿음 체계를 명확히 하게 된다. 친구들에게만 카드 읽기 또는 심리 읽기를 해 주어 왔다면, 곧 "외부로 나가 활동"을 하게 될 것이다. 어떤 관계가 혼란 상태에 빠져 있었다면, 그 혼란 상태는 사라질 것이다. 어떤 절박한 문제가 행복한 결론에 이른다. 모든 불화가 즐거운 재결합을 통해 사라진다. 오래된 상처가 치유되어 당신의 삶이 나아갈 수 있게 한다.

일 : 사무실 분위기는 축제 분위기이고, 인금 인상과 상여금이 머지않아 주어진다. 당신 회사가 방금 따낸 큰 계약을 통해 모든 사람이 이익을 본다. 당신이 성취한 것들과 공헌한 것들이 공적으로 인정을 받는다. 당신은 그것들을 직업의 다음 단계를 위한 발판으로 삼는다.

연애 : 사랑하는 사람들과 함께 할 수 있는 행복한 시간의 기쁨이 주어진다. 책임감의 부담이 없는 사회적 활동의 행복과 재미를 마음껏 즐겨라. 만약 사귀는 사람이 없다면 어떤 파티나 모임 또는 다른 사람의 결혼식에서 당신이 꿈에 그리던 사람을 만나게 된다. 만나는 사람이 있다면 당신과 연인은 친구와 가족이 모인 즐거운 모임에서

서약을 교환한다. 그렇지만 당신은 너무 제멋대로 행동할지도 모른다. 다음 날 아침 죄책감을 느끼기도 하겠지만 그 축제를 즐겨라.

재정 : 쉽게 들어온 것은 쉽게 나가는 법이다. 당신의 임금이 인상되고, 시장에서 단기간에 큰돈을 벌어들이며, 상당한 유산을 물려받는다. 그러면 당신은 그 돈을 바로 딸의 결혼 비용, 아들의 성인식, 제2의 신혼 여행, 또는 별장 계약금으로 쓴다.

건강 : 건강 검진 결과에 만족한다. 모든 결과가 좋게 나오지만, 의사는 당신에게 다이어트를 시작하고, 방종한 생활을 끝내고, 운동을 하라고 권고한다.

영성 : 비슷한 마음을 가진 사람들과의 집단적인 상호 교류는 당신을 영적 깨달음으로 인도한다. 함께 행하는 의식과 제의를 통해 당신은 내적 평화를 다시 찾은 느낌을 갖게 되며, 모든 것들에 대한 경외감을 경험한다.

권능 : 당신은 자신의 삶을 경축하며 그 기쁨과 놀라움을 주위의 사람들과 나누어 가진다.

컵의 4

무관심이 온통 당신을 지배하여, 새로운 기회가 와도 알아차리지 못한다. 다시 한 번 생각해 보라. 그것은 당신이 생각하고 있는 것보다 나을 수도 있다. 당신이 원하기만 하면 얼마든지 가질 수 있는 것

들이 주위에 많이 있지만, 당신은 너무 불만과 자기연민으로 가득
차서 자신이 가진 것에 대해 감사할 줄 모른다.

만약 정신적으로나 육체적으로 종종 나태해진다면, 신선한 아이
디어나 흥미로운 기획이 새로운 힘을 줄 것이다. 이 컵의 4는 종종
당신의 우울감이 일시적인 기분 이상일 수도 있다는 사실을 깨닫게
하는 경종이 된다.

읽기 : 당신은 선택권을 가지고 있지만, 그것들을 가치가 없는 것
으로 치부해 버린다. 심지어 다른 사람이 당신에게 어떤 기회를 줄
때조차도 당신은 그것을 경멸적인 자세로 받아들인다. 당신은 어쩌
면 생활 속에서 좋은 물건들에 지겹도록 둘러싸여 있을 수도 있다.
아니면 그냥 미래가 황량한 것 같은 기간에 있을 수도 있다. 그 이유
가 무엇이든 당신은 성장과 새로운 행복 및 만족을 가져올 수 있는
기회를 외면하고 있다.

일 : 단조로운 일상은 다른 일을 시작할 의욕마저 고갈시켜 버렸
다. 다람쥐 쳇바퀴 돌 듯하는 단조로운 생활에서 벗어나라. 부루퉁
하고 기분이 언짢은 표정을 가지고는 직업적인 세계에서 어디에도
설 자리가 없다. 당신을 괴롭히는 것이 무엇인지 찾고 그것을 바꾸
어야 할 시간이다. 만약 지금 하고 있는 일이 싫다면 더욱 잘 맞는
일을 찾아라. 만약 새로운 직업을 원한다면, 당신 자신이 그 새로운
직업에 맞는 자격을 갖출 수 있도록 차근차근 단계를 밟아 가라. 행
동에 옮겨라.

연애 : 불만, 환멸 또는 상심은 만나고 있는 사람과의 관계에 문제를 일으킨다. 시간을 내어 특히 당신을 괴롭히는 것에 대해 당신의 연인과 대화하려고 노력하라. 만약 현재 당신의 삶에 특별한 사람이 없다면, 구애자가 없어서가 아니다. 당신은 단지 그 누구에게도 관심이 없을 뿐이다. 당신의 곁눈가리개를 없애라.

재정 : 새로운 수입원이 필요하지만, 그 사실을 계속 간과하고 있다. 딱 잘라 거부한 기회나 투자를 다시 고려해 보라. 그 거절한 사안들을 다시 살펴보아라. 당신의 원고를 거부한 편집자가 당신의 또 다른 작품들에 대해서는 문을 열어 두지 않았는가? 모든 것이 겉으로 보이는 것만큼 그렇게 절망적이지는 않다.

건강 : 일단 당신의 미래에 대한 정신적인 전망을 바꾸면, 건강은 현저히 좋아진다. 불안의 근원은 정서 장애나 정신적 장애 또는 영적 욕구에 대한 이해 부족에서 비롯된다. 심리학자, 목사, 영적 치유사, 또는 심령사는 의사보다 더 많은 도움을 줄 수 있을 것이다.

영성 : 당신은 현재 불확실성의 수렁에 빠져 있다. 아마 당신의 전통적인 종교적 믿음은 더 이상 당신의 욕구를 채워 주지 못할 것이다. 당신이 시도한 새로운 그 어떤 것도 공허감을 메우지는 못한다. 당신은 길 잃은 영혼처럼 느껴질지 모르지만, 혼란을 해결하기 시작하면서 점차 원하는 답을 찾는다.

권능 : 이전에 간과했을지도 모를 가능성 쪽으로 시선을 두고 당

신의 삶과 관계들을 재평가하라.

컵의 5

달리 빠져나갈 방법이 없다. 이 카드는 실망, 후회 및 상실에 관한 카드이다. 이 카드는 종종 과거를 놓아 버리는 데 어려움이 있거나 슬픔에 완전히 빠져 정서적 상실감을 느끼는 사람을 표현한다.

과거의 잘못에 대한 강박 관념이 있을 수 있다. 요컨대 지금은 사태를 수습하고 앞으로 나아가야 할 시간이다.

읽기 : 지나간 것은 지나간 것이다. 잃은 것이 아니라 남은 것에 집중하라. 슬픔과 실망의 시간을 겪고, 그 뒤 다음 단계로 나아가라. 감정을 숨기는 것은 현명치 못한 행동이다. 그러나 불행한 기억에 매달려 있는 것도 그것만큼 해로운 것이다. 상황을 살피고 고통스러운 경험을 통해서 무엇을 배울 수 있는지를 보아라. 그 뒤 과거를 뒤로 하고, 미래를 위한 초석을 마련하라.

일 : 아무것도 신속하게 해결되거나 기틀이 잡히는 것이 없다. 입사 지원서, 면접, 시험 결과, 직업적 기획은 지연되거나 좌절을 예상하라. 근무 중에 힘의 소진과 피곤함을 느낀다. 자신의 일에 대한 무관심은 당신이 선택하지 않은 길에 대한 동경을 불러일으킨다. 이 카드는 종종 회사가 규모를 줄이거나 조직을 재정비할 때 나타난다. 만약 직급이 떨어지거나 해고되면 당신의 실제 욕구를 냉엄하고 솔직하게 검토하라. 당신은 그 직업에 숨이 막혀 하지는 않았는가?

연애 : 당신은 연인을 잃게 되어 상실감과 표류하는 느낌에 빠져 있다. 당신은 이전의 연인이 돌아오기를 원하지만, 그런 일은 일어나지 않는다. 우울증은 당신이 가는 곳마다 따라다닌다. 새로운 관계를 원하는 당신의 감정을 외면하며, 당신은 앞으로 연인이 될 수도 있는 사람들을 거부한다.

재정 : 당신은 돈이나 물질적인 것에 관해서는 인색하다. 경제적 손실은 당신을 괴롭히고 그로 인해 발생되는 문제와 장애, 그리고 지연에 질려 있다. 위험을 감수하고 목표를 향하여 다시 나아가라. 즉, 다른 직장을 찾고, 부업을 하고, 당신 자신을 믿으며, 성공할 권리가 있다는 것을 믿으려고 노력하라.

건강 : 오래된 불평거리를 안고 과거의 실망에 머물러 있으면 당신은 병이 난다. 육체적으로 건강해지려면 정서적 슬픔에서 벗어나라. 당신 병의 원인은 본질적으로 심리적인 것이다. 전문 상담가와 대화를 나누는 것은 어쩌면 문제를 해결하는 데 도움이 될 수 있다.

영성 : 당신이 느끼는 아픔과 공허의 일부는 영적 생명력을 잃은 것에 그 원인이 있다. 당신 자신과 타인들을 용서함으로써 당신은 신성한 은혜로 이르는 자신의 길을 발견한다.

권능 : 사태를 수습하고 앞으로 나아가라.

컵의 6

옛 기억과 새로운 기회, 어린 시절, 어린이, 향수, 그리고 일반적으로 행복한 시간들은 이 카드의 중심적인 의미이다. 한동안 사용한 적이 없는 기술이나 능력이 되살아날 가능성이 있다. 놓쳐 버린 기회를 다시 고려해 보아야 한다. 과거의 노력들은 미래의 보상을 가져올 것이다.

당신은 과거의 영광에 머물러 있느라 성공을 위한 현재와 미래의 기회들을 놓치고 있지는 않은가? 대학 시절 축구 경기에서 승리했던 회상이나 고등학교 때 치어리더로서 인기를 누렸던 회상이 당신을 향수에 젖게 한다면, 현재의 상황을 재고하라. 일단 최고의 시절은 지나갔다고 생각하기 시작하면 그것은 당신의 현실이 될 것이다.

읽기 : 어린 시절의 소망과 꿈을 기억하라. 당신의 창조적인 일에 이러한 기억들을 사용하라. 과거의 어떤 사람이나 어떤 것이 당신을 도우며 영감과 새로운 에너지를 가져다준다. 현재의 목표를 분명하게 하는 데 전혀 도움이 되지 않을 것들을 동경하지는 말라.

어린이들이나 어린이들에 관한 문제 또한 가장 중요한 것이다. 이것은 일반적으로 어린이들, 당신 자신의 아이들, 교사, 멘토, 또는 행복한 가족 행사를 의미할 수 있다.

일 : 창의적인 일은 대체로 어린 시절이나 과거의 행복한 기억에 의해 풍성해진다. 그림, 시, 영화 제작, 소설 쓰기는 경제적 성공과 결정적인 성공을 가져다준다. 당신은 과거의 노력으로 인한 저작권 사용료를 받게 되거나 상을 받는다. 과거에 함께 일한 적이 있는 어

떤 사람이 당신의 삶에 다시 나타나 새로운 기회를 제공한다.

연애 : 옛 연인이 갑자기 당신 앞에 나타나고 그 연애 감정에 다시 불이 붙는다. 어린 시절의 한 친구와 우연히 마주치게 되는데, 이 친구는 당신에게 아주 좋은 소식을 들려주거나 낭만적인 환상을 채워 준다.

재정 : 오래된 장난감과 어린 시절의 보물들이 골동품 시장에서 당신에게 돈을 벌어 준다. 테마 파크, 영화 제작사, 여행사, 골동품 가게, 미술관과 같이 어린 시절의 환상과 낭만적인 꿈, 오락을 제공하는 회사에 투자하라.

건강 : 당신의 새 의사가 반드시 당신의 진료 기록 카드 사본을 볼 수 있도록 하라. 지금 나타나고 있는 신체적 또는 정서적 문제는 과거에 그 뿌리를 두고 있다. 최면이나 전생 요법은 가볍게 무의식의 기억을 두드려 보는 수단으로 이용하면 도움이 된다. 평생 당신이 가고 싶어 하던 장소를 방문하면 건강 회복에 도움이 된다.

영성 : 당신은 어린 시절 믿음과 가정의례 행사에서 발견했던 따뜻함과 안전을 회상한다. 이것은 당신을 젊은 시절의 교회나 유대교 회당으로 다시 데려다 주거나 또는 신화나 고대 종교의 탐구를 통해 새로운 믿음이나 제의로 데려간다.

권능 : 소생, 재순환, 재생. 당신은 잊혀진 기술이나 옛 꿈, 버려진

환상 속에서 현재의 해답을 찾는다.

컵의 7

상상과 환상이 결합하여 수많은 기회들을 만들어 낸다. 당신에게는 무수한 선택의 가능성이 존재하지만 당황스러워 나쁜 선택과 좋은 선택을 구별하는 데 어려움이 있다. 당신은 선택을 해야만 하고, 그 선택을 할 때 매우 조심스럽게 생각해 보아야 한다. 당신이 가장 바라는 것은 바로 코앞에 있으며, 그저 알아봐 주기를 기다리고 있을 수도 있다.

읽기 : 당신이 여러 대안들 중 하나를 선택해 일을 하기 전에는, 모든 꿈과 아이디어는 공중누각일 뿐이다. 혼란스러움과 우유부단함 때문에 당신의 넘치는 혁신적 에너지가 밖으로 나오지 못하고 대기하고 있다.

일 : 예술가, 배우, 작가나 영화감독의 경우 백일몽과 환상은 새로운 아이디어를 가져다준다. 그러나 사업을 할 때는 보다 실제적이어야 하고 선택을 좁혀야 한다. 이 컵의 7은 종종 수상한 행동, 사기 매매, 추한 거래에 대한 경각심을 환기시킨다. 간단히 말해서 수상쩍은 판매원을 조심하라.

연애 : 당신은 연인을 찾을지 동료를 찾을지 주저하고 있다. 무모하게 사랑에 도취되면 실망을 낳을 수 있다. 원하는 것을 확실히 하고, 수많은 선택들을 평가하여, 진정으로 원하는 것이나 원하는 사

람을 결정하라.

재정 : 고수익이 날 것처럼 보이던 투자는 신기루가 될 수 있다. 당신이 믿고 돈을 맡길 수 있는 곳이 어디인지 주의 깊게 생각하라. 신뢰할 수 있는 금융 상담원은 당신의 선택을 정리해 주고 속임수와 진정한 기회를 구분하는 데 도움을 줄 수 있다.

건강 : 당신의 담당 의사는 무엇이 잘못된 것인지 찾지 못하고, 정신 분석자는 당신을 희망이 없는 현실 도피자로 낙인찍었다. 당신은 진정으로 대안 요법을 시도해 보기를 원하지만, 어떤 것을 선택해야 할지 모르고 있다. 당신은 아픈 게 아니고, 단지 조금 도취되어 있을 뿐이다. 꿈 일지를 써라. 흑전기석, 흑요석, 흑마노, 흑수정과 같은 접지유도물을 곁에 두어라.

영성 : 이 컵의 7의 신비주의와 이상주의는 뉴 에이지 철학과 관련한 수많은 길로 향하는 다양한 것들을 불러낸다. 꿈, 유체 이탈, 명상, 요가, 촛불 마술, 타로, 점성학, 룬, 아로마 요법, 수정 요법 모두를 시험하고 탐구하라. 당신은 각각의 것에서 다른 형식의 영적 자양물들을 끌어낸다.

권능 : 특정한 목표에 초점을 맞추고 창조적인 시각화를 사용하여 자신의 꿈을 명백히 하고 그것이 물리적 실재가 되게 하라.

컵의 8

당신은 과거를 뒤로하고 떠나고 있다. 당신은 실망과 환멸 때문에, 아니면 단지 당연한 결과에 귀착되었다는 이유로 어떤 상황을 포기하기로 한다. 대개 어떤 사람이 당신을 떠난 것을 의미하는 컵의 5와는 달리 컵의 8은 당신이 끝난 것이나 다름없는 관계, 만족스럽지 못한 직장 또는 직업에서 자발적으로 발길을 돌리는 것을 의미한다.

전통적으로 이 카드는 은둔자와 연관되어 있다. 지혜와 깨달음으로 가는 길에 헌신하기 위해 일상적 삶의 문제들을 뒤로 미루어 두기로 결정할 수도 있다.

읽기 : 당신은 더 이상 도움이 되지 않는 어떤 상황을 떠나 가고 있다. 그것은 정체된 느낌과 다른 것들을 경험해야 할 필요에 따라 내린 의식적인 결정이다.

삶의 어떤 한 과정을 끝내고, 새로운 영감이나 에너지를 기다리고 있는 이 중간 단계가 주는 고통으로 인해 우울하고 피로하다. 당신은 어떤 관계에 대해 점점 애정을 잃게 되거나 그 관계에 대한 흥미를 점진적으로 철회하는 경험을 할 수 있다.

일 : 현재의 일이나 직장에서 당신이 갈 수 있는 한 멀리 가 있다. 어떤 길로 가야 할지 완전히 확신하고 있지는 못하지만, 새로운 어떤 것을 시도할 준비는 되어 있다. 촉각을 세우고, 친구들에게 당신이 새로운 어떤 것을 찾고 있다고 알리고, 헤드 헌터와 대화를 나눠라. 당신은 틀에 박힌 직장 생활을 완전히 청산하고, 영혼에 양식을

주는 어떤 것을 찾고자 결심할 수도 있다.

연애 : 당신은 갈림길에 도착한다. 오래 사귀어 온 관계는 끝나 가고 있고, 새로운 방향으로 나아갈 준비가 되어 있다. 당신에게 많은 의미를 가진 사람과 헤어지는 것은 슬프지만, 자신의 삶을 살고자 열망하고 있다.

재정 : 당신이 짊어져야 할 경제적 문제와 책임은 엄청나게 크지만 당신은 안정된 직장의 편안함을 포기할 준비가 되어 있다. 일단 그 연결의 끈을 자르고 나면, 새로운 가능성과 기회가 열리고 자신의 신념과 더 잘 부합하는 새로운 길로 들어선다. 환경 친화적인 회사에 투자를 할 수도 있다.

건강 : 미래가 어떻게 될지 모른다는 불안이 건강을 해칠 수 있다. 우울과 스트레스, 불안정감의 시기를 경험한다. 하지만 당신은 올바른 방향으로 움직여 가고 있다. 낙심하지 말고, 우울에서 벗어나며, 당신의 몸이 가진 스스로 치유할 수 있는 능력에 대해 믿음을 가져라.

영성 : 당신은 고독 속에서 의미의 깊이를 발견한다. 내부로의 방향 전환은 당신의 삶을 직접적으로 변화시킨다. 침묵과 명상 속에서 당신은 서서히 보다 높은 자아와의 새로운 연결 고리를 만들어 간다. 당신의 영적 탐구는 혼자 필요에 의해 시작되고, 그것을 통해 당신은 그동안 삶에서 부족했던 모든 것에 자신을 연다.

권능 : 당신은 내면의 목소리를 따라 새로운 지평으로 나아간다.

컵의 9

이 소원 카드는 동화 속에서 주인공을 돕는 요정의 대모와 같다. 이것은 행복, 만족, 실현, 풍요, 물질적 성공, 신체적 안녕을 의미한다. 당신이 삶에서 가지는 소원은 답을 얻는다.

이 카드의 점성학적 짝은 "보다 커다란 행운"으로 알려져 있는 목성이다. 그러나 제우스처럼 그것은 종종 지나친 사치품과 나태함과 감각적 쾌락에의 탐닉을 의미할 때도 있다.

읽기 : 소원은 이루어지고, 문제는 해결된다. 긴장을 풀고 즐거운 시간을 가져라. 꿈을 실현시키기 위해 그동안 쏟아온 에너지, 시간, 극기에 대해 보상해 주어라. 목표를 하나둘 달성해 가며 얻는 정서적인 만족감에 감사하라.

일 : 지연되던 어떤 기획이 다시 시작되어 완성을 향해 나아가지만 당신이 기대했던 방향으로 나아가지 않을 수도 있다. 우연한 만남이나 접촉이 예상하지도 않은 행운을 가져온다. 당신의 책이나 원고가 팔리고, 꿈에 그리던 직장이 당신을 찾아온다.

연애 : 동시성이 현재 당신의 삶에 필요한 어떤 사람을 당신에게 데려온다. 성적 열정, 관능적 쾌락 또는 기존의 관계에서의 깊은 만남은 당신을 만족시킨다. 당신은 파티나 모임에 참석하고 마침내 그동안 미루어 온 휴가를 가게 된다.

재정 : 당신의 운을 믿어라. 복권이 당첨되거나 라스베이거스에서 횡재를 할 수도 있지만, 그렇게 되지 않는다 해도 금전적인 소득을 기대하라. 사업이 확장되고, 예상치 못한 운이 따르는 좋은 기회가 나타난다.

건강 : 내적 만족은 당신의 몸과 마음에 긍정적인 에너지를 불어 넣는다. 자기탐닉을 피하고, 피상적인 가치와 임시변통적인 해결책을 받아들이지 않음으로써 신체적 안녕을 보장받을 수 있다.

영성 : 장래의 일을 미리 볼 수 있는 당신의 천부적인 능력에 자신을 열어 두어라. 당신이 본 것을 개인적 비전과 세계관에 맞게 변화시키고 구현해 내기 위해 창조적인 시각화를 사용하라.

권능 : 당신이 바라는 소원을 스스로에게 허락하고, 그것을 가질 수 있다고 믿어라.

컵의 10

이 행복한 가족 카드는 인간관계에서 오는 기쁨과 만족스러움을 의미한다. 이 카드는 영구적이고 지속적인 성공과 완전한 행복, 감정의 조화 및 번영을 나타낸다.

컵의 2가 상징하던 관계는 영속하는 사랑 속으로 싹을 틔워 전체 집안 사람들을 포함할 정도로 확대되었다. 컵의 10은 주로 가정의 행복을 의미하지만, 어떤 높은 수준의 만족과 안정감에 도달한 모든 상황에서 나타날 수 있다.

읽기 : 당신은 그동안 추구해 온 일을 완성했다. 마침내 당신은 안전하고 보호받는다고 느끼게 되는데, 단순히 고통이 없는 것이 아닌 진정한 행복을 느끼게 된다. 이것은 당신에게 온 보상이다. 당신은 이웃은 물론 사업 계약을 할 때에도 친절한 태도를 갖게 된다. 고마운 마음은 당신에게 지역 사회에 무언가를 다시 돌려주게 한다. 협력과 팀워크를 통해 당신 삶의 모든 부분이 개선되고 번영한다.

일 : 과거의 어려움은 사라지고, 위기는 물러가고, 동료나 상사와의 관계는 더욱 조화로워진다. 사회 및 가족과의 친교는 새로운 의뢰인 또는 고객을 불러온다. 어떤 계약이나 합의가 마침내 이루어진다. 당신은 일과 가족 휴가를 잘 조합해 내고, 모든 사람은 휴가에서 원기를 회복하여 집으로 돌아온다.

연애 : 초점은 진정한 사랑, 헌신, 결혼에 있다. 만약 아직 독신이라면, 당신과 함께 있는 사람이 바로 그 사람이라는 생각이 들고 그래서 청혼한다. 만약 결혼했다면 맹세를 새롭게 하거나 연인과 함께 하는 삶에 다시 자신을 모두 바친다.

재정 : 새로운 연결이 당신의 사업을 개선시킨다. 당신의 재정 전망은 아주 좋다. 가족 사업이 번창하는데, 그 이유는 마침내 신용을 얻기 때문이다. 당신이 받고 있는 도움에 감사하며 당신은 도움이 필요한 사람을 돕는 방식으로 보답한다.

건강 : 큰 개선. 당신의 건강 문제는 깨끗하게 해결된다. 새로운 평

화와 안녕감이 당신을 가득 채운다.

영성 : 감사하는 마음은 당신의 영적 힘의 핵심이다. 당신은 동료들과 모여 신성한 신의 선물에 대해 감사함을 표현한다. 환희로 가득 차, 수확을 기뻐하며 삶의 기적에 감사한다.

권능 : 당신은 인간관계에 만족하면서, 가족과 당신이 가장 사랑하는 사람들 속에서 행복함과 안정감을 느낀다.

펜타클

주제 : 물질적 소유, 돈, 번영, 발현, 건강

점성학적 원소 : 흙

계절 : 가을

펜타클의 에이스

이 에이스는 열심히 일한 것에 대해 주어지는 보상에 관한 것이다. 사업과 재정에 관련된 모든 영역의 신선한 출발의 전조로서 세속적인 지위, 성취, 물질의 획득, 번영 및 성공을 상징한다.

몸의 원소인 흙과 관련을 가진 펜타클 슈트는 신체적인 건강, 적절한 다이어트, 영양 공급과 관련된다.

읽기 : 장래에 긍정적인 경제적 변화를 가져다줄 어떤 벤처 사업을 시작한다. 시기는 적절하다. 위험이 있어 보이는 계획이라도 시작하는 것을 두려워하지 마라. 지금 투자하는 돈은 이자와 함께 당신에게 돌아올 것이다.

집을 한 채 짓거나 현재 살고 있는 집을 개량한다. 당신은 투기 목적으로 부동산을 산다. 새로운 어떤 것이 삶 속에 나타나는데, 아이일 수도 있다.

일 : 당신은 오랫동안 고심해 왔던 직업적인 문제에서 해결책을 찾아낸다. 진급이나 승진, 새 직장, 또는 직업 분야를 바꾸는 것이 당신을 위해 기다리고 있다. 주위의 카드들이 그것을 지시하지 않을 때는 직장을 옮겨서는 안 된다. 당신은 정확한 시간에 정확한 장소에 있다. 내달려라.

연애 : 낭만적인 협력 관계가 당신에게 정서적이면서 물질적으로도 도움을 준다. 당신은 새로운 사람을 만나게 되거나 기존의 만남을 발전시키고 향상시킬 새로운 방법을 발견한다. 당신과 연인은 두 사람이 오랫동안 바라던 일을 함께 하게 된다. 그러나 당신이 주도권을 잡는다.

재정 : 새로운 사업이나 경제적 기회가 당신 삶 속으로 들어온다. 투자가 효과를 나타내기 시작한다. 당신이 여러 해 동안 가지고 있던 부동산 일부를 당신이 예상했던 것보다 훨씬 많은 돈을 주고 사겠다는 사람이 나타난다. 집을 팔겠다고 결정하면, 살 사람을 오래

기다리지 않아도 원하는 가격에 팔 수 있다. 당신은 돈, 명예, 개인적 만족, 장기적 안정 등 당신이 귀중하게 생각하는 것은 무엇이든 모으게 된다.

건강 : 당신은 회복기에 있다. 회복 속도를 높이기 위해 한의사 또는 수정 요법 치유자와 상담하기로 마음먹을 수 있다. 채식으로만 구성된 식단, 미네랄과 진흙 목욕, 야외 운동, 그리고 자연을 가까이 하며 시간을 보낼 수 있는 온천에서 휴가를 보내는 것을 고려하라. 운동 프로그램을 열심을 따라하라.

영성 : 명상은 당신이 확실한 지반을 얻는 데 도움이 된다. 생태학, 약초, 대안 의학과 관련된 일을 하면 영적으로 이롭다.

권능 : 당신은 자신의 계획, 아이디어, 꿈을 실현시킬 힘을 가지고 있다.

펜타클의 2

균형, 융통성, 평형 상태를 생각하라. 당신은 많은 다른 기획들과 수입원들을 아슬아슬하게 처리해 나간다. 이것은 겸업으로 일하거나 학교에 다니면서 전일제로 근무하는 경우를 말한다. 그러나 당신은 힘들다고 생각하지 않는데, 그 이유는 그것을 추구함 속에 즐거움이 함께 하고 있기 때문이다.

읽기 : 당신은 타협점을 찾기 위해 계산한다. 그러나 보드빌극

(vaudeville act)에 나오는 마술사처럼 환호와 열광을 가지고 한다. 당신이 균형을 유지하는 데는 감추어진 마법이 있다. 당신은 다양한 기획들의 균형을 유지하거나 내적인 영적 개발을 외적, 물질적 성장과 조화시킬 수도 있다. 동시에 여기저기 손대는 것을 피하라. 필요하다면 균형을 유지하기 위해 선택을 좁혀라.

일 : 여행은 일이나 직업과 관련된다. 그러나 여행 계획은 사소한 문제에 마음을 쓰느라 연기될 수 있지만, 결국에는 당신이 가고자 하는 곳에 가게 된다. 당신은 유연해서 많은 복잡한 기획과 아이디어들을 한꺼번에 균형적으로 처리할 수 있다. 에너지를 축적하지 마라. 지금은 계산된 위험에 뛰어들 때다.

연애 : 당신과 연인은 바쁜 일정에도 서로를 위한 시간을 내려고 애쓰고 있다. 만약 집을 떠나 주말을 함께 보내려고 한다면, 그 시간을 내기 위해서는 계획을 상당히 재조정해야 할 것이다. 그러나 일단 그렇게 한다면, 그만 한 가치가 있다. 둘 사이의 열정이 다시 살아난다. 큰 변화는 그 관계를 새로운 시기로 이끌어 간다.

재정 : 당신은 능숙한 조정을 통해 장부를 마감한다. 돈은 빨리 들어온 만큼 빨리 나가지만 당신은 청구서를 지불하는 데 만족한다. 재정 상황은 모든 것이 계속 돌아가게 할 수 있을 정도로 충분히 유동적이다. 당신의 소규모 사업은 한 관심 있는 투자자 때문에 위험한 고비를 넘기고 심지어 수익의 일부를 환경 친화적 기업에 투자할 수도 있다.

건강 : 한 차례의 건강 검진이 예상된다. 최종 결과는 좋게 나온다. 당신의 마비, 통증, 고통의 대부분은 스트레스와 관련되어 있다. 요가, 스트레칭, 에어로빅은 긴장을 풀고 낙관적인 정신적 건강을 유지하는 데 도움이 된다.

영성 : 영적 주제의 책을 읽어, 자신을 새로운 가능성에 열어 놓아라. 당신은 마음, 몸, 감정 및 영혼이 밀접하게 연관되어 있다는 전체론적 관점을 받아들이기 시작한다. 어떤 하나가 영향을 받으면 다른 것에도 영향을 미치게 된다. 당신은 영적 자양분을 일상생활 속에서 얻어 낸다.

권능 : 융통성은 당신의 가장 큰 장점이다.

펜타클의 3

장인 또는 뛰어난 건축가로서, 당신은 교육이나 발달 단계의 끝부분에 도달했다. 당신은 필요한 시험을 통과하고 학위나 면허 또는 자격을 땄다. 펜타클 8이 견습생을 의미한다면, 펜타클 3은 그 분야의 거장을 상징한다. 당신이 노력해 얻은 전문적 기술은 금전적 보상과 공적인 인정을 받는다.

읽기 : 당신은 자신이 선택한 직업 분야에서 새로운 경험의 영역으로 들어가고 있다. 이것은 행로 변경이 아니라 한 단계 상승하는 것을 말한다. 그것은 당신이 계속 노력해 온 결과이다. 당신은 장인으로서의 솜씨와 기술, 지식을 요구받게 되고, 그러한 능력들을 훌

류하게 입증하여 공개적으로 인정을 받는다.

일 : 직업적으로 인정을 받음으로써 많은 돈을 버는 승진 대열에 합류한다. 저술과 관련된 일, 즉 책, 강의 또는 공연에 종사하고 있다면 그 일들을 꼼꼼히 처리해야만 할 것이다. 그러나 기본적인 것이 해결되고, 기초가 놓이게 되면 당신은 자신의 기획을 팔게 된다.

연애 : 인간적 관계가 성숙한다. 당신과 연인은 과거의 문제와 서로 간의 차이를 해결하고 새로운 수준의 친밀함과 신뢰 관계를 이룩한다. 당신들은 함께 집을 사거나 현재 살고 있는 집을 개조한다.

재정 : 만약 이전에 대출을 했다면, 이자와 함께 갚게 된다. 특허권 사용료, 잔금, 양도성 예금증서나 단기금융 이자 또는 창의적 기획에 대한 옵션료가 수표로 도착한다. 당신은 새 카페트를 사거나, 페인트를 새로 칠하거나, 아니면 새 가구를 들이거나 하는 등 집을 새롭게 꾸미는 데 돈을 쓴다. 완벽을 추구하고 세세한 부분에 관심을 기울이면서도, 새로운 아이디어를 계속 추가하여 당신이 하는 일의 질을 높인다. 궁극적으로 당신은 기획을 완성시키기 위해 다른 사람의 도움을 얻을 필요가 있을 수도 있다.

건강 : 건강 검진을 받아야 할 수도 있다. 당신의 의사는 자기 분야의 최고 권위자로 신뢰감을 준다. 검진 결과는 좋게 나온다. 즉, 당신의 건강 상태는 심각하지 않다. 당신에게 필요한 치료법은 최첨단 기술이 될 것이다.

영성 : 당신은 고대 비밀 의식이나 비밀 단체, 상인 단체 또는 신도회에 가입한다. 지혜와 영적 성장의 길을 찾는 구도자로서, 당신은 빠르게 신비주의, "마법" 또는 초자연주의에 정통한 사람이 된다.

권능 : 당신은 자신의 기술과 능력을 사용하여 영구적이고 아름다운 무언가를 만들어 낸다.

펜타클의 4

당신은 강력한 경제적 기반을 원하고, 따라서 그것을 얻기 위해 보다 높은 포부를 기꺼이 양보한다. 당신은 강한 소유욕을 가진 사람이고, 자신의 것은 움켜쥐면 놓지 않는다. 목표를 달성하기 위해 열심히 일하지만, 그 성취는 열망하는 만큼의 만족을 주지 못한다.

변화를 두려워하지 말고, 현 상태를 고수하려는 마음을 버려라. 그 마음은 재앙을 낳을 수 있다. 새로운 아이디어와 다른 사람들의 의견에 자신을 열어 놓아라.

읽기 : 당신은 직장이나 물질적 소유물, 관계, 또는 안전한 환경과 같은 익숙한 것에만 매달린다. 안전과 안정에 집착하는 것은 당신이 뭔가 이루려는 것을 방해한다는 것을 잘 알고 있다. 하지만, 현재 당신은 변화를 너무 두려워하고 있다. 당신은 사치와 낭비를 몹시 싫어하고 돈을 절약하는 방법을 안다. 당신은 튼튼한 경제적 기초를 만들기 위해서는 시간이나 경제적 자원과 관련해 상당한 이기주의가 필요하다고 생각한다.

일 : 당신은 먹고 살기 위해 원하지 않는 직장에 다니고 있다. 시간이 흐르면서 당신의 근시안적인 생각은 다른 가능성들과 길들이 당신에게 열려 있다는 사실을 잊게 한다. 청구서는 지불되고 있고, 익숙치 못한 위험한 기회가 갖는 불확실성보다는 불만을 참아 내는 것이 나은 것처럼 보인다. 그러나 이 과정은 일시적인 과정이다. 사실은 미래의 성공을 위한 기초를 다지고 있다.

연애 : 당신은 더 이상 서로에게 도움이 되지 않는 관계임에도 불구하고 그 관계를 계속 지속시킬 가능성이 있다. 또는 어쩌면 당신은 오래된 패턴을 새 관계에서도 반복하고 있을 수도 있다. 버림받을 것이라는 뿌리 깊은 두려움으로 인해 비록 비참할지언정 자신에게 전혀 도움이 되지 못하는 관계에 한동안 매달린다.

재정 : 이 카드는 종종 인색한 기질을 의미한다. 경제적으로 안정되고 안전할 때조차도, 부와 당신이 소유한 것에 대해 극도로 방어적이다. 인색하게 굴지 말고 돈을 좀 풀어라. 부는 무한하다.

건강 : 당신의 건강 상태는 돈과 재정적 안전에 대한 태도와 믿음에 밀접하게 연결되어 있다. 당신이 계속 신경을 쓰고 있는 증상은 무엇인가? 당신이 버려야 할 감정은 무엇인가? 당신에게는 의학적 치료보다는 정신적 상담이 더 이로울 것이다. 당신은 버리는 방법과 버릴 때를 배워야 한다. 일단 그렇게 하면 변비는 사라지고 편두통은 과거의 일이 된다.

영성 : 당신의 내면의 안식처를 찾아 그것을 차크라 명상의 출발점으로 삼아라. 마음에 그려지는 것과 당신이 받는 충동에 따라 행동하라. 결국 이 메시지들은 당신 존재의 가장 깊은 차원에서 나오고 있는 것이다.

권능 : 당신은 모든 노력을 다해 대응하고 어떤 것도 낭비하지 않는다.

펜타클의 5

이 카드가 전해 주는 소식은 좋지 않다. 당신은 경제적 위기, 일시적 어려움, 불안정을 야기시키는 불운의 막다른 골목에 이르렀다. 실업 또는 큰 빚이 당신의 발목을 잡는다. 비용이 많이 드는 질병에 걸릴 수도 있다. 현재 당신의 세계가 흔들리는 느낌이다. 당신은 모든 것이 완전히 무너져 내리지 않을까 두려워하고 있다.

이 펜타클의 5는 프리랜스업 및 종종 풍요냐 궁핍이냐의 양극단의 경향을 가진 자영업과 관련되어 있다. 이 카드는 당신이 일이나 직장을 바꿀 때 느끼는 우려도 의미한다. 이 카드는 제3자가 당신을 도울 수 없고 자신이 스스로 일어서든지 아니면 쓰러져야 할 성장의 상황을 나타낸다.

읽기 : 당신은 그다지 고통을 겪고 있지 않지만, 자신이 고통스러운 상황에 있다고 믿게 되어 버렸다. 정서적으로 가까운 사람들에게 따돌림 당하고, 무시당하고, 버려진 느낌이다. 신체적으로 건강에 더 신경을 써야 한다. 당신의 마음은 생존 문제에 초점이 맞추어져

있다. 무력감에 빠질 우려가 있다. 걱정하는 것을 그만두어라. 긍정적인 목표를 달성하는 데 에너지를 동원하라.

일 : 당신은 실직 상태이거나 불완전 고용 상태에 있거나 또는 조만간 일자리를 잃을 지경에 있다. 당신은 염려와 자기회의로 가득 차 어떻게 할지 모르고 있다. 사업 거래처와의 거래의 어려움 및 계약과 협정에 대한 의견 차이는 당신이 경험하는 스트레스와 긴장의 정도를 높인다. 한 발 물러나 상황을 냉정하게 바라보려고 노력하라.

연애 : 당신은 영적인 부분에서 연인과 함께 하지 못한다. 당신의 연인은 다른 종교적 확신을 가지고 있다. 만약 당신들 두 사람이 어려운 시간을 거쳐 서로를 이해하게 된다면, 서로에 대하여 알지 못했던 사랑의 깊이를 발견할 수 있다.

재정 : 어려운 때에는 마음을 가다듬어라. 당신은 현재 사업을 하고 있고, 재정적인 후퇴기를 맞이하고 있다. 만약 파산 신청을 생각하고 있다면 성급하게 하지 말라. 파산 신청은 시간을 가지고 철저하게 생각한 다음에 해도 늦지 않는다. 미래를 감안하여 나머지 자산들을 재검토하라. 이전에 거절했던 제안을 다시 생각해 보도록 하라.

건강 : 건강에 문제가 생길 수 있지만, 생각하는 만큼 나쁘지는 않다. 경제 및 정서적 문제가 당신의 삶을 혼란시키면서 불안, 긴장 및 걱정을 불러일으킨다. 일단 스트레스 수준을 낮추고 문제를 다루는 법을 배우면 건강은 다시 돌아온다.

영성 : 스트레스가 극에 달하고 지칠 대로 지쳐, 마치 신의 은총을 잃고 떨어져 내린 느낌이다. 당신은 영적 문제에 대해 어떤 영감이나 안내를 받을 수 있지만, 당신을 도울 수 있는 사람이 아무도 없는 것 같다. 당신은 혼자서 자신의 방식을 찾아야 할 것이다. 관습화된 의식 행사들을 순화하고, 정화하고, 다시 균형을 잡는 것부터 시작하라. 농부가 씨를 뿌리기 위해 밭갈이를 하듯 새로운 기회를 위해 자신을 준비하라.

권능 : 당신은 바닥을 쳤고 이제 자신을 다시 끌어올릴 준비가 되어 있다. 기다려라. 그러면 당신의 운은 역전될 것이다.

팬타클의 6
도움을 받을 수 있다. 어떤 방식이나 또는 어떤 사람이 당신에게 필요한 것을 주려고 하고 있다. 당신은 복권에 당첨되지는 않는다. 그러나 당신이 하는 일에서 올바른 길로 나아갈 힘을 얻는다. 당신이 받는 지원은 엄밀히 말하자면 경제적인 것은 아니다. 당신의 아이디어와 노력이 이해와 승인을 받는다. 필요할 때 관대하게 도움을 주거나 받도록 하는 마술적인 힘에 자신을 열어 두어라. 동시성에 주목하라.

읽기 : 당신은 중대한 고비를 넘기고 보다 나은 것을 향해 나아간다. 훌륭한 아이디어와 기획은 상여금 또는 진급으로 보상을 받는다. 당신의 힘겨운 투쟁은 서서히 잦아들고, 도움이 가까이 와 있다. 이 도움은 대출, 사회 지원금, 학비 보조금, 장학금, 선물, 유산, 또

는 심지어 사업 제안이 될 수도 있다.

일 : 당신이 최근에 시작한 사업은 성공적이다. 은행 대출이 이루어진다. 돈 많은 조력자가 당신을 찾아와 창업 비용을 대 준다. 갑자기 불가능한 것처럼 보이던 것이 가능해진다.

연애 : 당신과 연인은 서로 위로하며 돕는다. 당신들 두 사람은 능력에 따라 도움을 주고받는 공평한 관계다. 사랑과 애정의 징표가 교환된다. 사귀고 있는 사람이 없다면, 당신은 어떤 친목 모임을 통해 특별한 어떤 사람을 만난다. 상대는 건강과 관련된 분야에서 일하는 사람일 수 있다.

재정 : 당신이 제출한 장애인, 재향 군인, 고령자를 위한 장려금, 복지 사업 자금, 보조금, 수익 배당금, 또는 연금 요청이 받아들여진다. 빚을 상환한다. 당신은 소규모 사업을 위한 대출 또는 주택 융자를 받게 된다. 전체적으로 당신의 재정은 어떤 제삼자의 개입으로 개선된다.

건강 : 치유가 일어난다. 어떤 사람이 당신이 필요한 것을 터치 테라피(touch therapy) 또는 그리스도교의 안수(按手) 형태로 전해 준다. 당신의 의료 비용은 보험 회사가 지불해 주거나 다른 사람들이 돈을 모아 지불해 준다. 중대한 한 고비를 넘긴다.

영성 : 에너지 교환이 일어난다. 당신은 자신이 가진 자원과 조언

을 필요한 사람들에게 나누어 준다. 보다 높은 수준에서 이것은 당신이 치유 능력이나 지혜를 나누는 것을 의미하며, 또한 세속적인 물건들을 주저 없이 나누어 주는 것을 의미하기도 한다. 당신이 다른 사람들에게 베푼 것은 두 배가 되어 돌아온다.

권능 : 다른 사람들과 나눔으로써, 당신이 필요한 것은 무엇이든 끌어들인다.

펜타클의 7

현재의 상황을 점검할 때다. 당신이 이룩한 것을 평가하고, 시작한 사업이 이제 스스로의 힘으로 나아갈 수 있다는 것을 믿으라. 이미 얻은 명예에 잠시 만족하고 싶을 수도 있겠지만, 그 멈춤은 오래가지 않는다. 당신의 영감은 당신이 계속하기를 다그친다.

자신의 욕구와 욕망에 대한 정직한 평가를 통해, 보다 깊은 수준의 자각을 위해 자신을 조율하고 동시성, 직감, 충동에서 단서를 얻어라.

읽기 : 당신은 성공을 위한 조건을 갖추고 있다. 당신의 노력은 금전적으로 보상을 받는다. 당신은 자신이 이룬 것에 대해 자긍심과 만족감을 느끼고 이제 자신이 있었던 곳과 앞으로 가고 싶은 곳에 대해 곰곰이 생각해 본다. 당신의 목표, 관계, 생활양식, 꿈과 같은 것들을 재평가하고, 지금까지 잘한 것이 무엇인지 뒤돌아본다. 당신은 과거의 성공에 고무되어 미래로 달려 나간다.

일 : 월급 인상이나 진급을 제안받을 수도 있다. 그러나 당신 자신
은 완전히 새롭고 다른 어떤 것으로 옮겨가는 것을 더 바라고 있다
는 사실을 발견할 수도 있다. 당신은 장기 휴직이나 장기 휴가 둘 중
하나를 선택한다. 당신은 정원에서 하는 일 외에는 아무것도 하지
않지만, 앞으로 있을 일을 위해 자신을 재충전한다.

연애 : 당신은 가까운 인간관계들을 돌이켜 보고 다시 생각해 본
다. 이 과정 자체는 당신이 내리는 결론만큼이나 중요하다. 만약 만
나는 사람이 없다면, 당신은 지금의 상황을 잘 살펴보고, 주요한 생
활양식을 바꾸기 위해 필요한 조치를 취한다.

재정 : 당신이 이루려고 애쓰는 힘이 흔들리거나 잠시 약해지더라
도 계속 움직여라. 위험을 감수하라. 투자 포트폴리오의 혁신적인 변
화는 보상을 받을 것이다. 인내는 보상을 받는다. 옛 기획에 대한 로
열티나 예상하지 못한 매출이 나타나 과도기를 뚫고 나아가게 한다.

건강 : 당신은 이전에 앓았던 병을 치료해야 할 수도 있다. 그러나
이제 전보다 그 병을 이겨 낼 준비가 잘 되어 있고 또 믿음을 통해
신체적, 정신적으로 건강한 생활을 해 오고 있다. 건강 검진 결과가
만족스러워 식이 요법과 운동을 통해 건강관리를 계속하기로 마음
먹는다.

영성 : 지금 이 순간 있는 그대로의 당신의 삶을 정직하고 초연한
자세로 평가해 보고 자신이 가지고 있는 부정적인 신념들을 타파한

다. 당신은 삶이 밖에서 안으로가 아니라, 안에서 밖으로 전개되어
짐을 깨닫는다. 당신은 현시(顯示)에 대한 워크숍이나 세미나에 참
가하고 그 결과는 당신을 몹시 놀라게 한다.

권능 : 힘든 노력이 보상을 받는다. 다음의 일로 넘어가기 전에 휴
식을 취하면 좋다.

펜타클의 8

여기서 초점은 교육, 즉 기술 연마를 위해 참가하는 워크숍이나
강의 또는 학위를 위한 전일제 프로그램에의 실제적인 등록이다. 당
신은 어떤 재능이나 취미 또는 흥미를 새로운 직업적 이력으로 바꿀
수 있다. 당신은 현재 견습생이고 수습생으로서 매 순간을 즐긴다.

읽기 : 당신은 훌륭한 미래 전망을 가지고 장기적인 과제를 다룬
다. 여전히 견습생의 단계에 있지만 좀 더 앞선 지식과 전문적 기술
을 필요로 하는 일에 고용된다. 고용자는 당신을 학교에 보내 주거
나 현장 연수를 받게 해 준다. 고된 노력과 실용적인 생각이 당신을
여기까지 오게 했다. 나머지 길은 행운이 안내할 것이다.

일 : 진급이나 새로운 기획, 새로운 책임이 당신의 솜씨를 시험한
다. 당신에게 익숙하지 않은 분야의 일이 맡겨질 수 있다. 당신은 그
일에 보탬이 될 만한 사전 지식을 거의 가지고 있지 않지만 그 일을
잘 해낸다. 흥미와 열정, 기꺼이 배우고자 하는 자세는 당신의 경험
부족을 메워 준다.

연애 : 관계를 더 깊게 하기 위해서는 사소한 것에도 관심을 가져야 한다. 기존의 관계에 당신과 상대방의 결합을 더욱 강하게 만들어 주는 새로운 경험이 다가온다. 사귀는 사람이 없다면 세미나나 워크숍 참가 중에 교실이나 교정에서 어떤 사람을 만나게 된다.

재정 : 재정적인 도움이 나타나 당신이 공부를 할 수 있도록 돕는다. 새로 시작한 기획이나 사업에 지원을 받게 된다. 투자를 하려면 시기를 기다려라. 지금은 중요한 재정적 변화를 시도하기에는 좋지 않다.

건강 : 삶의 모든 변화들은 당신을 다소 불편하게 하거나 균형을 약간 잃게 한다. 에너지 수위가 낮다. 평소보다 더 많은 휴식을 취하고, 비타민을 섭취하고, 식이 요법에도 신경을 쓰도록 하라. 치아, 잇몸, 소화계에 문제가 있을 수 있다. 이것은 모두 당신이 경험하고 있는 불균형과 관련되어 있다. 자연 치료 요법을 통하여 문제를 바로잡아라.

영성 : 당신의 여행은 그날그날을 충실히 살아가는 선(禪)의 실천으로 시작된다. 당신은 마침내 힘의 핵심은 지금 여기에 있다는 것을 이해하게 된다. 그 과정이 중요하다. 당분간은 이 발견을 당신이 할 수 있는 방법, 즉 책을 읽거나 워크숍, 강의를 통해 혹은 그저 일상에 함축된 장엄한 의미들을 통해 깊어지게 하라.

권능 : 당신은 자신이 하는 모든 것에 자부심을 가지며, 그것을 보

여 준다.

펜타클의 9

당신은 물질적 평안, 경제적 안정, 내적 평화를 성취한다. 당신은 관계를 즐긴다. 하지만 혼자일 때도 외롭지 않다. 당신이 창조한 개인적 환경, 즉 집, 정원, 애완동물, 편안한 생활 방식들을 즐긴다. 당신은 완성된 느낌을 갖기 위해 끊임없는 교우 관계에 의존하지 않는다.

읽기 : 재정적 보호와 안전은 당신으로 하여금 자신의 자원을 사용하여 조화로운 가정과 사무실 환경을 만들 수 있게 해 준다. 당신은 정원을 가꾸고 주위 환경을 아름답게 하는 데서 큰 기쁨을 발견한다. 자기의존은 번영의 열쇠이다. 당신은 자신의 운명을 따른다. 재능과 능력을 기반으로 자신의 길을 만들어 낼 수 있다는 점이 기쁨이기도 하지만, 성취한 것들에 대해 인정을 받거나 또는 칭찬을 들을 때도 전율을 느낀다.

일 : 취업 기회가 오거나, 예상치 못한 제휴가 이루어지고, 당신이 시작한 제품 또는 기획이 당신의 기대치를 훨씬 넘어선다. 예술 분야에 종사하거나 자영업을 하고 있다면 편안히 지낼 수 있을 만큼 경제적으로 충분해서, 이제 흥미가 없는 사업은 하지 않아도 되는 위치에 있다.

연애 : 연인과의 관계는 순탄, 편안함, 평안을 향해 나아간다. 주위

의 사정으로 인해 서로 떨어져 시간을 보내게 되고, 상대가 없는 텅 빈 자리는 유대감을 더욱 깊게 한다. 만나는 사람이 없다면 일이나 사업을 통해 누군가를 만나게 되고, 즉시 사랑하는 사이가 된다.

재정 : 부동산에 투자를 하거나 소유하고 있는 자산을 증식시켜라. 집을 단장하거나 정원을 가꾸는 것은 현재 살고 있는 집의 가치를 높여 준다. 좋은 가구를 사고 집을 깨끗이 하고 페인트를 새로 칠하라. 아름다운 정원을 하나 더 만들고, 안뜰, 풀장과 온천을 들여라. 돈에 관한 문제는 자신을 믿고 본능에 따라 행동하라. 지금 손대는 것은 모두 금으로 변하게 된다.

건강 : 크게 개선된다. 최근에 수술을 했거나 건강 문제로 지루한 싸움을 해 왔다면 특히 그렇다. 사소한 건강 문제에 관한 해결책은 스스로 책에서 구하라. 정원과 애완동물, 책, 꿈에 둘러싸여 혼자 가지는 시간은 놀라운 효과를 발휘할 것이다.

영성 : 당신은 의식의 변화를 겪고 있으며 내면이 풍요로워지는 보다 높은 이해로 도약한다. 당신은 홀로 기술을 연마하며 고독한 마법적 치유의 길을 떠난다. 꿈, 명상, 채널링, 글쓰기는 당신의 여정에 두드러지게 나타나는 특징이다.

권능 : 당신의 최고의 친구는 당신 자신이다.

펜타클의 10

월스트리트 카드로 알려진 이 카드는 그 초점이 경제적 번영과 가정과 가족 생활을 위한 튼튼한 기초에 있다. 이 카드는 수백만 달러가 걸린 거래, 당신의 생활 상태의 뜻밖의 보다 좋은 변화, 부동산을 사거나 파는 것을 의미한다. 당신은 번영의 삶의 시기로 들어간다.

일과 사업과 관련하여 여행을 할 수 있다. 또 다른 수준에서 이 카드는 우리에게 일상생활의 표면 바로 아래에 있는 마법을 상기시킨다.

읽기 : 당신은 풍요와 안정으로 충만한 근심 걱정이 없는 단계에 들어섰다. 그러나 당신이 느끼는 행복과 만족은 물질적인 풍요 이상으로까지 확대된다. 당신은 건강 상태가 좋고, 가정생활은 안정되어 있다. 당신은 그룹이나 주식회사 또는 공동체와 함께 앞으로 나아갈 준비가 되어 있다. 얻은 것들을 공고히 하고 가진 것들을 확장시켜라.

일 : 당신은 직업적으로 안정적인 상태와 조직 내에서 중요한 위치를 확보했다. 당신은 "성공하고 있고" 또 충분히 성공할 자격이 있다. 위험을 무릅쓰는 것을 두려워하지 말고 당신이 이룬 것을 발판으로 활용하라. 오랫동안 자영업을 하기를 원해 왔다면 지금이 그 꿈을 추구할 때다.

연애 : 당신과 연인 간에는 풍부한 정서적 유대가 있다. 당신들 사이는 모든 것이 의기투합하여 마치 거의 하나의 마음, 하나의 영혼

인 것 같다. 만나는 사람이 없다면 당신은 곧 출장 중이나 또는 일과 관련된 행사를 통해 누군가를 만나게 될 것이다. 찾아 나서지 마라. 그 관계가 당신을 발견할 것이다.

재정 : 당신은 상당한 액수의 돈을 유산으로 물려받고, 주식 또는 그 밖의 투자를 통해 횡재를 하거나 부동산 거래에서 한 밑천 잡는다. 수익의 일부를 새로운 사업과 부동산에 투자하라. 지금이 번 것을 이용할 때다.

건강 : 당신의 신체 및 정서적 건강은 분명 더 좋아진다. 애완동물이 아파서 수의사를 찾아가면 식이 요법 변화를 통해 해결할 수 있는 작은 문제라고 말한다.

영성 : 평범한 것들에 감추어진 경험에 집중하라. 일상생활의 윤택함을 통해, 당신은 물질적인 성공 너머의 어떤 것을 얻는다. 당신은 보다 높은 자아와 조화를 이루고 투시, 투청, 예지적 꿈을 경험한다.

권능 : 풍요는 당신의 욕망을 물리적 차원에서 실현시키는 방법을 배운 데 대한 보상이다.

검

주제 : 지력, 좌뇌적 사고, 투쟁과 도전, 당신 삶에서 지금 막 나타

나려고 하는 아이디어

점성학적 원소 : 공기

계절 : 겨울

검의 에이스

역경 속의 힘이 이 에이스의 특징이다. 당신은 목표에 도달하기 위하여 모든 의지와 용기, 지능을 다 동원한다. 그러나 이것은 선한 의도로도 나쁜 의도로도 사용될 수 있는 양날의 검과 같다. 그 힘과 에너지의 결과는 건설적일 수도 있지만 파괴적일 수도 있다. 당신이 착각을 베어 버리고 어떤 상황의 층위들을 벗겨 그 진실의 핵심에 이를 때 당신에게 이해가 온다.

읽기 : 당신은 지금까지와는 다른 방식으로 생각하고 대화하기 시작한다. 새로운 아이디어와 믿음은 어떤 것을 창안해 내거나, 비밀의 답을 찾게 하거나, 오래된 어떤 문제를 해결하도록 해 준다. 당신은 주도권을 잡고 새로운 기회를 이용할 수 있다. 확률이 어떻든 당신은 원하는 것을 갖게 된다.

일 : 혁신적인 아이디어들이 선선한 미풍처럼 당신의 마음을 통해 스쳐 지나간다. 당신은 진부한 기술과 지금은 통하지 않는 오래된 처리 방식을 최첨단 기술로 대체한다. 당신의 결단력 있는 성격은 오해를 해결하고 새로운 기획을 위해 준비 활동을 하는 것을 쉽게

한다.

연애 : 극단적 감정들을 가리킨다. 갑작스러운 연애 또는 강렬한 성적 만남이 불시에 당신을 찾아온다. 또는 이전에 다정했던 관계가 갑자기 싸늘하게 변한다. 당신은 자유가 위협받고 있다고 생각되면 그 속박의 매듭을 자를 준비가 되어 있다.

재정 : 투자 포트폴리오에서 쓸모없는 것은 없애라. 당신의 사고력을 사용하여 재정 상태를 분석하고 변화가 필요한 것은 바꾸어라. 당신에게 돈을 빌려 간 사람에게 문제가 발생하여 돈을 받지 못할 수도 있다.

건강 : 당신은 우울한 기분과 스트레스, 불안의 압박감에서 벗어나기 위한 방법들을 찾아야 한다. 신체적 활동이 당신이 찾던 만병 통치약이다. 헬스클럽에 등록하거나, 개인 전용 트레이너를 고용하거나, 당신이 할 수 있는 운동을 생각해 내라. 어떤 계획을 따르든지 매일의 운동은 신체와 정신적 에너지를 균형 잡히게 하는 데 도움이 된다.

영성 : 이 에이스는 이해를 추구하는 과정에서의 환영을 베어 버리는 것을 의미한다. 이 에이스는 당신으로 하여금 지적 능력을 사용하여 물질적 우주의 베일을 뚫고 들어가 영적 진리를 꿰뚫게 한다.

권능 : 당신은 자신의 의지와 지적 능력을 사용하여 문제를 해결

하고 장애물을 넘는다.

검의 2

당신은 갈림길에 이르렀지만 어느 길로 가야 할지 모르고 있다. 그래서 선택을 자꾸 미룬다. 왜냐하면 그 상황에는 마주치고 싶지 않은 어떤 것이 있기 때문이다. 일시적 중단이나 타협이 있을 수 있지만, 문제는 여전히 존재하고 있다. 조만간 어떤 결정을 내려 그 궁지에서 벗어나야 한다.

읽기 : 당신은 자신의 두려움 때문에 아무것도 하지 못하는데, 그것이 당신을 막다른 골목으로 몰아간다. 외면한다고 해서 문제가 없어지지는 않는다. 선택의 시간이 왔다. 신속하고 결단력 있게 행동함으로써 그 상황을 당신에게 유리하게 만들 수 있다. 가끔 당신이 해야 하는 선택을 다른 사람들이 해 주는 경우가 있다.

일 : 당신은 답보 상태에 있는 어중간한 협상에 붙잡혀 있다. 그 교착 상태를 타개할 만족할 만한 행동 방침이 없어 보인다. 필요하다면 편견이 없는 제삼자를 불러 타협을 통해 남아 있는 분쟁을 해결하도록 하라. 만약 당신이 취업을 위한 면접이나 대학 응시, 또는 비슷한 어떤 지원의 답을 기다리고 있다면 이 카드는 당신에게 결과가 아직 나오지 않았다고 말해 주고 있다. 인내하라.

연애 : 당신과 연인은 중요한 삶의 문제와 관련하여 어색한 휴전 상태에 있다. 만약 당신이 서로가 만족할 만한 해결책을 내놓을 수

없다면 당분간 서로 휴식기를 가져라. 혼자 밖에 나가 주말을 보내거나, 오랫동안 만나지 못했던 친구들과 계획을 만들거나, 혼자 영화를 보러 가라. 지금은 당신이 무엇을 하는가보다는 무엇이라도 하는 것이 중요하다.

재정 : 당신의 돈 걱정은 이치에 맞는 일이다. 더 이상 돈을 구할 데가 없고, 자금이 다시 흐르게 하기 위해서는 현재의 어려운 상황에서 벗어나야만 한다. 이 문제를 신속하게 해결하려면, 억지로라도 결말을 지어야 한다. 신용 채무가 당신을 난국에 빠뜨렸다. 현황을 파악한 뒤 행동하라.

건강 : 억눌린 감정으로 인해 긴장되고 기분이 언짢다. 당신의 진실된 감정을 거부함으로써, 몸이 전체적으로 불균형 상태에 빠졌다. 미래의 불확실성과 그에 대한 두려움은 불균형과 불안감을 더욱 부추긴다. 기다리고 있던 건강 검진 결과는 아마 지연될 것이다.

영성 : 태극권 수련을 통해 정신적 균형과 내적 평화를 다시 찾는다. 보다 깊은 수준의 명상은 일시적으로나마 당신의 세속적인 걱정에서 벗어나게 해 준다. 호흡 수련은 마음을 고요한 상태로 만들어, 다음에 무엇을 해야 할지 결정할 수 있게 도와 준다.

권능 : 결정을 내려야 한다. 일단 결정하면 당신의 삶은 앞으로 나아가는 추진력을 다시 회복하게 된다.

검의 3

비탄, 상실, 실망. 들려오는 소식은 당신의 가슴을 아프게 한다. 당신의 고통은 정말 글자 그대로 심장 발작의 고통과 같다. 당신의 고통스러운 느낌은 깨져 버린 관계에서 오는 정서적인 영향 탓일 수 있다.

어떤 식으로든 격렬한 감정은 당신에게 나쁜 영향을 끼쳐 고민을 더 깊게 한다. 이 감정들은 삼각관계나 욕설이 오가는 상황, 상호 의존 관계, 또는 연인들 간에 오래 계속되어 온 문제 등에서 비롯된 어떤 위기의 결과일 수 있다.

읽기 : 당신은 고통이 되는 원인을 심장 수술이나 이혼이나 별거를 통해 제거하게 될 가능성이 있다. 더 이상 자신에게 도움을 주지 못하는 것은 놓아 버리는 것이 종종 고통을 끝내는 유일한 방법일 때가 있다. 당신은 아마 모든 것을 잃었다고 생각할 것이지만, "이것 또한 지나갈 것이다."라는 격언을 기억하라. 그때 비로소 진정한 치유가 시작될 것이다.

일 : 당신은 좋아하든 그렇지 않든, 변화를 만들어 내야 한다. 경영자라면 종업원을 정리해고하고 경비를 줄여 회사의 규모를 줄여야 한다. 작가라면 원고가 거부당했을 경우 과감하게 수정하여 다시 써야 한다. 영감은 당신을 원래의 생각에서 멀리 떨어진 다른 곳으로 데려간다. 어떤 기획은 처음부터 새로 시작해야 할 수도 있고 또 어떤 기획은 아예 뜯어고쳐야 할 수도 있다.

연애 : 당신은 충분한 상심을 경험했다. 사실을 바로 보고 당신을 그토록 화나게 한 관계를 끝내라. 이별에서 오는 고통은 계속되는 비참한 관계에서 오는 불행에 비교하면 아무것도 아니다. 만약 당신이 정식으로 사귀지는 않고 그냥 관망만 하고 있다면 서두르지 마라. 당신을 불행하게 만든 과거의 패턴들과 핵심적 믿음들을 돌아보고 그것들을 바꾸어라.

재정 : 수익을 남기지 못한 투자는 포기하라. 실망을 주는 자산과 비생산적인 프로그램은 단념할 시간이다. 호되게 한 번 당했으면 보다 건강하고 돈이 많이 남는 금융 시장으로 이동하라.

건강 : 이 검의 3은 심장과 혈액 문제와 관련된다. 대체 혈관 수술이 있을 가능성이 크다. 여황제, 컵의 에이스, 또는 컵의 시종과 함께라면 임신이 중절되거나 유산으로 끝날 수 있다.

영성 : 실망들을 발전의 디딤돌로 삼아라. 영감을 찾아 자신의 안을 들여다보라. 낡은 사상을 버리고 새로운 것을 창출하라. 더 이상 필요 없는 것은 버려라. 그래야만 새로운 질서가 들어설 공간이 생긴다.

권능 : 고통을 인정하고, 검토하고, 견뎌 내라. 그 뒤 그것을 놓아주고 앞으로 나아가라.

검의 4

유폐가 이 카드의 문자적인 의미이다. 이 카드는 입원, 감금, 일정 기간의 휴식과 회복, 단순히 조용한 휴양을 위한 일시적 활동 중단을 의미할 수 있다. 어떤 형태든 이 검의 4는 일정한 기간의 무력기 또는 병의 회복기와 일상적 생활에서 벗어난 시간들을 의미한다.

읽기 : 당신은 힘이 다 빠졌고, 주위의 사정은 속도를 늦추거나 잠시 떨어져 나와 휴식을 취하라고 밀어붙인다. 현재로서는 이것도 저것도 아닌 상태에 놓여 있다. 이 휴지기는 오래 전에 가졌어야만 했다. 이 휴식을 자신에게 다시 활력을 불어넣는 계기로 삼아라. 휴가를 가거나, 은둔하거나, 아니면 그냥 긴장을 풀고 당신의 내적 본성과 접촉하라.

일 : 활동은 멎고, 기획은 진행이 지지부진하고, 아무 일도 일어나지 않는다. 실망과 피로를 느끼고 좌절한다. 당신은 막다른 골목에 이르렀고, 자신과 자신의 문제 간에 어느 정도 거리를 유지할 필요가 있다. 잠시 쉬거나 아니면 다른 일에 집중하라. 당신은 활기를 얻고 새로운 아이디어로 충만해서 원래의 목적으로 돌아올 것이다.

연애 : 당신은 기존의 관계 내에서 친교가 부족하다고 느끼든 버려졌다고 느끼든 아무튼 자신이 소외되어 혼자라고 생각한다. 낭만적 여행만이 어떤 새로운 사람을 만나게 해 주거나 식어가는 애정을 다시 살리는 길이다. 한편, 당신은 사람들과의 관계에서 오는 문제들을 잠시 동안 제쳐두고 시간을 내어 건강 리조트나 온천에서 한껏

휴식을 취하기로 결정할 수도 있다.

재정 : 일의 진척이 없고 내야 할 돈이 지불 기한을 한참 넘기고 나면, 무소식이 희소식이 될 수 없다. 한발 뒤로 물러나 당신의 상황을 분석하라. 이 비활동 기간은 끝이 없는 것처럼 보이지만, 영원히 계속되지는 않는다.

건강 : 육체적으로 또는 정서적으로 치유가 필요함을 이 카드는 암시하고 있다. 만약 당신이 이전의 병에서 완전히 회복되지 않은 상태라면 더욱 휴식이 필요하다. 전문가의 조언은 당신이 보다 희망적인 생각을 가지도록 도울 수 있다. 스스로 자신의 문제를 해결할 수 없다면 심리 요법을 고려하라.

영성 : 읽고, 연구하고, 그리고 심상과 명상 지도를 받으며 자신을 교육시켜라. 스라지 의식(sweat-lodge ceremony)에 참가하고, 시간을 내어 영혼을 살찌우는 어떤 일을 하라. 자신의 힘에 초점을 맞추고 그 힘이 우주의 치유 에너지와 건강을 회복시키는 능력을 활용하도록 두어라.

권능 : 모든 걱정을 제쳐 두고 휴식을 취하라. 당신은 새 힘을 얻어 다시 나타날 것이다.

검의 5
공허한 승리가 가까이 있다. 승리하지만, 그것이 그만 한 가치가 있는가? 이것이 진정 당신이 원하는 것이었는가? 자신의 동기를 점검하고 은밀히 패배하기를 원하지는 않았는지 자신에게 물어보라. 어쩌면 당신은 기만과 불공정한 술책으로 승리했는지도 모른다. 아마 이 술책들은 자신의 뜻에 반하는 행동이었을지도 모른다. 어쨌든 이 카드는 양편 모두에게 고통을 안겨 주는 어떤 대결을 나타낸다.

읽기 : 사보타지 또는 배반이 당신이 관련된 어떤 것에 영향을 미칠 수 있다. 그 모든 것에도 불구하고 당신은 문제들에 정면으로 맞설 수 있으며 그 문제들을 해결할 수 있을 것이다. 종종 이 카드는 위험으로부터의 도피, 유대 관계의 파탄, 또는 원칙의 철회를 의미한다. 만약 이 상황에서 벗어나고자 한다면, 당신은 어떤 분명한 행동을 취할 필요가 있을 것이다. 그냥 가만히 앉아 있으면 수월하게 당신에게 자유가 올 거라고 생각하지는 말라.

일 : 어떤 싸움에 말려들지만, 당신을 도와 주거나 동정하는 사람이 거의 없다. 이 카드는 종종 법정 투쟁을 불러 올 고용 해고를 의미한다. 다른 상황에서 당신은 알게 된다. 일터에서 당신의 가장 큰 적은 자신이라는 사실을 깨닫는다. 당신은 동료를 공격하기 전에, 따라올 결과에 대해 반드시 생각하라. 전면전을 대신할 수 있는 실행 가능한 대안으로 제삼자의 중립적인 중재를 고려하라.

연애 : 한 개인이 다른 한 개인을 지배하면 어떤 결속도 파괴된다. 만약 당신이 연인과의 관계에서 상대적으로 큰 역할을 담당하면서 연인을 이용해 왔다면 얻은 것보다 더 많은 것을 잃었다는 사실을

곧 알게 될 것이다. 반대의 상황이라면, 상대방으로 하여금 계속해서 당신에 대해 지배권을 주장하게 하지 마라. 어쨌든 그 관계는 실패할 것이고, 두 사람이 타협할 의사가 없으면 곧 끝날 것이다.

재정 : 당신의 위치는 불확실하다. 일이 쉽게 성사되지 않고 잘 짜여진 계획이 실패할 수도 있다. 따라서 신중하게 앞으로 나아가라. 당신의 생각이 명확하고 행동이 합리적이라면, 이 난국을 상처 입지 않고 극복하게 된다. 당신은 재정적으로 지불 능력이 있어도 여전히 극도로 예민하고 미래에 대해 확신하지 못한다.

건강 : 특히 자신에게 분노와 적의를 품지 않도록 하라. 건강을 해치고 행복감을 손상시키는 자기파괴적 행동은 하지 마라. 지나치게 공격적인 성향을 다른 곳, 경쟁적인 스포츠를 하거나 무술을 배우는 것으로 돌려라.

영성 : 당신 에너지를 보다 높은 목적을 추구하는 데 사용하라. 그러나 '진리'를 모든 사람들의 목구멍 속으로 억지로 밀어 넣으려고 하는 미심쩍고 광적인 개혁 운동가와 같이는 되지 말라.

권능 : 승산이 없는 상황을 만나면, 그것을 인정하고 조용히 물러나라.

검의 6

이 카드는 일종의 은유적인 문이다. 이 문을 통해 당신은 문제들로부터 벗어나 여행을 떠난다. 이 이동은 말 그대로 새로운 집이나 사무실로 가는 이사이거나 또는 내적 수준에서 혼자 떠나는 비유적 여행일 수 있다. 어쨌든, 이 카드는 어떤 전환점을 의미한다. 당신의 상황은 개선된다.

읽기 : 여행을 암시한다. 당신은 해외 여행을 하게 되는데, 배로 여행할 가능성이 높고 아니면 해외에서 어떤 방문자가 당신을 만나러 온다. 아직 당신의 모든 문제들이 완전히 끝나지는 않았지만, 긴장과 고통이 줄어들고 있음을 느낀다. 당신은 새로운 방향으로 가기 위한 어떤 결정을 내렸다. 미래는 알 수 없지만, 가슴속에 희망을 품고 미래를 향해 나아간다.

일 : 당신은 잘 알고 있는 분야를 떠나 새로운 어떤 곳으로 가고 있다. 일터를 떠나게 되지는 않을지, 직장을 바꾸게 되지는 않을지 하는 우려는 당연한 일이다. 당신이 선택할 수 있는 것들을 시험하면서, 당신의 옛 삶을 계속 살 수 있다면 그것만큼 좋을 게 없다. 그러나 일이 당신이 그렇게 하도록 내버려두지 않는다. 당신 자신을 과거로부터 분리시킬 준비를 하라. 이 과도기 중에 예상하지 못한 곳으로부터 도움의 손길이 온다.

연애 : 배우자와의 잠깐 동안의 즐거운 여행은 결혼 상담가를 찾는 것 이상의 효과가 있다. 만약 독신이라면, 유람선 여행이나 먼 바

닷가로의 휴가를 계획하라. 당신은 색다른 경험과 새로운 장소, 새로운 얼굴들과 모든 것에서 벗어날 수 있는 기회를 갈망하고 있다.

재정 : 채무 상환 방법에 대한 조언자가 당신의 재정을 재구축하기 위한 어떤 계획을 고안한다. 지연이나 퇴보가 있을 수도 있지만, 궁극적으로는 부채 정리에 필요한 대출을 받게 된다.

건강 : 건강 검진이 필요하다면 먼 거리에 있는 병원으로 여행한다. 의사와 간호사와 당신의 신뢰 관계는 긴장을 완화시켜 준다. 신체적 문제는 해결되지만, 하룻밤 사이 해결되는 것은 아니다. 당신의 병을 치료하는 게 자신들의 일인 그 사람들을 신뢰하라.

영성 : 영적 탐구 과정에서, 당신은 다양한 의식의 수준들을 통하여 여행하고 다른 믿음 체계들을 배운다. 당신은 깨어 있는 상태에서 꿈속으로 또는 꿈속에서 깨어 있는 상태로 쉽게 넘나든다.

권능 : 당신은 자신과 과거의 어려움들 사이에 거리를 두고 있다.

검의 7

다른 사람들이 당신을 이용하게 하지 마라. 당신의 신념을 분명히 말하고, 하고 싶지 않은 일에 위협당하지 말라. 어떤 거래를 협상하고 있다면 신중하게 하라. 그러면 당신이 상대방보다 한 수 위일 것이다.

불신과 불필요한 비밀은 안전보다는 소외로 이어질 가능성이 높다. 비밀스런 사람을 경계해야 하지만, 의심이 지나치면 편집증으로 이어질 수도 있다.

읽기 : 당신의 자산을 지키기 위한 조치를 취하라. 어떤 사람이 당신에게 사기를 치려 할 수도 있다. 교묘한 음모와 추진력 있는 행동으로 당신에게 놀라움을 주거나 속이기 위해 계획된 대담한 행동들이 시작되고 있다. 신중히 생각하고 생각을 함부로 밖으로 내뱉지 마라. 목적에 도달하기 위해 지성과 외교적 수완에 의지하라. 공격적인 행동으로는 아무것도 이룰 수 없다.

일 : 경영자로서 당신은 책임을 회피하거나 의무를 저버리는 사원으로 인해 난처한 상황에 빠질 위험이 있다. 특히 당신이 그동안 계속하여 속아 왔다는 사실을 알게 되었을 때 당신은 그 사실을 믿고 싶지 않을 수도 있다. 사무실 방침보다는 당신 자신의 생각에 의지하여 거짓과 표리부동을 밝혀 내라. 궁극적으로 당신은 원하는 것을 얻게 되지만, 그러기 위해서는 정식 절차를 거치지 않고 뒷조사를 해야 할 수도 있다.

연애 : 당신은 어떤 사람에게 좀 더 가까이 다가가기를 원하지만, 믿을 수 없어 일정한 거리를 유지한다. 당신은 솔직한 대화보다는 성의 없는 사소한 잡담을 하면서 왜 그 관계가 진전이 없는지 의아해 한다. 상대방은 당신이 솔직한 감정을 숨기고 있다고 느끼는 것이 분명하다. 당신이 중대한 문제는 피하고 변죽만 울리는 한 어떠한 합일점도 찾을 수 없다.

재정 : 어떤 거래를 협상하고 있는 경우, 주요한 계획들을 승인받기 위해서는 많은 세부 사항들을 제시해야 할 수도 있다. 일확천금의 음모에 연루시키려는 사람을 조심하라. 재정 상태는 불안정하지만, 당신은 우연한 기회를 맞이할 수 있다. 방심하지 말고 동시성을 주목하라. 당신의 고결함을 더럽히지 마라.

건강 : 많은 검사나 불필요한 치료를 권하는 의사는 경계하라. 그 어떤 형태의 수술에도 동의하기 전에, 다른 의사의 의견을 들어보아라.

영성 : 거짓되고 파렴치한 종교 지도자에게 기만당하거나 속을 위험이 있다. 대부분 영적 위안에 목말라 있는 자들을 희생양으로 해서 살아가는 열광적 신흥 종교나 그 밖의 집단들을 멀리하라.

권능 : 당신은 싸울 준비가 될 때까지, 당신의 전략을 비밀로 해 상대를 자극하지 않는다.

검의 8

당신은 세상살이에서 최대한 발을 빼고 있다. 자신이 느끼는 두려움과 억압감을 주위에 전가하고, 그것들을 장애물로 생각한다. 당신이 인지하는 제한들은 외부 세계에 있지 않다. 그들은 자기 내부의 우려와 걱정의 투영이다. 알려지지 않은 것에 대한 두려움에 마비되어, 당신을 묶고 있는 사슬을 감히 끊지 못한다. "나는 할 수 없다.", "예, 그렇지만"과 같은 표현으로 긍정적인 제안을 대하는 한, 아무것도 변하지 않을 것이다.

읽기 : 당신은 마치 정신적 감옥에 갇혀 있는 것과 같아서 이 상황에서 벗어날 수 있는 길을 찾을 수 없다고 느낀다. 모든 출구가 막힌 것 같다. 당신은 공포와 불안에 사로잡혀 있다. 그러나 당신을 머뭇거리게 하는 것은 알려지지 않은 것에 대한 두려움이다. 자신을 가두고 자신에게 선택의 여지가 없다고 확신시키고 있다.

당신은 불가능한 어떤 상황에 놓여 있다고 생각하지만, 밖으로 나가는 길이 하나 있다. 눈가리개를 제거하고 가능한 것에 대한 생각을 넓혀라.

일 : 당신의 좌절감은 대단하다. 당신은 어디를 가나 막혀 있다고 느낀다. 힘든 직장이나 직업을 떠나고 싶다고 말하지만, 당신은 변화를 주기보다는 그 한계를 참고 견디는 것이 더 낫다고 생각한다. 내심으로 당신은 낯익은 어려움과 문제들 속에 있는 것이 더 안전하다고 생각하며 미지의 세상이 가진 가능성들을 거부한다.

연애 : 당신은 갇혀 있다고 생각하지만, 자신을 묶고 있는 것을 부수고 스스로를 풀어 주기를 두려워하고 있다. 아마 당신은 혼자이고 외롭거나, 비생산적인 관계에 연루되어 있다. 어떤 쪽이든 당신은 자신이 스스로를 구속하고 있다는 것을 보지 않으려고 한다.

재정 : 당신은 부정적인 사건 주기에 빠져 헤어나오지 못하고 있다. 더 많은 돈을 벌어야 하지만, 불운이 결코 끝나지 않을 것이라고

확신하고 있다. 두려움을 정복하는 첫걸음은 선택 사항들을 꼼꼼히
점검하는 것이다.

건강 : 정신적인 고민과 희망이 없다는 생각이 끈질기게 당신을
괴롭힌다. 당신은 어떤 알 수 없는 증상 때문에 건강 검진을 받는다.
심리적인 차원으로 볼 때, 당신은 자신을 지킬 수 없는 상황에서 벗
어나지 못하는 무능과 좌절을 회피하는 수단으로 병을 이용할 수도
있다.

영성 : 당신의 정신세계 속으로 깊이 들어가 스스로 만든 감옥에
서 나오게 할 수 있는 해결책을 찾아야 한다. 자신의 생각과 믿음을
통해 스스로 한계를 설정했다는 것을 인정함으로써, 자신이 만든 상
황에서 빠져나가는 첫걸음을 내딛게 된다.

권능 : 당신을 어떤 억압적인 상황에서 벗어나게 하는 것을 막는
것은 당신 자신의 부정적인 믿음 말고는 아무것도 없다. 그러한 부
정적인 믿음을 바꾸어라. 그러면 당신의 삶이 바뀔 것이다.

검의 9
걱정과 불안은 이 검의 9의 글자 그대로의 의미이다. 불면의 밤과
스트레스로 인한 악몽을 경험한다. 두려움이 손 쓸 수 없이 퍼져 상
황은 계속 악화되고 모든 것이 결코 나아지지 않을 것이라고 생각하
게 된다.
정신적 고뇌와 우울은 종종 가족에 대한 부모로서의 걱정에서 비

롯된다. 일반적인 세상의 문제로 인해 깊은 슬픔을 경험할 수 있다.

읽기 : 심한 불안감으로 고통을 받고 있다. 파멸과 재앙이 임박했다고 생각하는 것은 근거가 없는 것일지도 모르지만, 당신의 고통은 매우 실제적이다. 걱정으로 잠을 이루지 못하게 되고, 이것은 당신을 아무 희망이 없다는 생각 속으로 쉽게 빠져들게 한다.

현재의 상황이 어렵기는 하지만, 당신이 생각하는 만큼은 아니다. 당신 혼자 이 상황을 헤쳐 나갈 수 없다고 생각한다면, 스트레스 관리 기법에 대한 상담을 받거나 훈련을 받아라.

일 : 직업상의 문제는 불안한 밤과 스트레스가 가득한 낮으로 이어진다. 삶의 그림자와 정면으로 마주하라. 당신이 직업적 어려움에서 벗어날 수 있는 유일한 길은 실제적인 것이든 상상에 의한 것이든 문제와 직접적인 대면을 통해서이다.

연애 : 연인이 당신을 속이고 있거나, 당신에게 관심이 없는 것이 아닐까 하고 의심한다. 자신을 두려움과 망상으로 괴롭히는 것을 그만두고, 의심을 밖으로 표현하라. 의심이 관계를 망치기 전에 솔직한 대화를 통해 분위기를 바꾸어라. 당신이 생각하는 배신이나 무관심이 맞다 하더라도, 당신이 상상하는 악마들보다는 진실이 오히려 낫다.

재정 : 주변의 재정적 문제의 혼란은 공황의 느낌을 부채질한다. 하지만 당신의 판단을 흐리게 하고 있는 부정적인 감정들을 묵인하

고 있다. 주의할 것은 한 가지인데, 그것은 자기회의에 의해 자신을 마비시키는 것이다.

건강 : 걱정에 의해 만들어지는 긴장이 정신과 육체적 건강에 타격을 주지 못하도록 문제의 해결책을 찾는 것이 중요하다. 약물이나 알코올에서 위안을 찾으려 하지 말라. 그것은 문제를 더 복잡하게 할 뿐이다. 밤의 공포는 무의식에서 솟아오르지만, 의식적인 마음에 의해 쫓아버릴 수 있다.

영성 : 당신이 '영혼의 어두운 밤'에 한창 고통을 받고 있다면, 신뢰하는 사람과 그 일에 대해 대화하는 것이 현명한 방법이다. 당신은 상상의 악마들과 씨름함으로써 그것들을 극복한다.

권능 : 슬픔, 실망, 수치심, 환멸과 같은 감정을 인정함으로써, 그것들로부터 벗어날 수 있는 첫걸음을 내딛는다.

검의 10

변화하기를 강요받고 있고, 어떤 상황의 마지막 단계 또는 어떤 주기의 극적인 종말과 마주하고 있다. 실패로 돌아간 목표는 단념하고, 자신의 삶의 진정한 목표에 전념토록 하라. 결국 당신은 안도감과 함께 어쩔 수 없는 것을 받아들이고, 앞으로 나아가게 된다.

읽기 : 대부분의 카드 덱에서 이 카드는 가혹하게 묘사되고 있지만, 신체적 죽음에 관한 것은 아니다. 주로 종결, 배반, 불운에 관한

것이다. 이 카드는 대개 어떤 관계, 상황, 또는 당신 삶의 특정한 시간의 마지막을 의미한다. 당신은 믿었던 사람에게서 마치 등에 칼을 맞은 것처럼 느낄 수 있다.

당신의 손실은 실제보다 더 심하게 느껴진다. 그것은 예상하지 못한 것이고 믿고 의지해 온 것이 무너져내리기 때문이다. 사실은 최악의 사태는 끝났고 이제 앞으로 나아가기 전에 더 이상 쓸모없어진 것들을 치워야 할 일만 남아 있다.

일 : 당신은 직장을 그만둘 것을 종용받거나 직급이 떨어지거나 또는 해고된다. 당신은 자신이 의식적으로 이 변화를 선택했다는 것을 알게 되거나, 믿었던 어떤 사람의 배반이나 배신 행위로 인해 쫓겨났을 수도 있다. 어떤 경우든 이것은 당신의 삶을 보다 나은 삶으로 변화시킬 수 있는 기회이다. 당신은 현재의 자리에 있기에는 너무 크게 성장하였으며, 이제 이동할 시간이 왔다.

연애 : 사랑하는 누군가가 당신에게 매우 큰 상처를 주었고, 그 상처를 이겨내는 데 애를 먹고 있다. 당신은 실수를 했고, 사랑을 잡을 기회가 왔지만 놓쳐 버렸다. 그 관계를 단념하고 새롭게 출발하는 길밖에 달리 선택의 여지가 없다. 모든 게 끝났다는 사실을 빠르게 받아들일수록, 지금의 삶에 더 쉽게 충실해질 수 있다.

재정 : 해로운 조언은 갑자기 운을 뒤바꿔 놓는 일을 초래하게 된다. 적어도, 일이 당신이 예상한 것과는 다른 방향으로 흘러간다. 당신은 마비되어 자신의 의지대로 움직일 수 없을 것 같다. 일찍 손을

떼어 더 이상의 손해를 막고, 몰락한 상황을 있는 그대로 받아들여라. 미래가 험난해 보이지만, 다른 해결책들이 빠르게 나타난다.

건강 : 당신이 받고 있는 의료의 질이 못마땅하다. 새 약물이나 당신이 의지해 온 치료법은 건강을 호전시킨다는 느낌을 주지 못한다. 의사를 바꾸든지 아니면 한의원, 영양 섭취에 관한 상담이나 침과 같은 대안 요법들을 시도해 볼 시간이다.

영성 : 영혼의 죽음과 환생은 한 주기의 끝이나 또 다른 주기의 시작을 의미한다. 이것은 보다 깊은 수준에서는 집착해 온 생각에서 자아가 해방되는 것과 관련되어 있다. 당신의 내적 투쟁이 끝을 맞이하고 있는 것을 뒤돌아보며 그것을 놓아 주는 것 이외에는 어떤 선택의 여지도 없음을 알게 되었을 때 어떤 해방감마저 느낄 수 있다.

권능 : 당신은 재앙 속에서 살아남았다. 이제 당신은 두려울 게 없다.

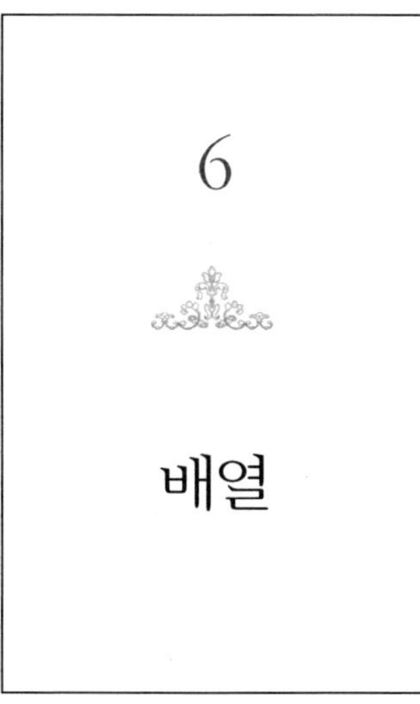

6

배열

60년대로 돌아가 보면, 그 당시 처음으로 주역을 알게 된 우리는 그것의 미묘한 작동 원리에 대해 논쟁하면서 끝없는 시간을 보냈다. 예를 들면 이런 것이다. 동전이나 애로 스틱(yarrow stick)을 던지기 전에 질문을 해야만 하는가? 실제 중국 동전을 사용하면 더 잘 되는가, 아니면 미국 동전을 사용해도 마찬가지일까? 그리고 어쨌든 스틱은 어떨까? 이쑤시개를 사용해도 무방할까?

그 후 25년 이상의 시간이 지나, 그 답은 명백해진 것 같다. 이것은 어떤 점술 체계에도 적용될 수 있는데, 특히 타로에게 더욱 그렇다. 당신은 어떤 질문을 할 수도, 하지 않을 수도 있다. 선택한 카드 덱이 당신과 교감이 이루어지는 한 어떤 카드 덱을 사용해도 상관이 없다. 당신에게 어떤 배열은 도움이 될 것이고 또 어떤 배열은 그렇지 않을 것이다.

중요한 것은 타로도 주역 또는 수상술 또는 찻잎처럼 어떤 믿음 체계의 한 부분이라는 것이다. 주역에는 괘가 있듯이 타로에는 배열이 그 본질인 것이다. 둘은 모두 패턴에 관한 것이다. 패턴의 암호를 풀면 답을 찾아낼 수 있다.

우리는 일상생활에 잘 들어맞고, 육체적이고 정서적인 삶에서부터 우리가 추구하는 영적 세계까지를 아우르는 아주 새로운 배열들을 열거해 놓았다.

당신이 읽어 주는 사람들

당신이 읽어 주는 사람들이 돈을 지불하든 그렇지 않든 그들은 모두 하나를, 즉 답을 원한다. 답이 정확하면 할수록 그 사람은 더 만족하게 되고, 타로 리더로서의 당신에게 더 좋은 느낌을 가지게 될 것이다.

이 배열들은 대부분의 사람들과 관련된 일과 직업, 연애, 가족과 친구들과의 관계, 건강, 재정 상태 및 영적 문제들에 대해 보다 쉽게 정확한 답을 얻을 수 있도록 하기 위해 만들어진 것이다.

이 배열들의 대부분은 사이킥 900-라인(psychic 900-lines) 작업과 정에서 개발되었다. 900-라인이 가지고 있을 것으로 생각되는 부당한 평판에도 불구하고 한 가지 사실은 분명하다. 즉, 이것은 카드 리딩 중 가장 어려운 읽기라는 것이다. 왜냐하면 그 읽기를 전화로 했기 때문이다.

당신은 그 사람의 삶에 관해 어떤 것을 맞췄는지 그렇지 못했는지를 말해 주는 몸짓이나 얼굴 표정을 볼 수 없다. 타로를 읽는 대부분의 시간동안 당신이 가질 수 있는 유일한 언어적 단서는 전화를 건 사람의 인사말이다. 또, 이 사람들은 카드 해석을 받기 위해 1분에 거의 4달러를 지불하고 있다. 만약 당신이 60초 내에 어떤 것을 맞추어 내지 못하면 그는 전화를 끊어 버릴 것이다.

때문에 배열들 특히 상대적으로 짧은 배열들은 구체적인 정보를 재빨리 얻도록 만들어져 있다. 일단 당신이 필요한 정보를 얻고 나면, 뒤이어 상대적으로 긴 배열을 하여 삶에 대한 보다 심원한 통찰을 제공하라.

타로의 미덕은 세속적인 것은 물론 신비적인 것에 대한 정보까지도 제공하는 데 있다. 그러나 답은 그 카드 리더가 하는 것이나 다름없다. 당신의 직관을 사용하라. 모든 것을 받아들일 수 있도록 당신 자신을 열어 두어라. 카드가 당신에게 말해 오도록 두어라.

전통적인 배열과 비전통적인 배열

당신이 살고 있는 지방의 서점에서 타로 책을 쭉 훑어 보면, 전통적인 배열의 예를 볼 수 있을 것이다. 가장 공통적인 것이 켈트 십자가, 별점 배열, 그리고 과거/현재/미래의 세 장의 카드 배열이다. 타로를 이제 막 시작했다면, 전통적인 배열들이 카드의 의미를 배우고 카드 사용을 익히는 데 매우 좋다. 그러나 어느 시점에서 이들 배열에는 한계가 있다는 사실을 발견하거나 아니면 다양한 배열들이 필요하다는 것을 깨닫게 된다. 우리의 경우 그 전환점은 900-라인이었다. 우리는 보다 자세한 정보를 제공하는 배열들을 절실히 필요로 하였다.

한때 우리는 켈트 십자가 배열을 거의 사용하지 않았다. 그것은 우리가 하고 있는 대부분의 읽기에는 너무 복잡한 것 같았다. 그러나 그 뒤 어떤 피드백도 얻지 못할 때, 그리고 우리가 맞는지 아닌지 모를 때, 이 배열은 무(無)에서 정보를 뽑아 낸다는 사실을 깨닫게 되었다.

당신만의 배열 설계하기

초보일 때는 3장이나 4장 이내의 카드만 사용하여 단순하게 하라. 위치들에 특정한 의미를 부여하라. 특별한 배열을 만들어 냈다고 느껴질 때까지 배열을 해보아라.

예를 들어, 세 장의 카드를 가지고 직선이 되게 배열하고 싶은가? 삼각형으로? 두 카드는 위쪽에, 한 카드는 아래쪽에? 아니면 그 반대? 최고의 배열은 당신 자신의 질문이나 필요에 의해서 만들어지는 배열이다. 종종 당신은 타로를 하는 다른 사람들에게서 아이디어를 얻을 수 있는데, 가장 좋은 방법 중 하나는 인터넷 사이트 중 하나에 접속해 보는 것이다.

비교적 큰 인터넷 사이트들은 모두 타로 영역을 포함한 뉴 에이지 부분을 가지고 있고 대부분은 매우 활동적이다. 사람들은 배열을 게시하고, 카드에 대해 토론하고, 워크숍을 개최하고, 온라인으로 무료 읽기를 한다. 그곳에 들러 자신을 소개하라!

어려운 조합

배열을 이야기로 구성해 내기 위해서는 카드를 조합해서 읽을 수 있어야 한다. 그것은 연습을 통해 가능하다. 어떤 카드 조합은 당신에게 의미가 분명할 것이다. 예를 들면 당신이 승진을 하게 되는지 아닌지 알고 싶고, 지팡이의 9, 탑, 지팡이의 6을 뽑았다고 하자.

이 카드들을 조합해 보면 한 차례의 마지막 시험, 어쩌면 또 한 번의 면접시험을 예상해야 한다는 것을 의미한다. 그 직장은 텔레비전이나 전자 미디어와 관계가 있다. 예상하지 못한 어떤 일(탑)이 그 면접시험 전 또는 도중에 일어나는데, 그것은 고용되지 않을 것이라는 확신을 준다. 그러나 결과는 희망적이다. 즉, 어려움 끝에 승리가 있다.

예상하지 못한 일이 무엇인지 알기 위해 당신은 카드를 두 개 더 뽑고, 검의 5와 펜타클의 3을 뽑는다. 이 두 카드는 당신의 월급과 관련하여 의견 차이와 논쟁이 있을 것임을 시사한다.

하지만 어떠한 경우 분명하지 않은 조합들이 나타날 수 있다. 당신은 완전한 그림을 얻기 위해 몇 번의 배열들을 해야 할지도 모른다.

배열에 대해

이 부분에는 100개 이상의 배열이 있다. 그것은 가장 간단한 것 (한 장의 카드)으로부터 시작하여 가장 복잡한 것(24장의 카드)으로 나아간다.

처음 배열을 해 나갈 때는 일지를 가까이 두고 당신이 시도하는 모든 배열의 결과를 기록하라. 어떤 배열이 당신에게 맞는지 금방 알게 될 것이다. 이것은 자기확신을 얻기 위한 한 방법인데, 정확하게 알아맞힌 기록들을 가지게 될 것이기 때문이다.

한 장 카드 배열

하루에 한 카드

매일 아침, 그날의 특별한 색조를 표현한 한 장의 카드를 뽑아라. 일지에 그 해석 내용을 기록하고 그날 저녁 해석 내용을 보고 그 카드가 얼마나 정확했는지 확인하라.

이것은 카드들에 대한 당신 자신의 의미를 개발하기 시작할 때 하는 것이다. 만약 당신의 의미가 다른 사람들과 다르다 해도 걱정하지 말라. 당신에게 의미가 있는 것을 사용하라.

당신은 메이저만을 사용할 때 무슨 일이 일어날지에 대한 정보를 더 많이 모을 수 있다는 사실을 발견할 수도 있다.

예/아니오 배열

예/아니오 질문의 경우 메이저 카드들과 컵의 9, 네 장의 에이스를 사용하라. 에이스는 시기를 위한 것이고, 그 밖의 것들은 예, 아니오나 그 어느 쪽이든 무방한 경우들을 나타낸다. 만약 컵의 9가 나타난다면, 그것은 완전한 예이다. 그렇지 않으면 아래 목록을 지침으로 사용하라.

예

바보	정의
마법사	별
여황제	태양
황제	세계
전차	컵의 9

어느 쪽이든 무방한 경우

고위여사제	교황
운명의 수레바퀴	달
연인	심판

아니오

힘	매달린 사람
탑	죽음
절제	악마
은둔자	

두 장 카드 배열

에너지 배열

1) 당신이 오늘 (또는 내일 또는 다음 주) 다루게 될 에너지

2) 당신에게 유리하도록 이 에너지를 변화시키는 방법

매일의 배열

1) 사건: 오늘 일어날 수 있는 사건의 의미

2) 느낌: 오늘의 사건에 대한 느낌이나 반응

세 장 카드 배열

몸/마음/영혼 배열

1) 몸: 당신의 육체적 상태

2) 마음: 당신의 정신적 상태

3) 영혼: 당신의 영적 상태

날마다 배열

1) 그날의 지배적인 에너지

2) 그것이나 관련된 사람에 대한 당신의 느낌

3) 그것이 당신에게 미치는 영향

빠른 해결

	1			2
		3		

1) 문제의 본질

2) 문제의 원인

3) 문제의 해결책

낸시 배열

(낸시 피카드 Nancy Pickard)

	1	
2		3

1) 정신적인 상태

2) 심적인 상태

3) 영적인 상태

과거/현재/미래 배열

[1]　　[2]　　[3]

1) 과거에 있었던 일

2) 지금 일어나고 있는 일

3) 미래에 일어날 수 있는 일

당신이 얻는 것 배열

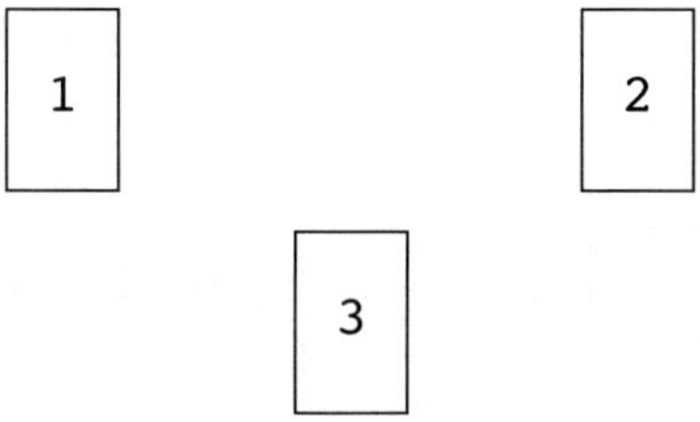

[1]　　　　　　[2]

[3]

1) 당신이 가지고 있는 것

2) 당신이 알아야 할 것

3) 당신이 얻는 것

무슨 일인가 배열

1) 사건

2) 이 사건에 관해 당신이 알아야 할 것

3) 그것이 당신에게 미치는 궁극적인 영향

속성 3 배열

1) 문제, 질문의 뿌리

2) 현재의 상황

3) 미래

네 장 카드 배열

욕구 배열

```
┌───┐
│ 1 │
└───┘
┌───┐
│ 2 │
└───┘
┌───┐
│ 3 │
└───┘
┌───┐
│ 4 │
└───┘
```

1) 당신이 가지고 있는 것
2) 당신이 몹시 바라는 것
3) 당신이 필요로 하는 것
4) 당신이 얻는 것

전개 배열

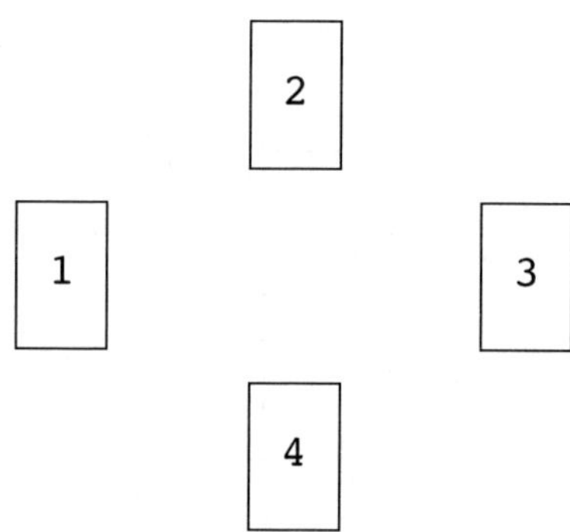

1) 지금 존재하는 상황

2) 다음 4주 동안 전개될 상황

3) 그 상황에 영향을 미칠 어떤 사람이나 사물

4) 결과

사방팔방 배열

(로브 맥그리거가 해석한 잉카의 마술바퀴 Inca Medicine Wheel에 기초)

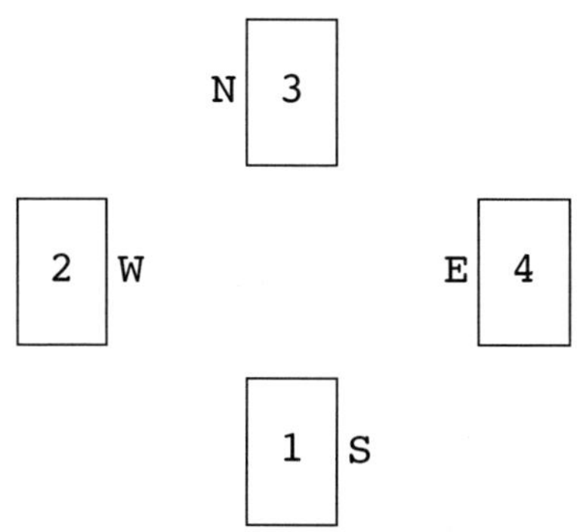

1) 당신이 뒤에 두고 가거나, 놓아 주어야 할 것

2) 당신이 직면해야만 하는 것

3) 당신이 알아야 할 것

4) 당신이 달성하는 것

전망 배열

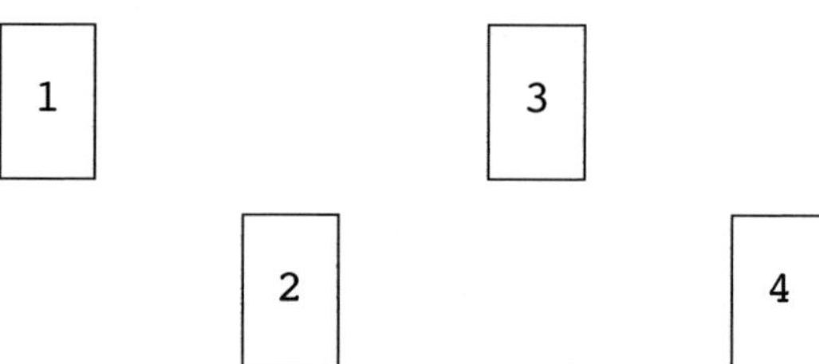

1) 상황이나 사건 또는 기획의 전망

2) 도와 줄 사물/사람

3) 이것이 무엇으로 이어질까

4) 결과에 대한 당신의 느낌

힘 배열

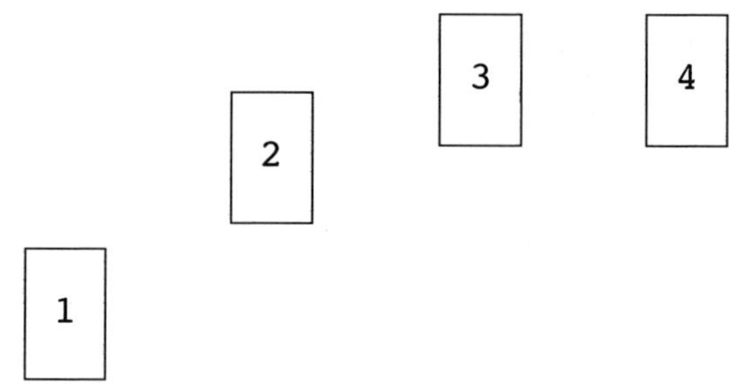

1) 당신의 가장 큰 힘

2) 당신이 이 힘을 강화할 수 있는 방법

3) 관계나 기획 또는 사건에 이 힘을 적용할 수 있는 방식

4) 이 힘이 당신에게 가져다주는 것

여행 배열

1) 다가오는 여행에 대한 주변의 영향

2) 감추어져 있을지도 모르는, 이 여행에 대해 알아야 할 것들

3) 이 여행의 결과 당신이 배우거나 이해하게 될 것들

4) 결과

창문 배열

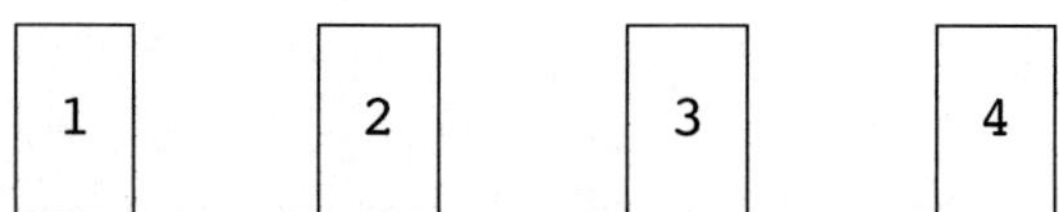

1) 현재의 육체적 상태

2) 현재의 정신적 상태

3) 현재의 정서적 상태

4) 현재의 영적 상태

다섯 장 카드 배열

믿음 배열

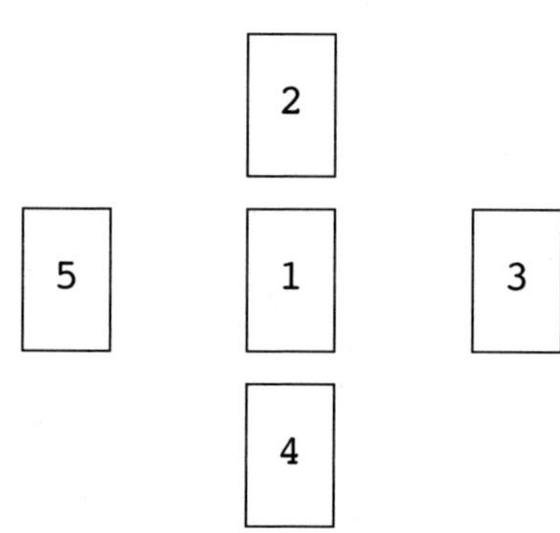

1) 당신이 바라는 것

2) 당신의 성취를 막는 뿌리 믿음

3) 2와 4를 연결하는 다리 믿음

4) 삶 속으로 들어오는 새로운 믿음

5) 새 믿음의 결과/성과

방향 배열

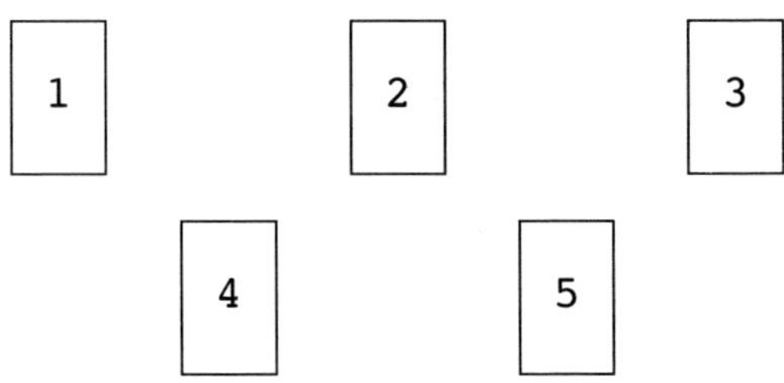

1) 당신의 현재 삶의 방향

2) 당신이 배우고 있는 교훈

3) 당신이 향해 가고 있는 것

4) 당신의 장기적 목표

5) 목표 달성을 도와 줄 것

돕거나 방해하거나 배열

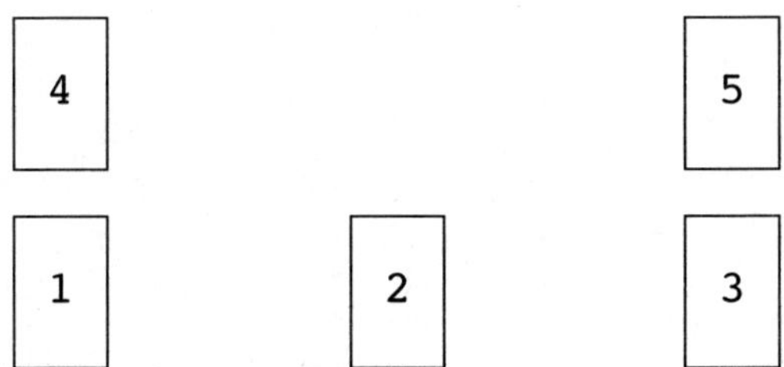

1) 당신이 가지고 있는 것

2) 다가오는 것에 관해 알아야 할 것

3) 당신이 원하는 것

4) 미래에 당신을 돕거나 방해하는 것

5) 당신이 얻는 것

프랑스인 배열

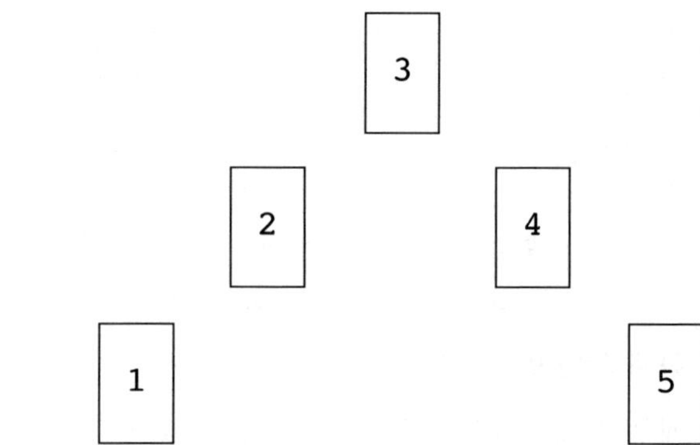

1) 지금 일어나고 있는 것

2) 희망과 꿈

3) 힘 또는 안전

4) 지지 또는 반대

5) 당신을 놀라게 할 수 있는 미래의 어떤 것

마법의 별 배열

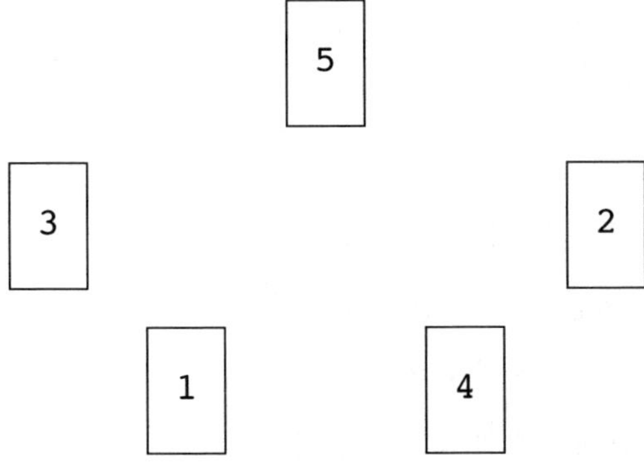

1) 문제, 상황, 또는 질문의 본질

2) 문제의 원인, 질문 이유, 또는 관심의 핵심

3) 고려해야 할 요소들

4) 주어지는 해결책, 충고, 또는 논평

5) 최종 결과 또는 성과

거울 배열

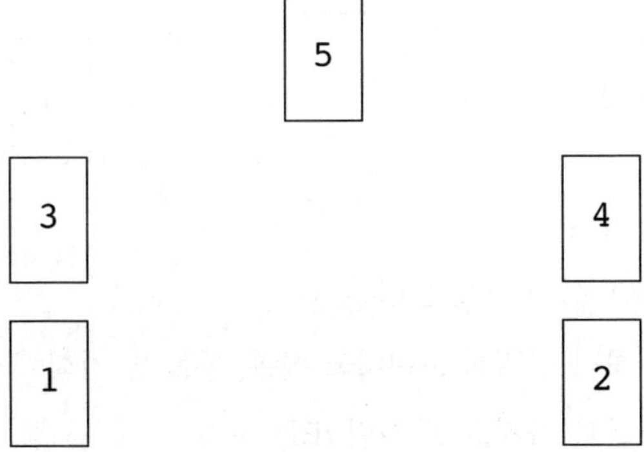

다른 사람 안에 있는 우리가 싫어하는 자질은 또한 우리 자신 속
에 있는 우리가 좋아하지 않는 자질인 경우가 많다. 따라서 거울 배

열은 투사는 물론 우리의 그림자 자아에 대해 말한다.

실제 거기 있는 것인 다섯 번째 위치는 사실은 어떤 관계의 약점과 강점을 요약하고 있다.

1) 이미지: 당신이 상대방을 보는 법

2) 반영: 상대방이 그 자신을 보는 법

3) 상대방이 당신에게 표현하는 것

4) 당신이 상대방에게 표현하는 것

5) 실제 거기 있는 것

금전 배열

1) 경제적 기초

2) 곧 당신의 삶 속으로 들어올 돈

3) 당신이 보다 면밀히 고려하고 싶은, 돈을 벌 기회

4) 새로운 돈을 가지고 올 사람 또는 사업

5) 결과

매달의 배열

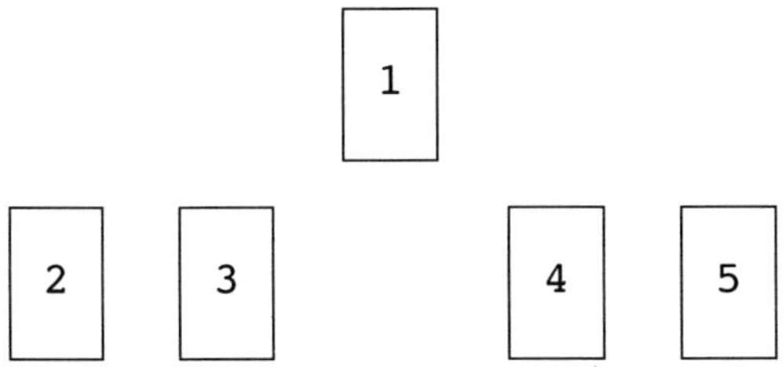

	1	
2 3		4 5

1) 다가오는 달의 일반적인 분위기

2) 그 달의 첫째 주

3) 그 달의 둘째 주

4) 그 달의 셋째 주

5) 그 달의 넷째 주

새로운 관계 배열

1) 당신이 그 관계에 가지고 오는 것

2) 상대방이 그 관계에 가지고 오는 것

3) 이 관계로 당신은 행복할 것인가?

4) 이 관계로 상대방은 행복할 것인가?

5) 이 관계는 계속될 것인가?

수레바퀴 배열

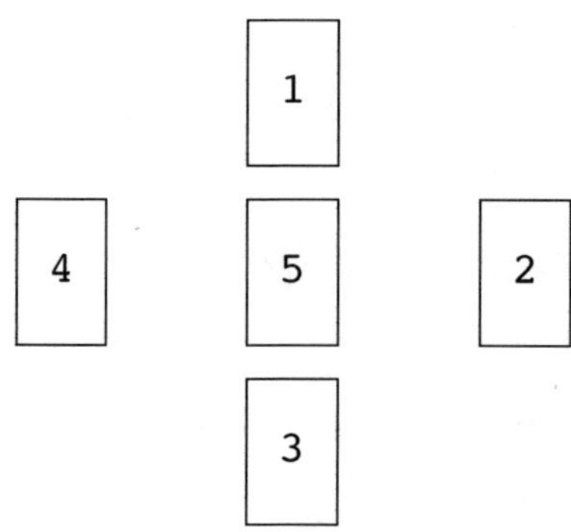

1) 현재 상황

2) 감소하고 있는 영향력

3) 감추어지거나 무의식적인 영향력

4) 최근에 생겨난 영향력

5) 종합: 읽기의 다른 네 가지 요소들을 조화시켜 하나로 만드는 것

예/아니오 배열

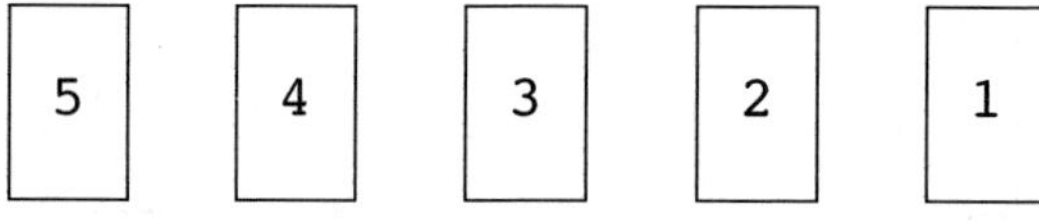

덱에서 5, 7 또는 9번의 카드를 제외하고, 카드의 일부가 반대 방향이 되도록 섞어라. 배열의 중앙에 놓인 카드는 항상 2점으로 계산하고, 그 밖의 카드는 각각 1점으로 계산하라. 만약 대부분의 카드가 올바로 놓인 경우에는 답은 예이고, 그 반대의 경우는 아니오를

의미한다. 예와 아니오의 전체 점수가 같으면, 그 카드들은 정확한
답을 주기를 거부하고 있다.

1-2) 과거에 일어난 일

3) 지금 일어나고 있는 일

4-5) 앞으로 일어날 일

여섯 장 카드 배열

야구장 내야 배열

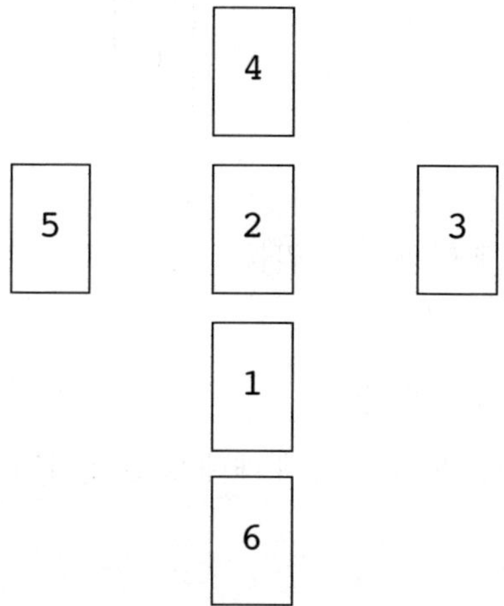

1) 홈: 지금 당신이 있는 곳, 이제 막 시작될 어떤 계획이나 상황

2) 투수 마운드: 당신에게 다가오고 있는 것, 당신의 삶 속으로 들
   어오고 있는 어떤 것과 관련된 사건이나 사람

3) 1루: 단계 1. 당신이 나아가는 곳으로, 새로운 상황의 첫 단계

4) 2루: 단계 2. 당신이 나아가는 곳으로, 새로운 상황의 다음 단계

5) 3루: 단계 3. 당신이 나아가는 곳으로, 새로운 상황의 마지막
   단계

6) 홈: 결과. 새로운 상황의 해답 또는 결과

탐험 배열

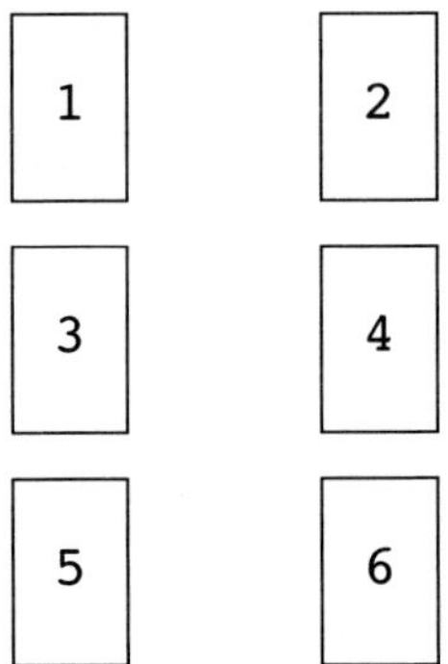

1) 현재 상황

2) 지금에 이르게 한 과거의 믿음

3) 배운 교훈

4) 그것이 당신을 도운 방식

5-6) 새로운 길들과 그 길들에 대해 당신이 가지게 될 느낌

국자 배열

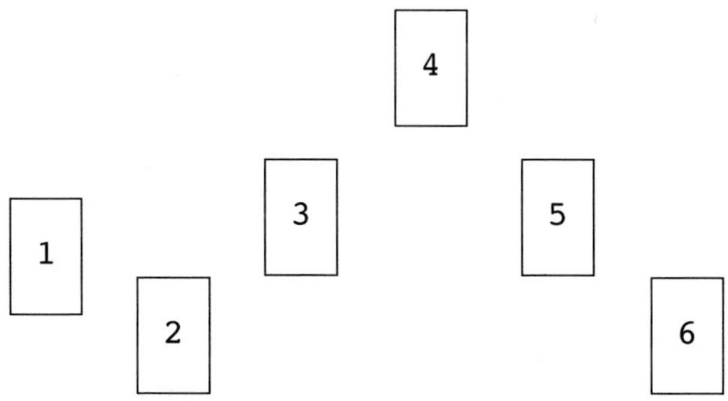

1) 질문이나 관심사, 문제의 뿌리

2) 감추어진 것

3) 새롭게 나타나고 있는 것

4) 현재 보이는 것

5) 당신이 국자로 떠내는 것

6) 해결: 그것이 당신에게 미치는 영향

사랑 배열

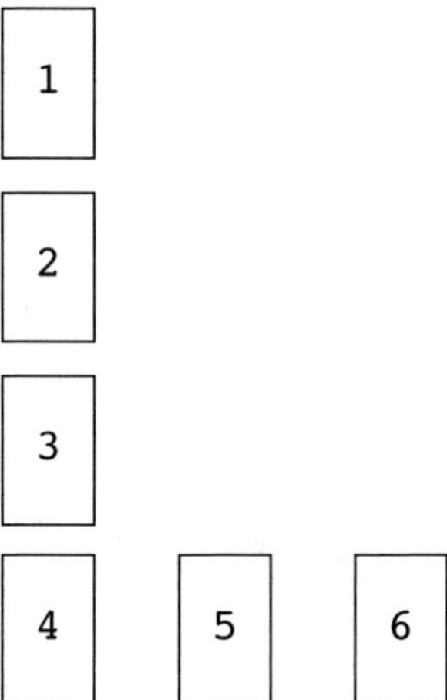

1) 지나간 사랑의 경험

2) 현재 사랑의 경험

3) 사랑의 관계에서 당신이 원하는 것

4) 사랑의 관계에서 당신이 필요한 것

5) 당신이 연인에게 주어야 할 것

6) 미래에 있을 수 있는 사랑의 경험

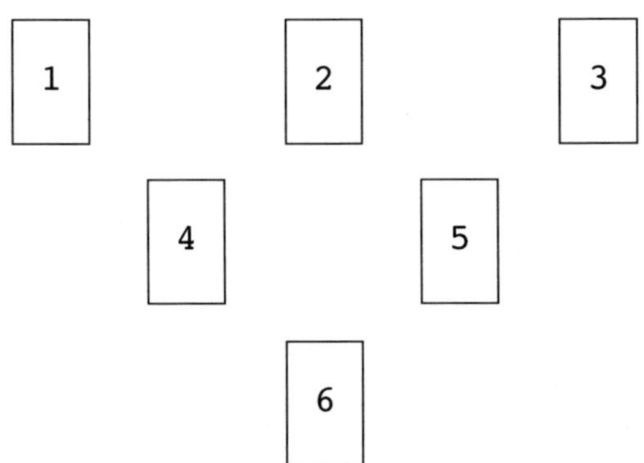

1) 행운을 불러오는 당신의 일반적 특성의 개관

2) 이 행운 요소가 당신 삶에 미칠 영향

3) 그 행운이 나타날 수 있는 영역

4) 이 행운의 결과 당신의 삶 속으로 들어올 것이나 사람

5) 이 행운이 당신이 원하는 것을 성취하도록 돕는 방식

6) 시기 – 에이스만 사용

    지팡이 에이스 – 봄

    컵 에이스 – 여름

    펜타클 에이스 – 가을

    검 에이스 – 겨울

번영 배열

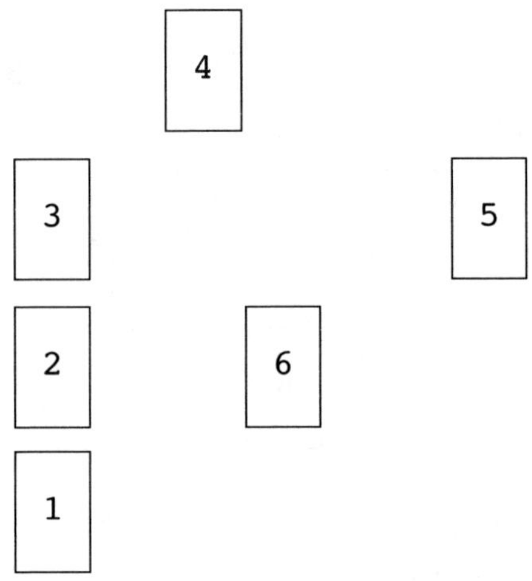

1) 현재 번성하고 있는 삶의 영역

2) 미래에 번성하기를 원하는 영역

3) 그 미래의 번성을 일구어내기 위해 당신이 해야 할 것

4) 당신을 돕거나 방해할 것이나 사람

5) 당신이 알아야 할 필요가 있는 어떤 것

6) 당신의 궁극적 성취

무지개 배열

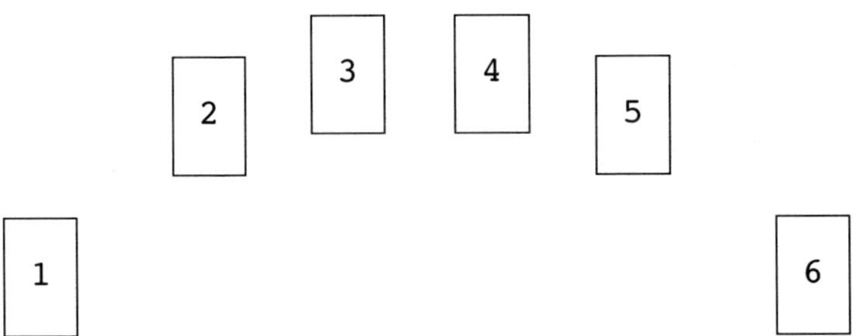

1) 비: 가슴으로 원하는 것을 하지 못하게 만드는 것

2) 이슬비: 원하는 것을 성취하기 위해 취할 수 있는 첫걸음들

3) 비가 갬: 당신을 돕는 것이나 사람

4) 햇살: 당신이 가장 바라는 것

4) 무지개: 단기적 조언

6) 꿈의 실현: 장기적 결과

간단한 켈트 십자가 배열

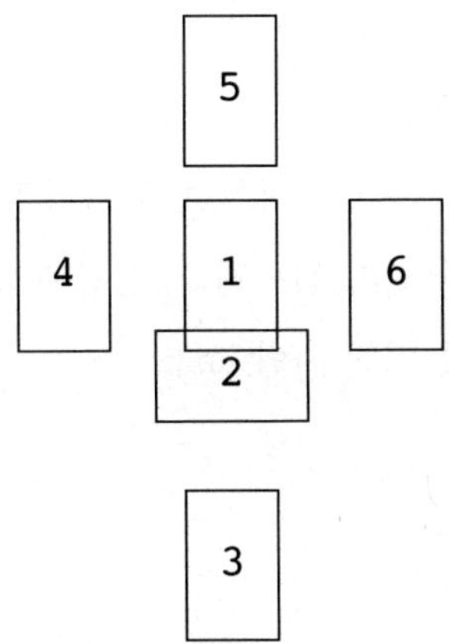

1) 과거의 경험

2) 당신이 현재 있는 곳

3) 가까운 미래

4) 당신의 미래 환경

5) 당신이 희망하는 최고의 것

6) 결과

적당한 시기 배열

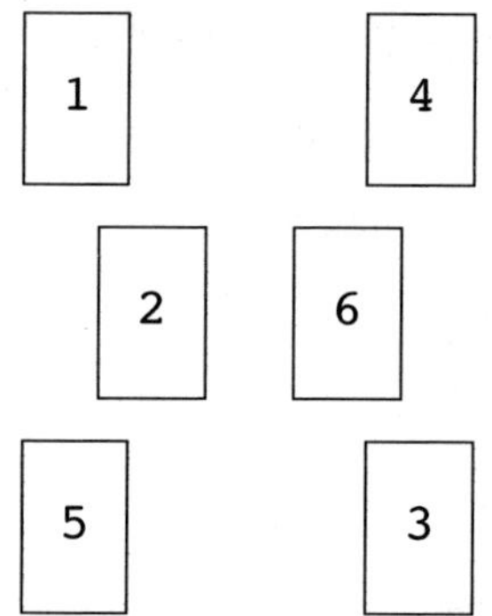

1) 질문의 근원

2) 그 상황이 현재 있는 곳

3) ____________ (기간 기입) 내에서 그 상황의 진행 상태

4) 명확한 어떤 것을 알기 전까지 그 상황에 대한 당신의 느낌

5) 그 상황에 영향을 미칠 사람/요소

6) 결과

일곱 장 카드 배열

차크라 배열


```
        ┌───┐
        │ 7 │
        ├───┤
        │ 6 │
        ├───┤
        │ 5 │
        ├───┤
        │ 4 │
        ├───┤
        │ 3 │
        ├───┤
        │ 2 │
        ├───┤
        │ 1 │
        └───┘
```

1) 뿌리 차크라. 붉은색이고, 척추의 밑 부분에 위치해 있다. 자기 보존, 기초, 에너지 수준, 생명력, 뿌리
2) 비장 차크라. 오렌지색이고, 생식기 부근에 위치해 있다. 성적 관심, 감정, 종(種)의 생존, 양육

3) 태양신경총 차크라. 노란색이고, 태양신경총에 위치해 있다. 자
   아 투사, 당신의 생명 에너지를 사용 또는 표현하는 방법, 소화
   기능

4) 가슴 차크라. 녹색이고, 가슴 중앙에 위치한다. 보편적인 사랑,
   치유, 연민, 이해

5) 목 차크라. 파란색이고, 목구멍에 위치한다. 말, 자기표현, 의
   사소통

6) 제3의 눈 차크라. 남색이고, 눈썹의 중앙에 위치한다. 비전, 환
   상, 꿈, 영적 능력, 사고의 시각화

7) 왕관 차크라. 보라색이고, 정수리에 위치한다. 존재의 근원과
   의 우주적 연결. 진리와 지식에 대한 보다 높은 열망, 욕구

어린이 배열

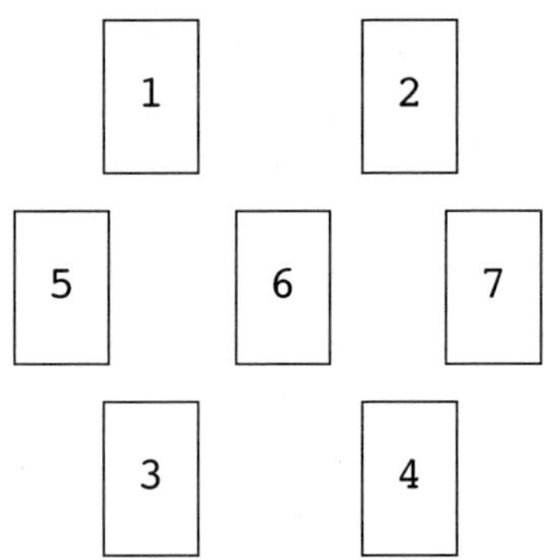

1) 그 아이가 이 삶 속으로 들어와 배우고자 하는 것

2) 현재 삶 속에서 아이가 있는 곳

3) 아이가 빛날 수 있는 분야

4) 이 아이에 대해 당신이 알아야 할 어떤 것

5) 다음 __________ (기간 기입) 동안 아이가 나아갈 곳

6) 다음 __________ (기간 기입) 동안 이 아이의 삶에 영향을 미

　칠 어떤 것

7) 아이가 성취하게 될 것

결과 배열

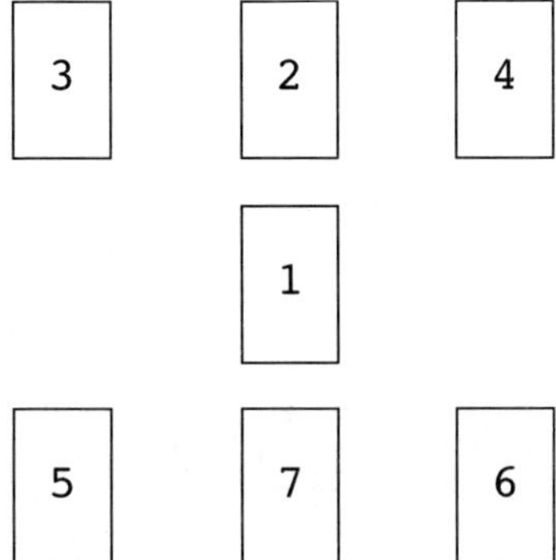

1) 당신의 문제

2) 문제의 뿌리

3) 과거

4) 미래

5) 조언

6) 외부 영향들

7) 최종 결과

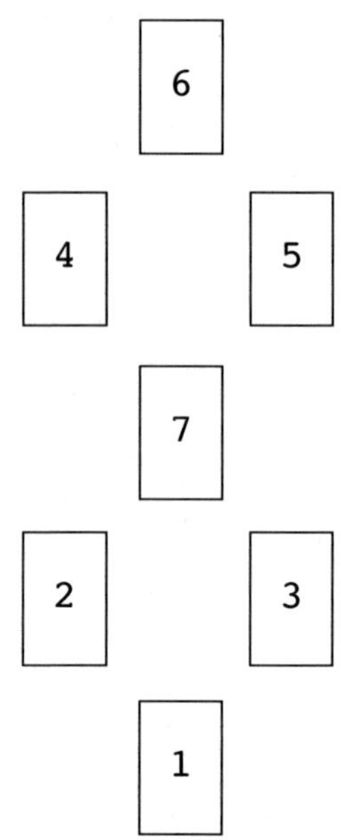

1) 당신이 원하는 것

2) 원하는 것을 얻기 위해 뿌려야 할 씨앗

3) 성장을 촉진하기 위해 필요한 새로운 믿음

4) 당신을 돕는 사람 또는 사물

5) 당신이 직면하는 도전

6) 당신이 수확하는 것

7) 큰 그림을 위한 열쇠

막대사탕 배열

(예세니아 가르시아)

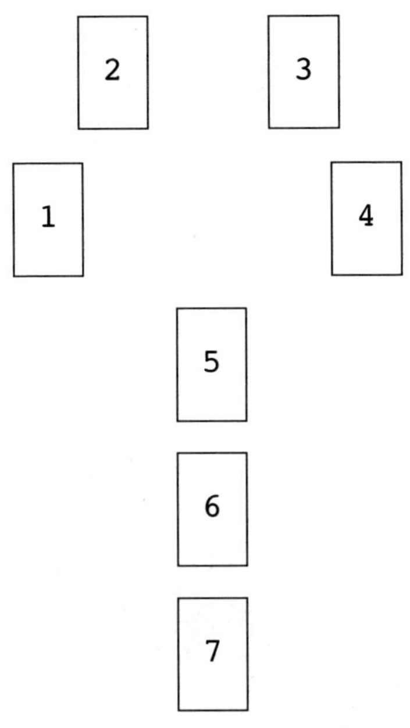

1) 집

2) 학교

3) 가족

4) 친구

5) 당신이 지금 하고 싶은 것

6) 당신이 미래에 하고 싶은 것

7) 도움을 줄 수 있는 사람/사물

마법의 별 배열

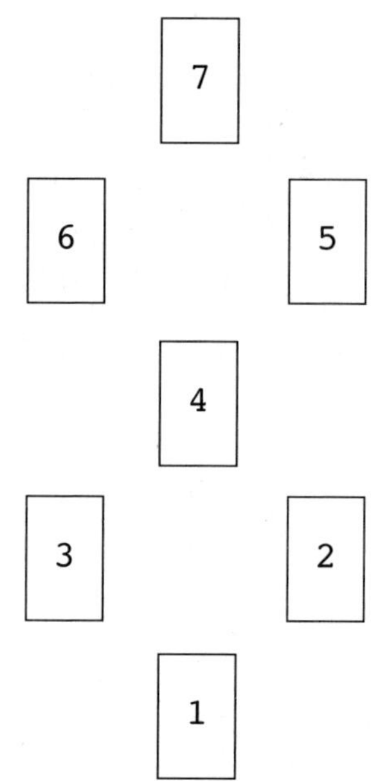

1) 과거: 질문의 뿌리

2) 현재: 과거와 관련된 당신의 현재 위치

3) 가까운 미래: 일어날 수 있는 일

4) 문제의 핵심: 제기된 질문에 대한 당신의 진실된 느낌

5) 무의식적 영향: 표면 아래서 구체화되고 있는 힘

6) 의식적 욕망: 밖으로 드러난 아이디어, 생각, 느낌

7) 성과: 결론

실현 배열

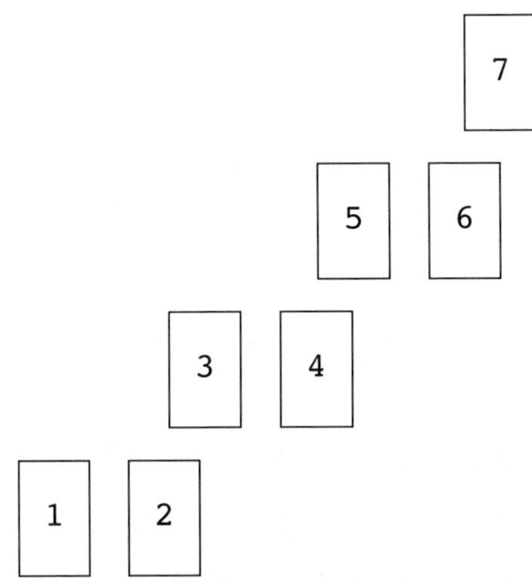

1-2) 바꾸고 싶은 당신 삶 속의 영역

3-4) 현재 당신이 누리고 있는 축복

5-6) 누리고 있는 축복을 변형을 위해 사용하는 방법

7) 이 변형을 통해 당신이 이루어 내는 것

이동 배열

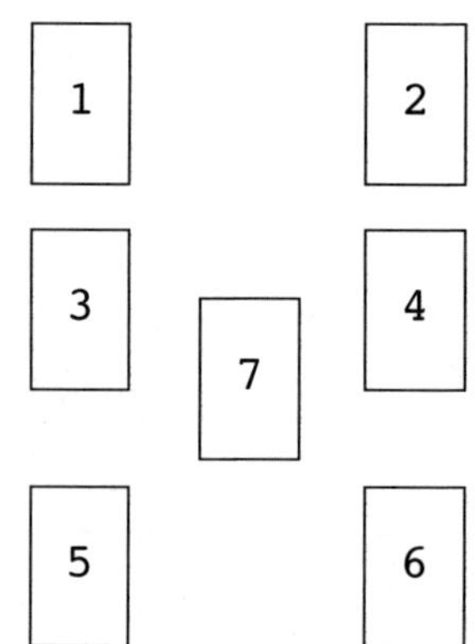

1) 당신의 안녕에 가장 도움이 되는 장소

2) 다음 ___________ (기간 기입) 내에 이동할 기회

3) 당신의 특별한 장소를 발견하는 방법

4) 이 장소에 대해 당신이 알아야 할 것

5) 이동하기 전에 일어날 것

6) 이 장소에 대해 당신이 고려해야 할 것

7) 결과

애완동물 배열

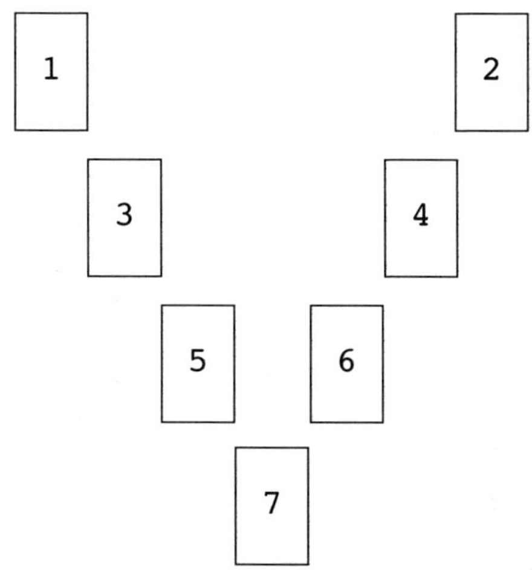

1) 애완동물이 당신에게 말하려고 하는 것

2) 애완동물이 현재 느끼고 있는 것, 원하는 것

3) 애완동물을 돕기 위해 할 수 있는 것

4) 현재 애완동물이 가장 필요로 하는 것

5) 애완동물의 일반적 건강

6) 가까운 미래에 애완동물이 필요로 하거나 느끼게 될 것

7) 애완동물의 전반적 전망

피라미드 배열

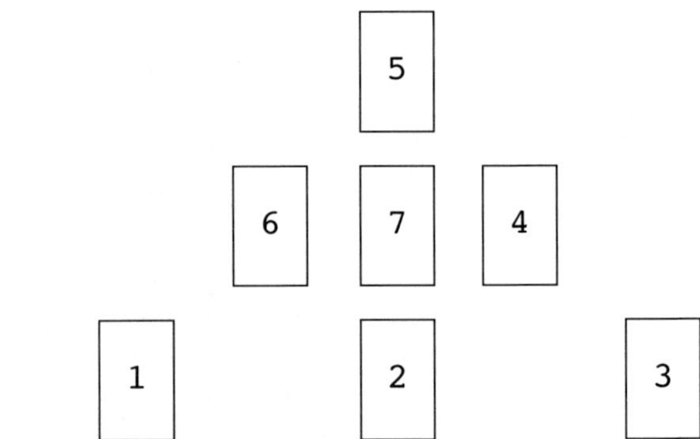

1-2) 주위의 영향

3-4) 가까운 미래(기간 기입)

5-6) 먼 미래(기간 기입)

7) 결과

질의응답 배열

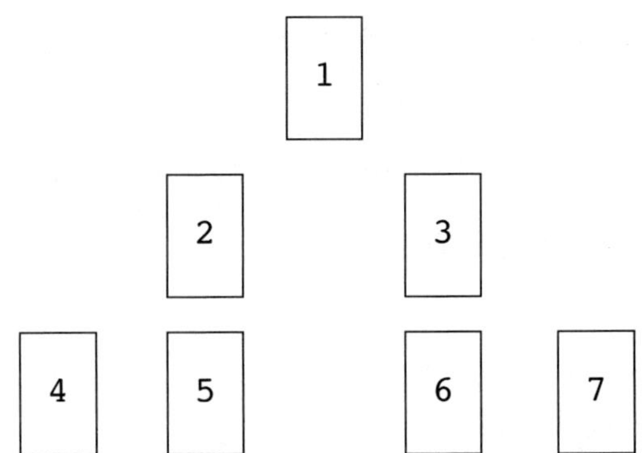

1) 질문

2) 당신의 질문 이유

3) 문제의 뿌리

4) 고려해야 할 요소

5) 조언

6) 현재 행동의 하나의 결과

7) 현재 행동이 불러올 수 있는 제2의 결과

현실의 변화 배열

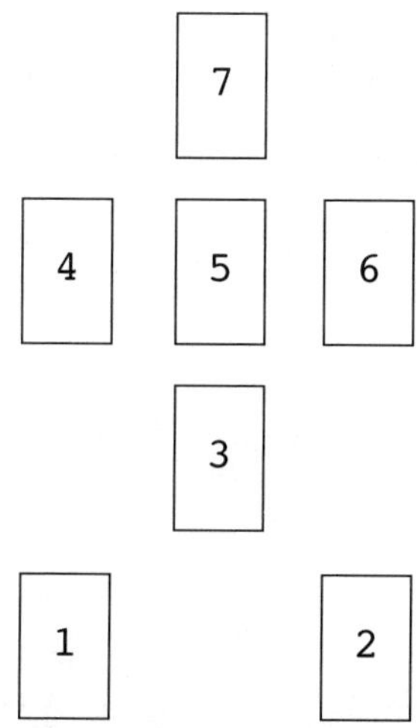

1) 현재 내적 자아에게 지정해 주고 있는 방향

2) 외적 현실이 이것을 반영하는 방식

3) 내적 자아에게 힘을 주어 당신의 현실을 바꾸도록 하는 방법

4) 외적 자아가 이 새로운 지시에 반응하는 방법

5) 그 결과 삶의 변화

6) 앞으로 당신이 창조하는 것

7) 당신의 새로운 길

매주의 배열

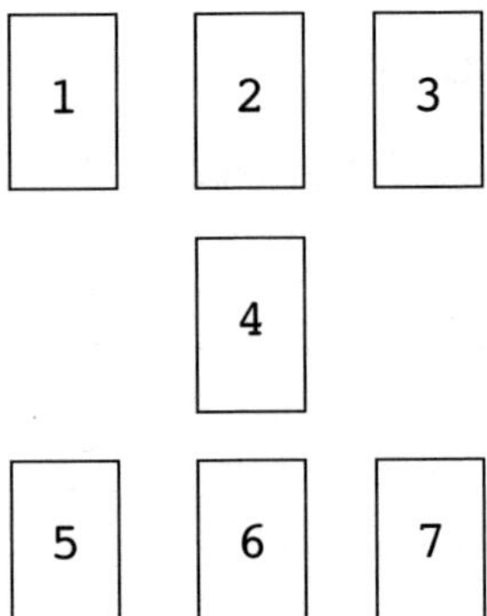

1) 첫째 날
2) 둘째 날
3) 셋째 날
4) 넷째 날
5) 다섯째 날
6) 여섯째 날
7) 일곱째 날

여덟 장 카드 배열

새 배열

(메간 맥그리거)

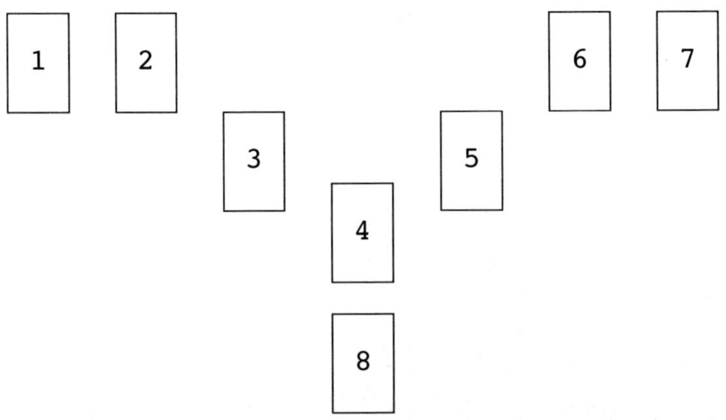

1-2) 현재 있는 곳

3) 가고자 원하는 곳

4) 향하고 있는 곳

5) 가는 길에 발견하는 것

6-7) 당신이 배우는 것

8) 당신의 여행이 끝나는 방식

질병 배열

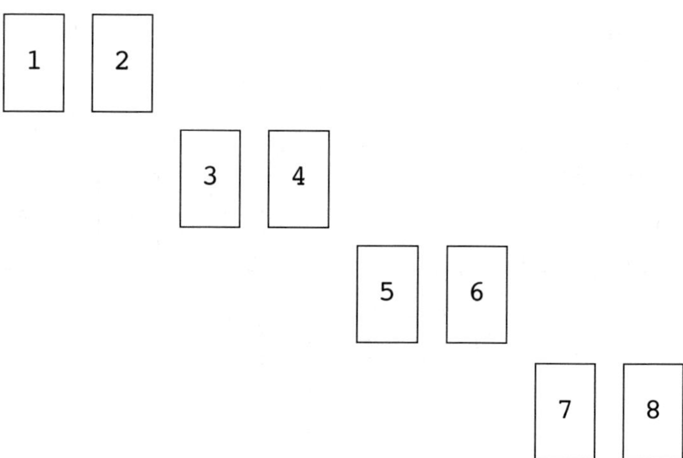

1-2) 스트레스 또는 병의 성질

3-4) 스트레스 또는 병의 원인

5-6) 도울 수 있는 사람 또는 사물

7-8) 결론 또는 성과

건강과 행복 배열

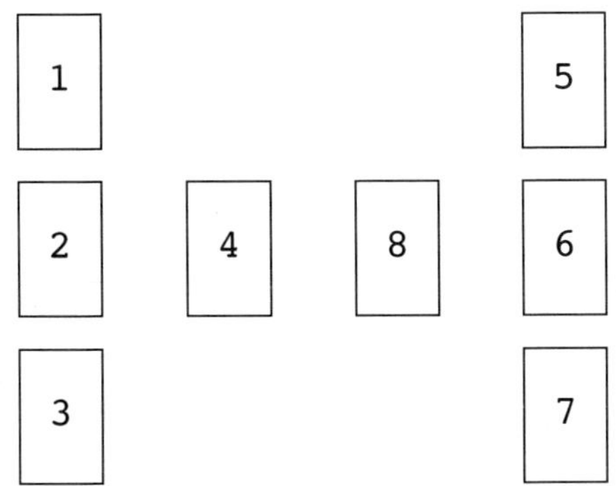

1) 과거의 건강 상태

2) 현재의 건강 상태

3) 미래에 예상되는 건강 상태

4) 건강을 증진 또는 유지하는 것을 도울 수 있는 사물/사람

5) 과거에 당신을 행복하게 했던 것

6) 현재 당신을 행복하게 하는 것

7) 미래에 당신을 행복하게 할 수 있는 사건

8) 당신의 안녕과 행복감의 증진을 도와 주는 사물/사람

본심 배열

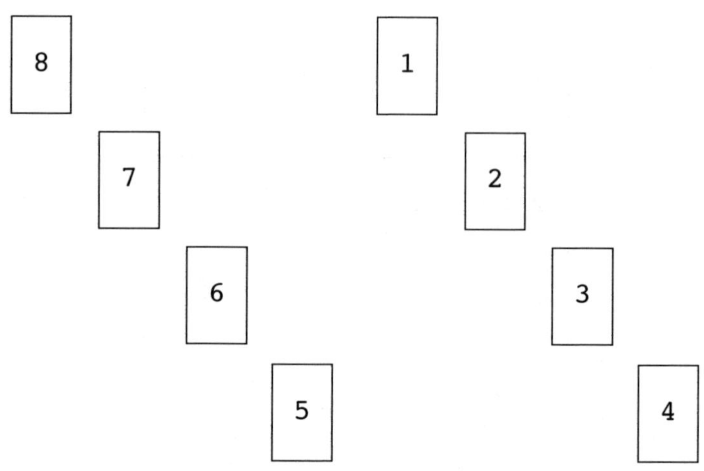

1) 당신이나 당신의 가장 깊은 욕망과 관계된 근본적인 문제

2) 이 문제(주로 과거의 어떤 감정)와 관계된 가장 중요한 요소

3) 만약 이 요소가 당신을 방해한다면 이 요소를 변화시킬 수 있
   는 방법, 또는 그것이 당신을 방해하지 않는다면 그것을 강화
   시킬 수 있는 방법

4) 이 행위 결과로 일어나는 일

5) 가까운 미래에 이 문제 또는 욕망에 대해 당신이 보지 못할 수
   도 있는 것

6) 가까운 미래에 당신이 직면할 수 있는 도전

7) 이것이 당신에게 미칠 영향

8) 이 문제 또는 욕망과 관련하여 당신이 궁극적으로 성취할 수
   있는 것

외동아이 배열

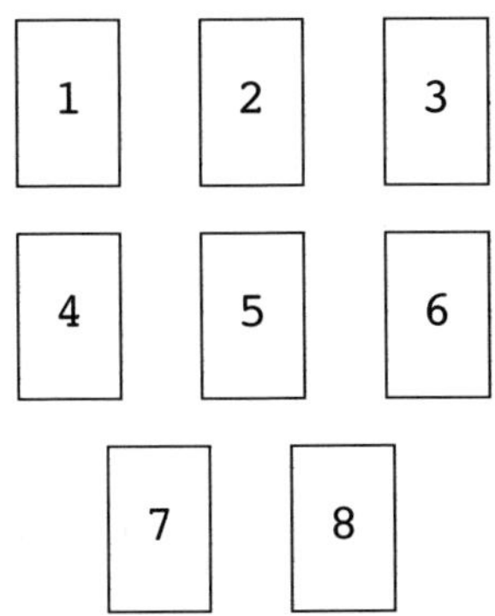

1-3) 십대 혹은 미성년 자녀의 성격과 특성

4) 자녀의 과거에 있었던 어떤 상황 또는 사건

5) 현재 자녀에게 일어나고 있는 것

6) 미래에 자녀에게 일어날 수 있는 것

7-8) 자녀를 돕기 위해 당신이 할 수 있는 것

개관 배열

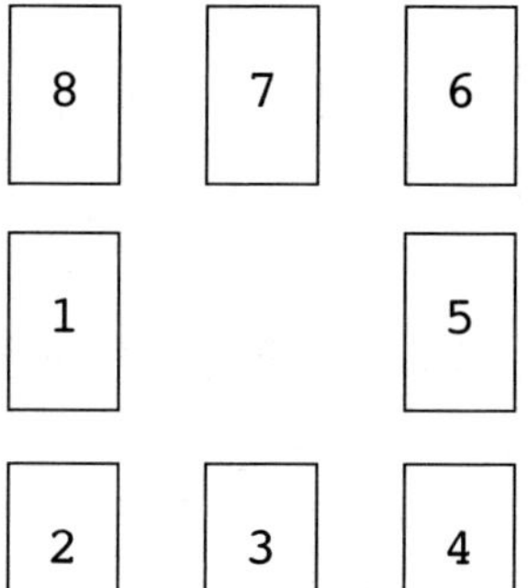

1) 집

2) 일

3) 관계

4) 명성과 성취

5) 역경

6) 획득

7) 제한

8) 포괄적 개관

특성 배열

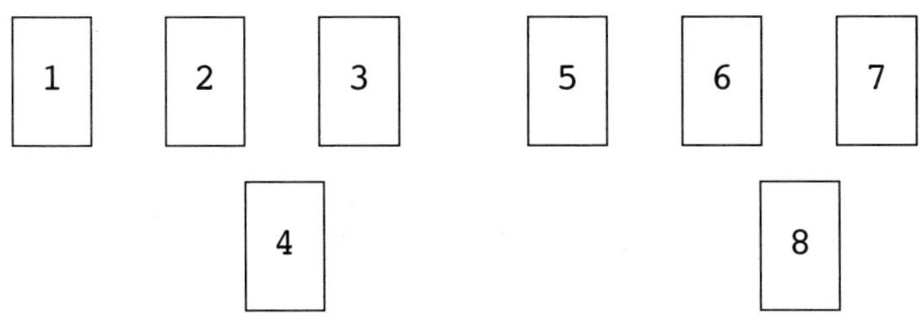

이 배열은 두 아이를 위해 설계되었지만 더 많은 아이들을 위해 쉽게 확장할 수 있다. 기존 배열 형식에 따라 배열을 추가하라.

1–3) 당신의 큰 아이의 성격과 특성

4) 당신의 큰 아이를 돕기 위해 당신이 할 수 있는 것

5–7) 당신의 작은 아이의 성격과 특성

8) 당신의 작은 아이를 돕기 위해 당신이 할 수 있는 것

아홉 장 카드 배열

생일 배열

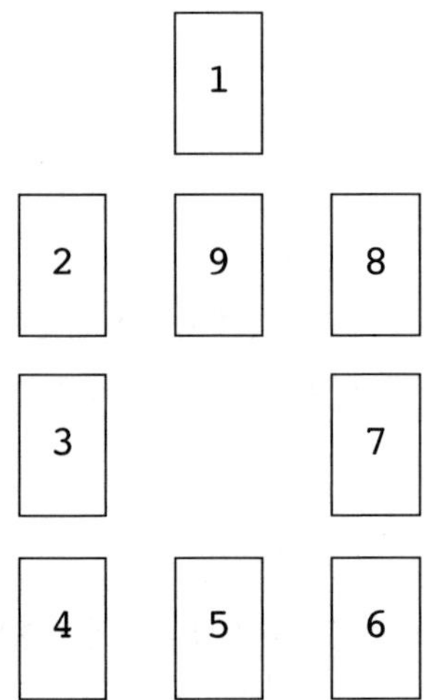

1) 당신이 현재 있는 곳

2) 당신이 다음 생일에 있고 싶은 곳

3) 당신에게 힘을 주는 것

4) 목표에 좀 더 가깝게 가기 위해 당신이 만들어 내야 할 것

5) 현재의 물질적 상태

6) 현재의 정서적 상태

7) 현재의 영적 상태

8) 목표를 가로막는 것

9) 올해 당신의 꿈을 실현시키기 위해 해야 할 것

미래 배열

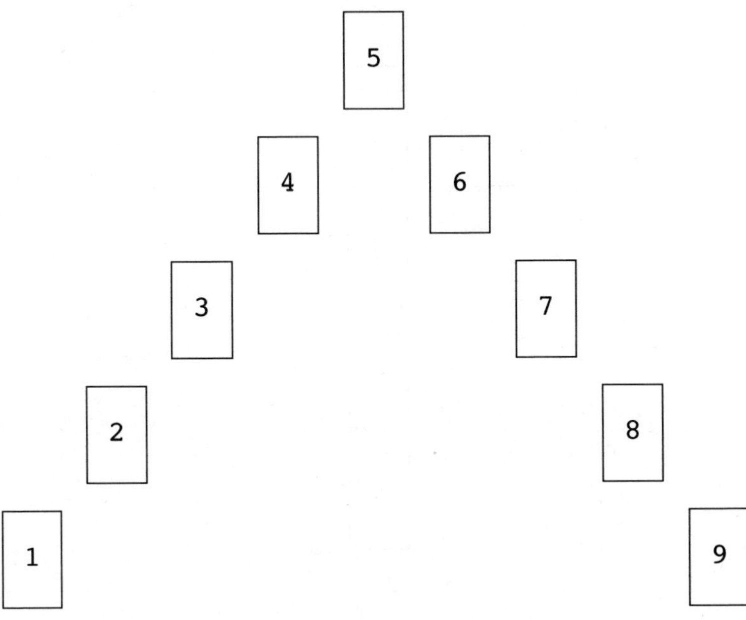

1-2) 과거에 일어난 일

3-4) 현재 일어나고 있는 일

5-6) 가까운 미래에 일어날 수 있는 일

7-9) 먼 미래에 일어날 수 있는 일

말편자 배열

1) 당신의 현재 상태

2) 다른 사람이 당신에게 영향을 미치는 방식

3) 주위 환경이 당신에게 영향을 미치는 방식

4) 내적 본성이 보내는 정보에 당신이 응답하는 방식

5) 생각하고 있는 것

6) 느끼고 있는 것

7) 현재의 상황과 관련된 어떤 믿음

8) 단기 미래 상황

9) 장기적 성과

마법의 십자가 배열

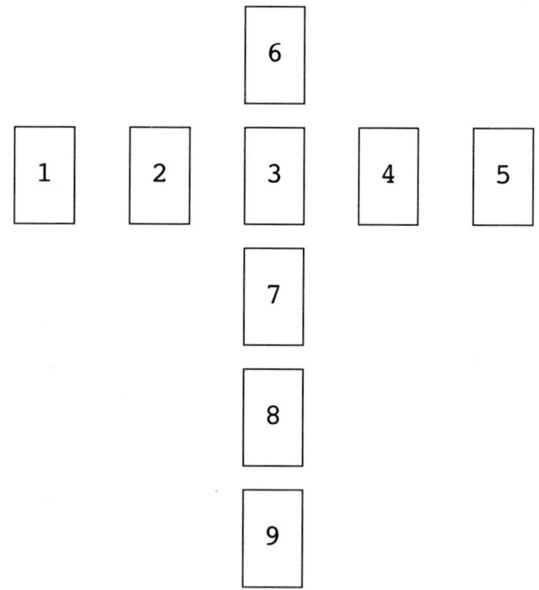

1–2) 과거

3) 현재

4–5) 방해

6) 희망과 기대

7–8) 미래

관계 배열

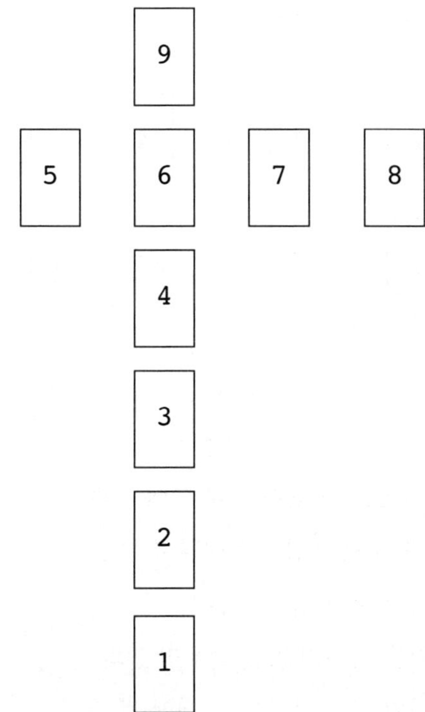

1) 당신이 상대방을 보는 방식

2) 상대방이 당신을 보는 방식

3) 당신이 필요한 것

4) 상대방이 필요한 것

5) 그 관계가 현재 있는 곳

6) 당신이 원하는 관계

7) 상대방이 원하는 관계

8) 고려해야 할 요소

9) 최종 결과

해야 하나, 말아야 하나 배열

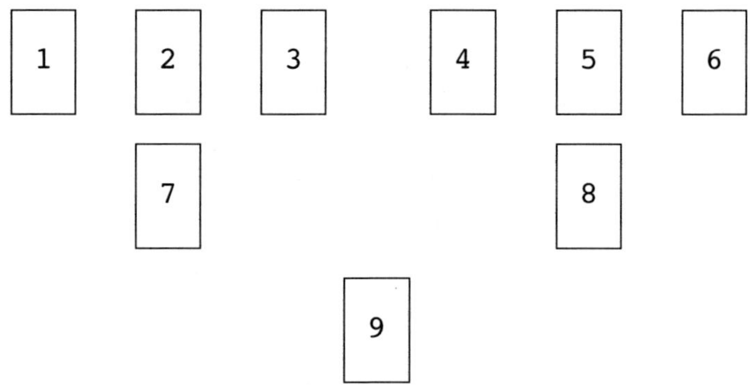

1-3) 계획하고 있는 것을 할 경우 일어날 수 있는 일

4-6) 현 상태를 유지할 경우 일어날 수 있는 일

7) 당신이 뭔가를 바꿀 경우의 결과

8) 당신이 뭔가를 바꾸지 않을 경우의 결과

9) 마음을 정하기 전에 알아야 할 어떤 것

보물 상자 배열

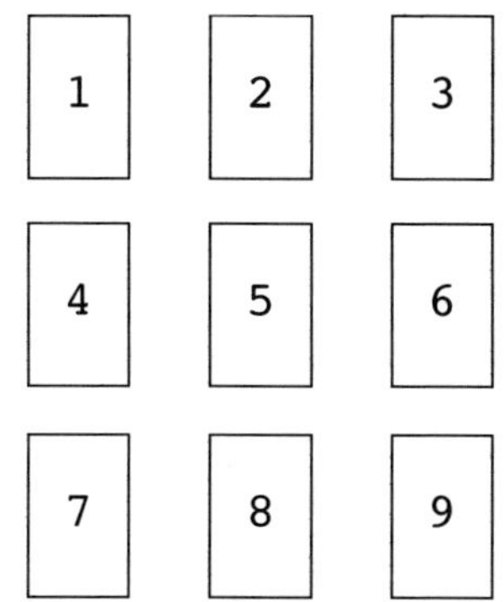

1) 다이아몬드: 당신이 빛나는 곳. 당신이 가지고 있는 주요 재능,
   능력 및 자산

2) 진주: 당신이 아는 것. 당신이 삶 속으로 편입시킨 지식과 정보

3) 금화 : 당신이 가진 것. 현재 당신이 이용할 수 있는 돈과 물질
   적 소유물

4) 에메랄드: 당신이 아는 사람. 현재 당신 삶의 한 부분인 관계

5) 백금 줄: 당신을 주저하게 만드는 것. 당신이 놓아야 할 삶 속
   의 사물 또는 사람

6) 사파이어: 당신이 빛날 수 있는 곳. 최근에 생겨난 재능, 자산
   및 능력

7) 수정: 당신이 배우고 있는 것. 당신이 삶 속으로 편입시킬 수
   있는 지식과 정보

8) 루비: 당신이 곧 알게 될 사람. 당신의 삶 속으로 들어오고 있
   는 관계

9) 세공하지 않은 다이아몬드: 당신의 숨은 빛. 당신이 개발할 수

있는 자산과 재능

누가/무엇을/어디서 배열

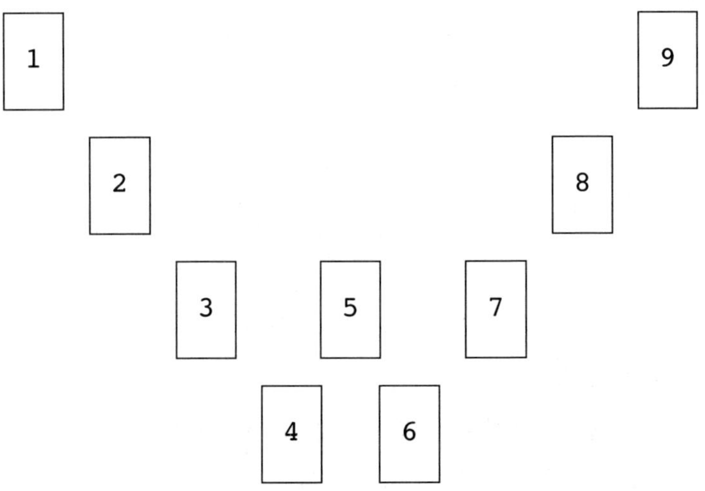

1) 당신이 가야 할 곳

2-3) 거기에 도달하기 위해 고려해야 할 것이나 사람

4-5) 당신을 안내하고 도와 줄 것이나 사람

6-7) 당신이 알아야 할 다음 4주 동안 일어날 일

8) 그 일이 당신에게 미칠 영향

9) 당신이 이 질문과 관련하여 궁극적으로 이루는 일

작가 배열

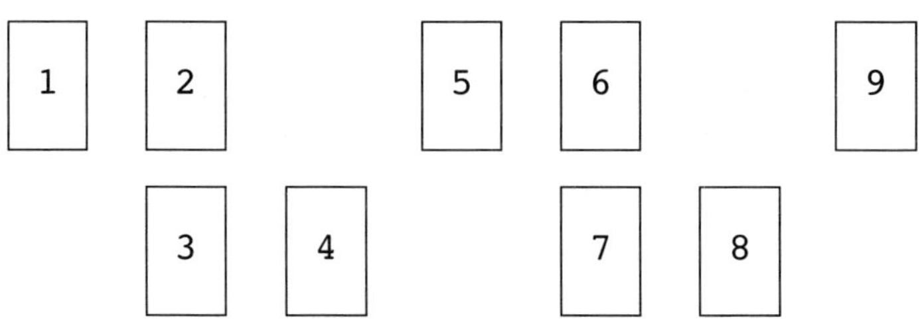

1-2) 이 프로젝트와 관련된 과거

3-4) 현재 명확하지 않을 수도 있는 이 프로젝트에 대해 당신이
    알아야 할 것

5-6) 이 프로젝트에 작용하는 힘

7-8) 이 프로젝트의 개인적 의미

9) 이 프로젝트가 미래에 낳을 수 있는 그 밖의 여러 가지를 포함
   한 궁극적 결과

옛 연인 배열

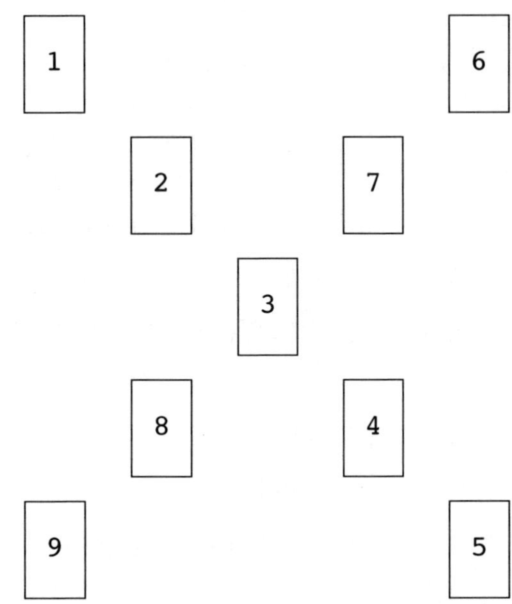

1) 관계의 지나간 과거

2) 당신이 현재 있는 곳

3) 옛 연인이 현재 있는 곳

4) 재결합에 대한 당신의 진정한 느낌

5) 재결합에 대한 옛 연인의 진정한 느낌

6) 당신이 원하는 것을 방해하는 것이나 사람

7) 당신이 원하는 것을 도와 줄 것이나 사람

8) 그 상황과 관련하여 당신이 모를 수도 있는 어떤 것

9) 성과 또는 결론

열 장 카드 배열

켈트 십자가 배열

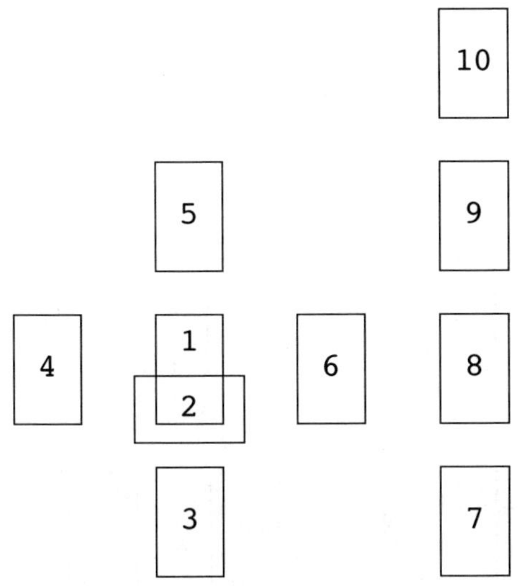

1) 당신을 감싸는 것. 현재 주위 영향력, 일반적 분위기

2) 당신을 가로지르는 것(카드 1 위를 가로질러 위치). 부정적 또는 긍
   정적

3) 당신의 밑바탕. 그 문제의 과거 토대

4) 당신의 뒤에 있는 것. 멀어지고 있는 영향력

5) 당신의 위에 있는 것. 일어날 가능성이 있는 미래 사건, 구체화
   하고 있는 힘

6) 당신의 앞에 있는 것. 미래에 스스로 모습을 드러낼 이미 움직
   이고 있는 힘

7) 당신의 느낌. 두려움, 걱정

8) 의견. 그 문제에 대한 다른 사람들의 생각

9) 당신의 희망. 열정, 목표, 꿈, 욕망, 두려움

10) 결과. 해결책 또는 최종 결과

분실물 취급소 배열

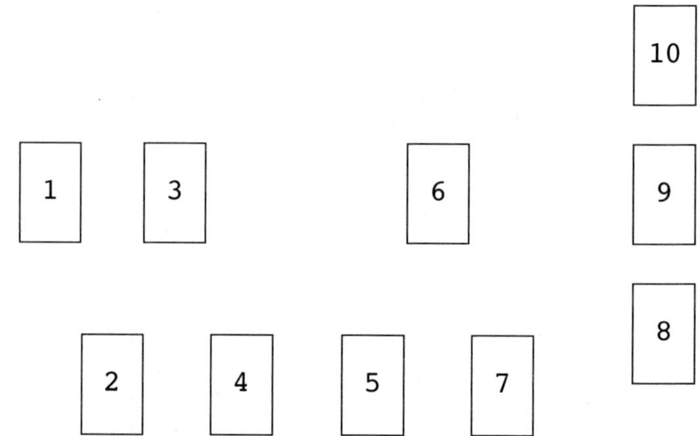

1) 잃어버린 물건

2) 이 분실에 대해 당신이 알아야 할 어떤 것

3-4) 당신이 찾기 시작하는 곳

5) 도와 줄 사람 또는 사물

6-7) 당신이 찾을 때 고려해야 할 요소들

8-10) 결과

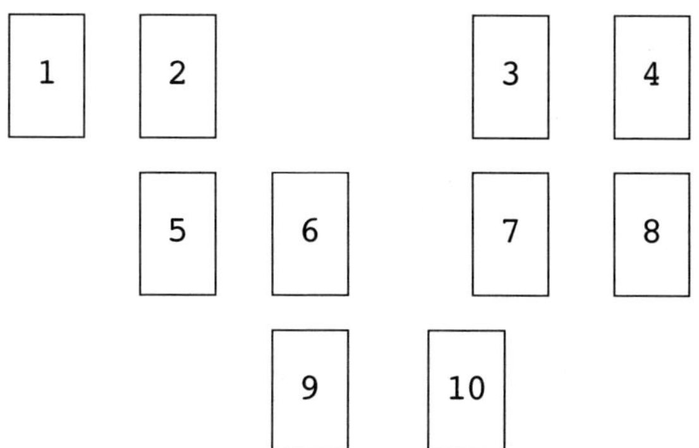

1-2) 당신이 떠나온 곳

3-4) 당신이 옮겨가는 그곳

5-6) 행동하기 전에 고려해야 할 것

7-8) 옮겨가는 이유

9-10) 결과

진행 중인 관계 배열

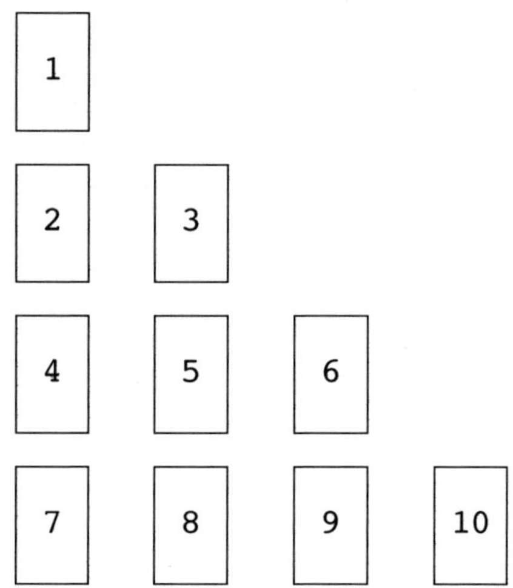

1) 관계의 과거 역사

2) 관계에서의 당신의 과거 경험

3) 관계에서의 상대방의 과거 경험

4) 관계에서의 당신의 현재 경험

5) 관계에서의 상대방의 현재 경험

6) 현재의 관계

7) 이 관계에서 당신이 미래에 경험할 수 있는 것

8) 이 관계에서 상대방이 미래에 경험할 수 있는 것

9) 그 관계가 향하고 있는 곳

10) 결과: 이 관계에서 미래에 일어날 수 있는 것

생명의 나무 배열

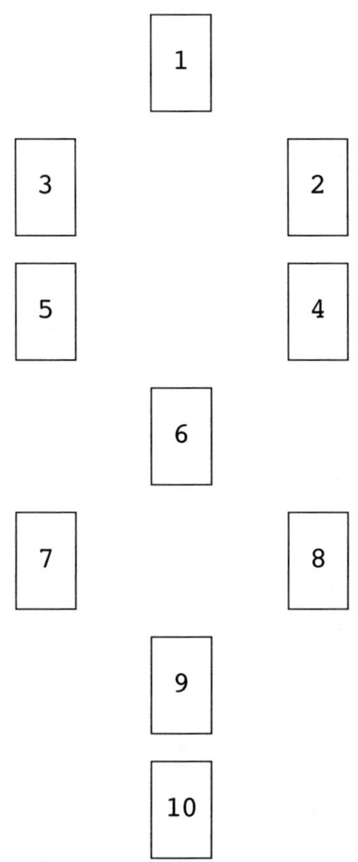

이 배열은 타로를 카발라로 알려진 고대 유대의 신비주의적 가르
침인 복잡한 철학과 명상 체계에 연결시킨 것이다. 차크라 배열처
럼, 이 카드들은 아래에서부터 읽는다.

읽기를 끝냈으면, 나머지 카드들을 부채꼴로 펴고 다트(Daat) 카
드가 될 한 장의 카드를 골라라. 이 카드는 배열의 카드 6과 1의 중
앙에 둔다. 이 카드는 당신이 가장 높은 열망을 성취하는 것을 도와

줄 수 있는 감추어진 지식을 의미한다.

이 배열로 전 생애를 읽어 내는 것이 가능한데, 이때 덱에 있는 모든 카드들이 사용된다. 예시자로 뽑은 한 장의 카드를 덱에서 빼서 한쪽 옆에 따로 놓는다. 그러고 나서 나무의 각 번호마다 일곱 장씩 카드들을 올려 놓고, 나머지 일곱 장의 카드를 사용하여 다트 팩을 구성해서 한쪽 옆에 놓는다.

다트 팩은 그 읽기에 권능을 부여하고 부연 설명을 하기 위해 각 단계의 마지막에 사용된다. 이 카드들은 현생의 읽기에서는 세 번 섞어 편다. 첫 번째는 과거, 두 번째는 현재, 세 번째는 미래를 위한 것이다. 완전한 생명의 나무 읽기는 시간이 오래 걸리고 포괄적인 경향이 있어서, 아마 이 읽기를 일 년에 한 번 이상은 하지 않을 것이다.

10) 말쿠트(왕국): 결과, 집, 물질적 세계, 물리적 몸, 일상생활, 그 상황의 실제적 기초

9) 예소드(기초): 영혼의 중심, 상상, 환상, 습관, 전생, 그 문제의 잠재의식적 기초

8) 호드(광휘, 영광): 생각, 진리와 진리가 아닌 것에 대한 지식, 언어적 표현과 의사소통, 기능, 기술, 과학과 기술

7) 네자(승리, 영속): 사랑, 에로스, 본능, 예술, 영감, 느낌, 아름다움, 기쁨

6) 티페레트(아름다움): 개체성, 자아, 정체성, 건강, 타인을 위해 희생하는 경향, 의지, 중점적 목표 또는 목적

5) 게부라(혹독, 힘): 힘, 정복, 도전, 투쟁, 재조정, 장애, 부조화, 공격성, 힘의 표현, 지도력

4) 헤세드(자비, 은혜): 미덕, 기회, 선물, 자원, 후원자, 조력, 인식, 힘

3) 비나(이해): 내적 지식과 이해, 어머니, 아니마, 음(陰), 한계의
수용, 아이디어를 실현시키는 능력

2) 호크마(지혜): 창조적 힘, 외적 가치와 아이디어, 아버지, 아니
무스, 양(陽), 지혜와 지식을 위한 잠재력, 본질

1) 케테르(왕관): 가장 높은 이상, 목적 의식과 의미, 화해 수단, 당
신 질문의 원천 또는 이유

날씨 배열

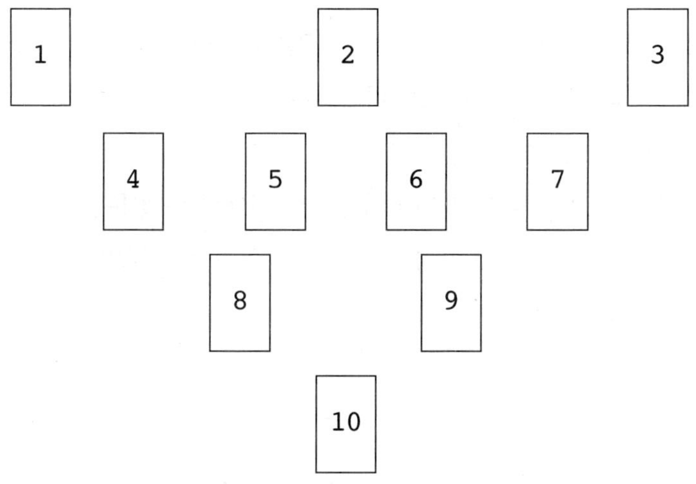

1-2) 뇌우: 당신을 괴롭히는 사람 또는 사물

3) 안개: 감추어져 있거나 예상하지 못한 것

4-5) 눈: 도전

6-7) 부분적 구름: 사소한 결함

8-9) 화창한 날: 당신의 삶이 빛나는 곳

10) 결론/정점

일이 어떻게 진행되는가? 배열

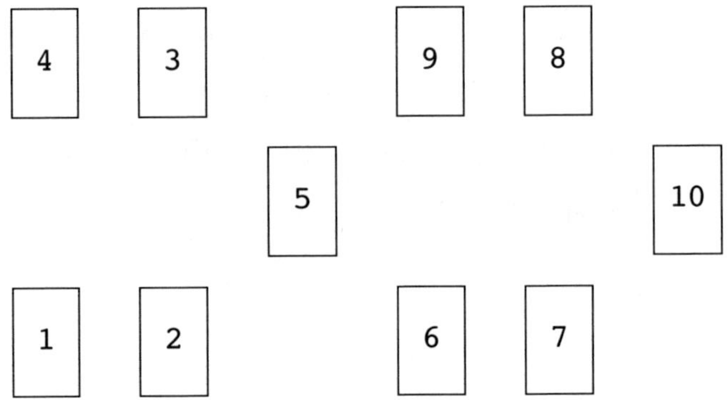

1-2) 당신이 보지 못할 수도 있는 것을 포함한 현재 진행 상태

3-4) 결과에 영향을 미치는 다가오는 두 사건

5) 그 문제가 향하고 있는 곳

6-7) 지금 현재 패턴에 기초해 당신이 기대할 수 있는 것

8-9) 마음에 들지 않을 경우 그것을 바꿀 수 있는 방법

10) 전체적인 결과

열한 장 카드 배열

갈림길 배열

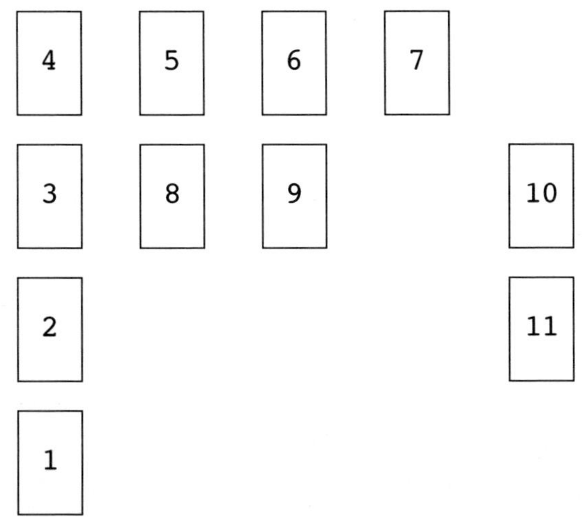

1-2) 현재 상태

3-4) 감추어져 있는 것

5-7) 현재의 패턴/에너지에 근거하여 지금 발생 가능성이 가장
   높은 것

8-9) 또 하나의 발생 가능한 결과

10-11) 최고의 것을 경험하기 위해 당신이 할 수 있는 것

직업 배열

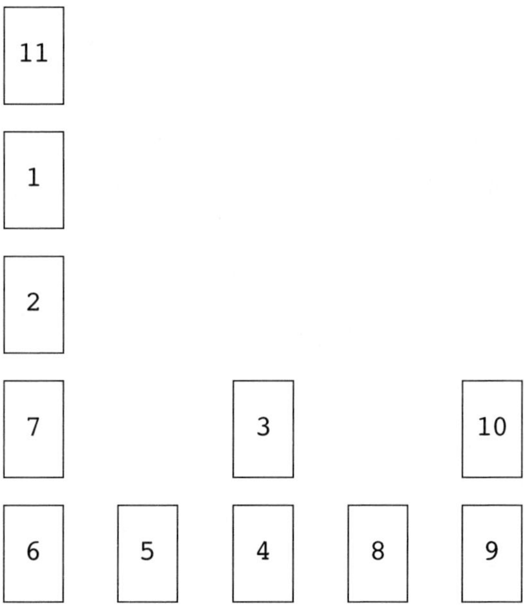

1) 자신을 위해 당신이 원하는 것

2) 도와 줄 것이나 사람

3) 당신이 초점을 맞추어야 할 일

4) 전환점: 상황을 바꿀 사건

5) 고용/일에 있어서 있을 수 있는 새로운 방향

6) 동시 신호: 발생 시, 이 새로운 길에서 당신이 알게 될 중요한
   사건

7) 이 길 위에서의 궁극적 성취

8) 또 하나의 가능한 방향

9) 동시 신호: 발생 시, 이 길 위에서 당신이 알게 될 중요한 사건

10) 이 길 위에서의 궁극적 성취

11) 당신에게 맞는 방향을 선택하기 위해 알아야 할 것

방 배열

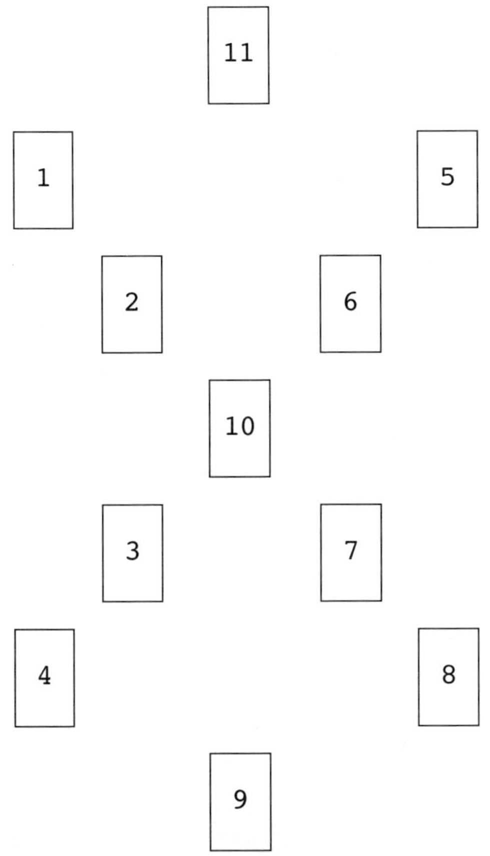

1) 거실: 친구, 사회적 만남, 집단 활동
2) 가족 오락실: 가까운 가족 – 부모, 형제, 배우자, 아이들, 애완
   동물
3) 부엌: 건강, 육체적 자아

4) 밀실: 일, 재정

5) 다용도실: 당신이 돌보고 관심을 써야 할 곳

6) 지하실: 당신이 모르고 있을 수도 있는 삶 속의 감추어져 있는
   것 또는 쌓여 있는 것

7) 차고: 관심을 필요로 하는 당신 삶 속의 주차되어 있는 것

8) 침실: 9와 10을 연결하는 믿음

9) 뒷문: 당신의 삶을 떠나고 있는 사물/사람

10) 앞문: 당신 삶 속에서 도착하고 있는 사물/사람

11) 다락방: 당신이 궁극적으로 이루는 것

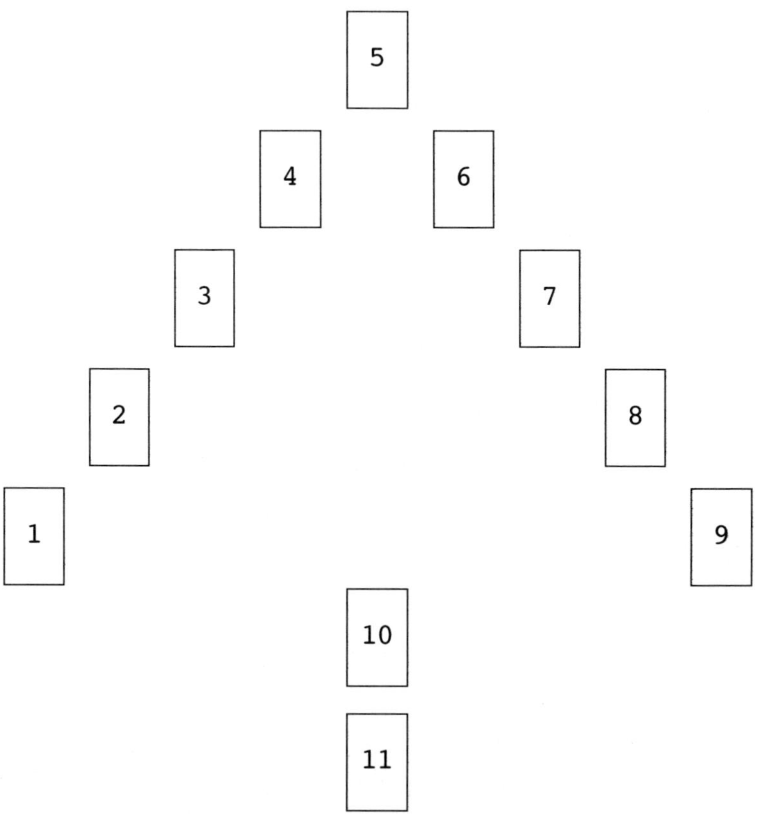

위치 5에 있는 카드를 특히 주목하라. 이것은 어떤 사건, 어떤 특정한 사람, 어떤 핵심적 믿음에 대한 갑작스러운 변화에서 비롯될 수 있다. 만약 컵의 9가 9 또는 10의 위치에 나타나면, 그것은 나타날 수도 있는 그 어떤 어두운 카드보다 우위에 선다.

1) 주위 환경

2) 현재 상황에 대해 당신이 알아야 할 것

3) 이 지점까지 이끈 믿음 패턴

4) 전환점으로 이끄는 계기

5) 전환점

6) 예상하지 못한 전환점의 이점

7) 전환점에서 당신이 배우는 것

8) 전환점으로부터 전개되는 것

9) 횡재

10) 가능한 결과

11) 가능한 제2의 결과

열두 장 카드 배열

직업 배열

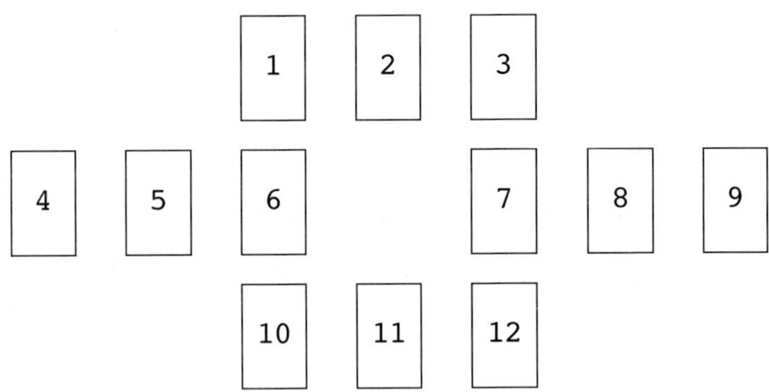

1-3) 당신의 직업이나 실직과 관련된 현재의 상황

4-6) 현재의 상황을 초래하게 한 과거의 영향

7-9) 현재의 상황을 바꾸도록 도와 주는 것

10-12) 미래가 가져다주는 것

꿈 해석 배열

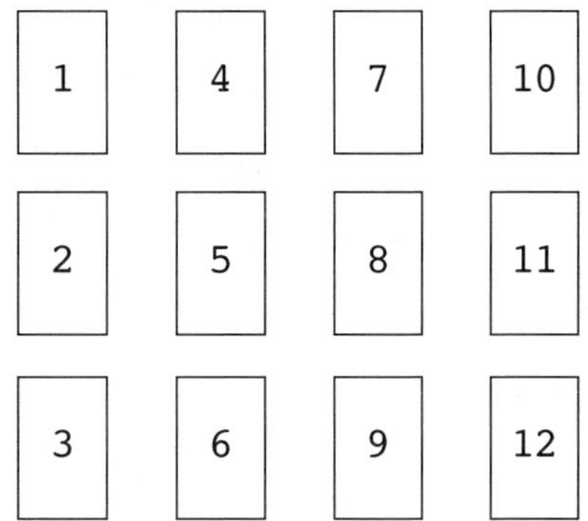

1-3) 당신의 꿈이 묘사하고 있는 이미지

4-6) 꿈 이미지가 의미하는 것

7-9) 꿈 이미지들이 깨어 있는 삶에 미치는 영향

10-12) 이 정보를 가장 잘 사용할 수 있는 방법

별점 배열

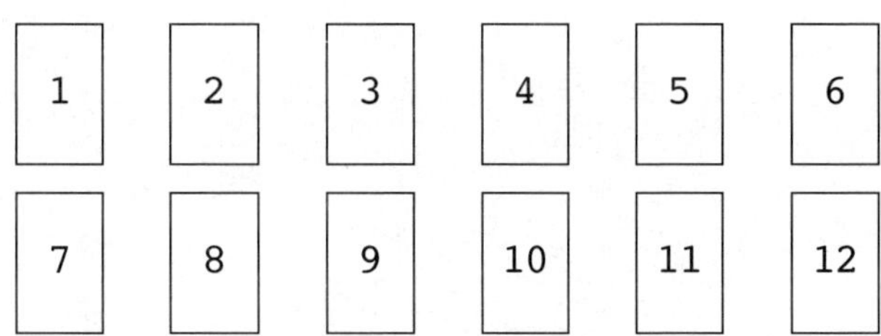

1) 첫 번째 하우스: 모든 시작, 성격, 잠재력, 겉모습

2) 두 번째 하우스: 가치 있는 것들, 유형 자산, 물질적 소유물

3) 세 번째 하우스: 정신적 활동, 의사소통, 글쓰기, 형제자매, 이 웃들

4) 네 번째 하우스: 사적인 생활, 집, 가족, 부모

5) 다섯 번째 하우스: 창의성, 감정, 연애, 아이들, 예술, 오락

6) 여섯 번째 하우스: 건강, 일, 위생, 종업원, 서비스

7) 일곱 번째 하우스: 관계, 결혼, 협력, 계약

8) 여덟 번째 하우스: 성, 죽음, 유산 상속, 초자연적 힘, 외적 영향

9) 아홉 번째 하우스: 보다 높은 교육, 법, 철학, 종교, 꿈, 장거리 여행, 고등 정신

10) 열 번째 하우스: 공직 생활, 경력, 직업, 야망, 명예

11) 열한 번째 하우스: 친구, 교제, 집단, 희망, 소원

12) 열두 번째 하우스: 무의식적 마음, 업보, 비밀, 감추어진 한계.

그녀, 그, 그것 배열

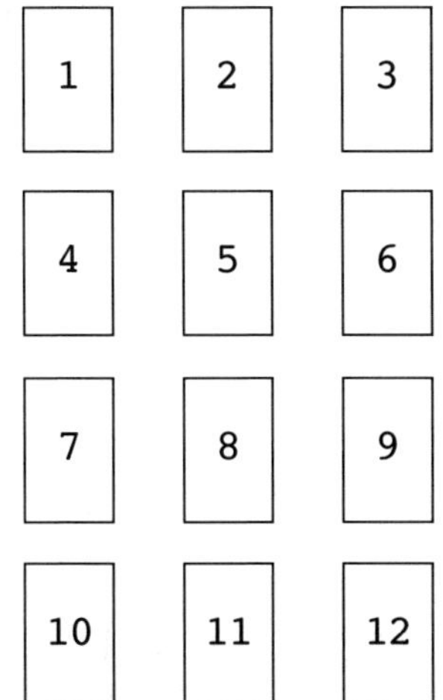

1) 당신이 원하는 것

2) 상대방이 원하는 것

3) 관계가 원하는 것

4) 당신이 '진정으로' 원하는 것

5) 상대방이 '진정으로' 원하는 것

6) 관계가 '진정으로' 원하는 것

7) 당신이 필요한 것

8) 상대방이 필요한 것

9) 관계에 필요한 것

10) 당신이 얻는 것

11) 상대방이 얻는 것

12) 관계가 얻는 것

열세 장 카드 배열

기대 배열

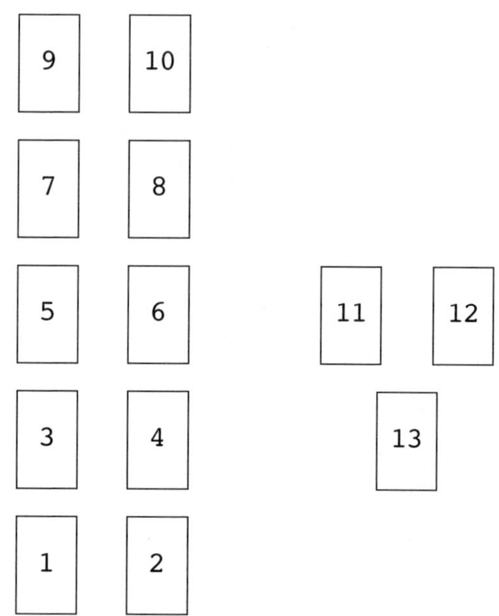

1-2) ___________에 대한 과거의 기대

3-4) ___________에 대한 현재의 기대

5-6) ___________에 대한 미래의 기대

7-8) 그 기대들이 스스로를 발현하는 방식

9-10) 그 발현이 당신의 삶을 변화시키는 방식

11-12) 궁극적 결과/성취

13) 이 결과에서 비롯될 새로운 길

꼬마 배열

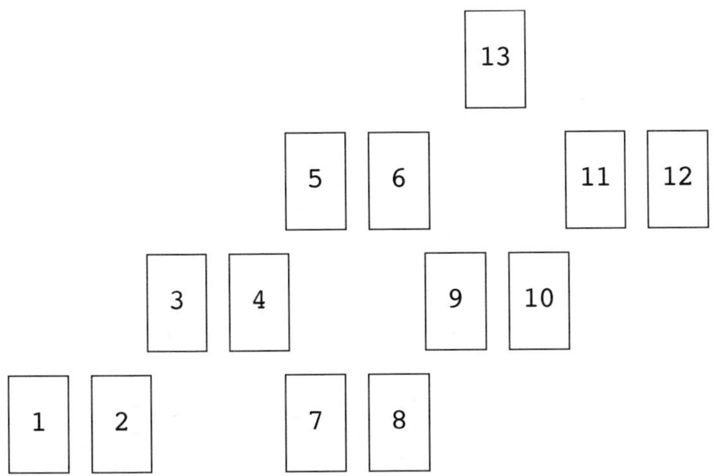

1-2) 당신이 원하고 있는 것에 대해 생각하는 것

3-4) 당신이 원하고 있는 것에 대해 알고 있는 것

5-6) 원하는 것에 대한 당신의 느낌

7-8) 당신이 가장 두려워하는 것

9-10) 당신을 가장 행복하게 하는 것

11-12) 당신이 원하는 것을 가질 수 있는 최선의 방법

13) 다음 ____________(기간 기입) 동안 당신이 얻을/성취할 것

열네 장 카드 배열

그는 말했다, 그녀는 말했다 배열

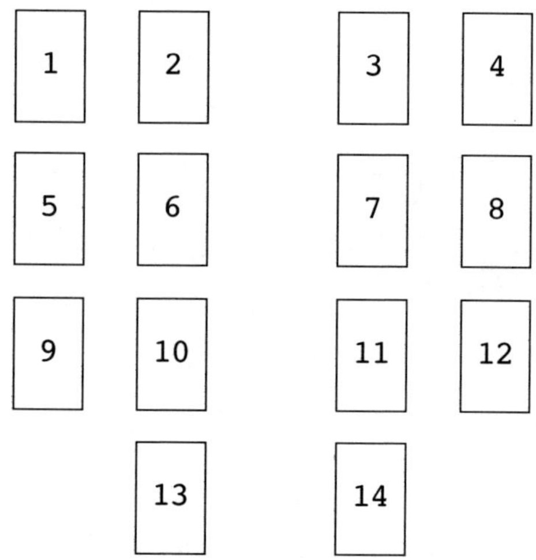

1-2) 그 관계와 관련해 그가 좋아하는 것

3-4) 그 관계와 관련해 그녀가 좋아하는 것

5-6) 그 관계와 관련해 그가 좋아하지 않는 것

7-8) 그 관계와 관련해 그녀가 좋아하지 않는 것

9-10) 그 관계에서 그가 일어났으면 하는 것

11-12) 그 관계에서 그녀가 일어났으면 하는 것

13-14) 결과: 그 관계가 나아가는 곳

전생 배열

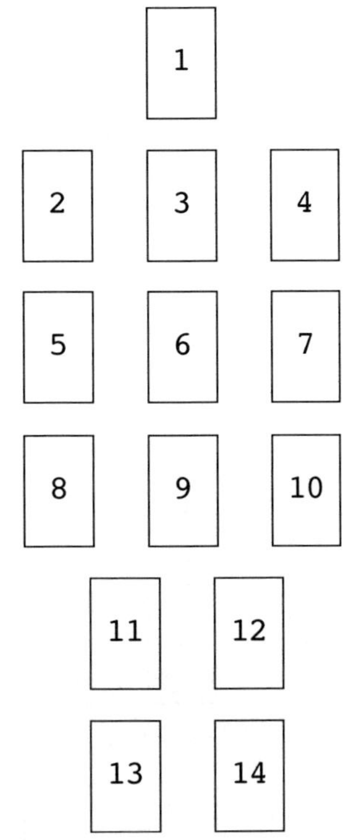

1) 전생에서 오는 기본적 영혼의 특질

2) 환경

3) 초년 시절

4) 교육

5) 성취

6) 직업

7) 사회적 지위

8) 관계

9) 가정생활

10) 죽음

11-12) 전생에서 배운 교훈

13-14) 전생이 현재의 삶에 미치는 영향

열다섯 장 카드 배열

행성 배열

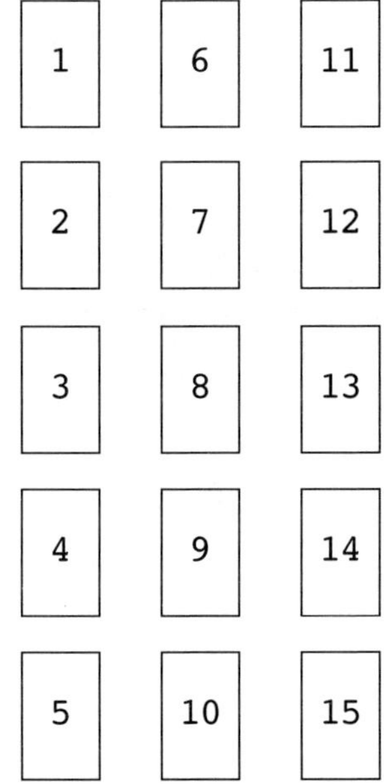

1) 태양: 생명력, 의지, 남성적 원리

2) 달: 수용성, 느낌, 여성적 원리

3) 수성: 지력, 의사소통, 손재주

4) 금성: 사랑, 평화, 미, 조화

5) 화성: 성(性), 전쟁, 에너지, 용기

6) 목성: 성공, 행운, 확장, 성장

7) 토성: 책임, 의무, 한계, 안전

8) 천왕성: 독창성, 자유, 독립, 특수한 재능

9) 해왕성: 이상주의, 환각, 영성, 신비

10) 명왕성: 재생, 변형, 힘, 탐구

11) 달의 상승교점(North Node): 교제, 조합, 연결

12) 달의 하강교점(South Node): 전생 연결

13) 탄생 시 별자리 위치(Ascendant): 개인적 성향

14) 중천(中天, Mid-Heaven): 경력, 지위 또는 소명

15) 천정(天頂, Vertex): 운명적 역할

스냅 사진 배열

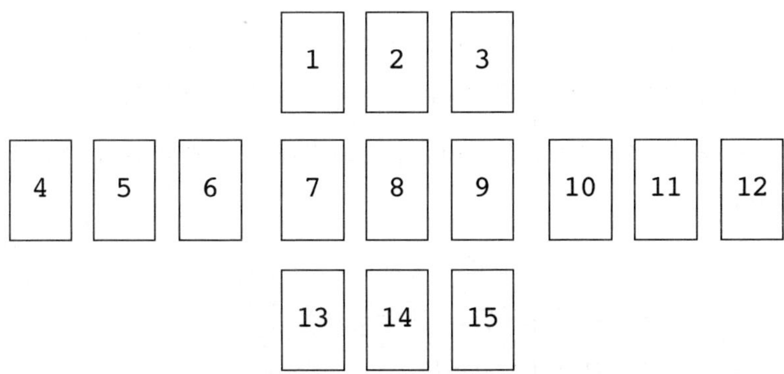

1–3) 경력

4–6) 가정

7–9) 재정

10–12) 관계

13–15) 미래

소원 배열

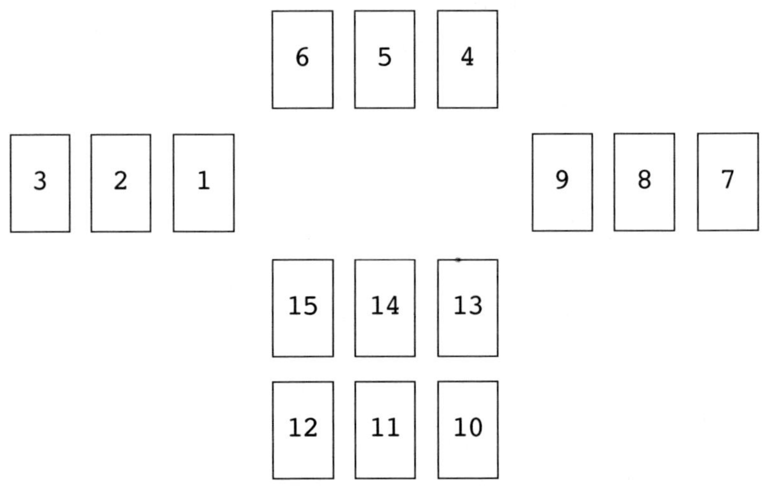

만약 소원 카드, 즉 컵의 9가 위치 7, 8, 9를 제외하고 어떤 위치
에서 나타나면 최소한 일부라도 그 소원은 이루어진다. 소원 카드가
첫 번째 카드에 가까우면 가까울수록 그 소원은 그만큼 빨리 이루어
진다.

1–3) 당신을 둘러싸고 있는 것

4–6) 소원을 묘사하는 요소들

7–9) 소원이 이루어지는 것을 가로막는 요소들

10–12) 당신의 집으로 들어오는 것

13–15) 당신이 깨닫게 될 것

열여섯 장 카드 배열

보헤미안 배열

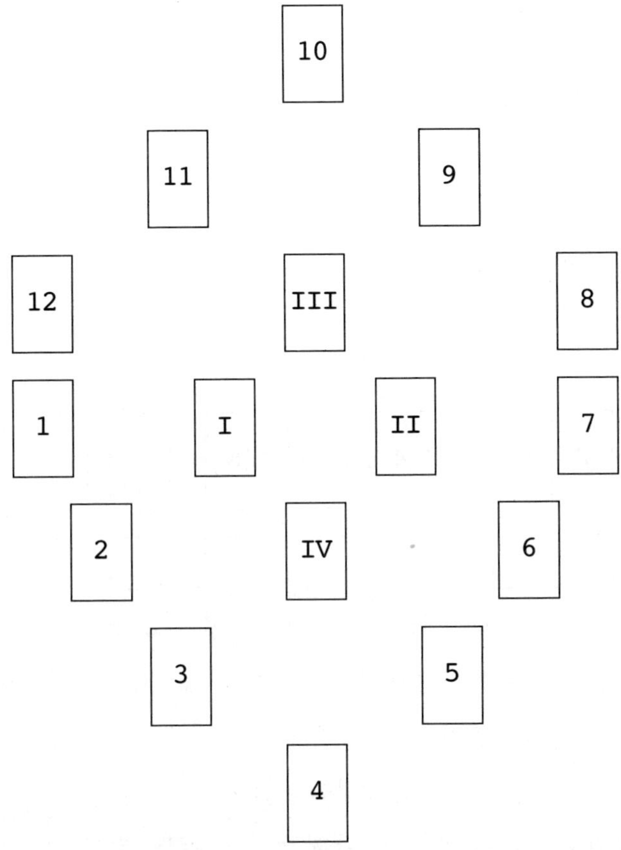

바깥쪽 번호 원은 마이너 카드로만 놓아야 한다. 그 뒤 메이저 카드만 사용하여 네 장을 뽑아 안쪽 원 위치 I, II, III, IV에 놓아라.

1) 질문의 뿌리, 주된 문제

2-3) 과거

4-6) 현재 상황

7-12) 미래

I) 과거의 상황 또는 문제에 미친 주된 영향

II) 현재 상황에 미치는 주된 영향

III) 미래에 미칠 주된 영향

IV) 당신이 알아야 하지만 보지 못할 수도 있는 것

할머니 배열

(레니 윌리의 러시아인 할머니)

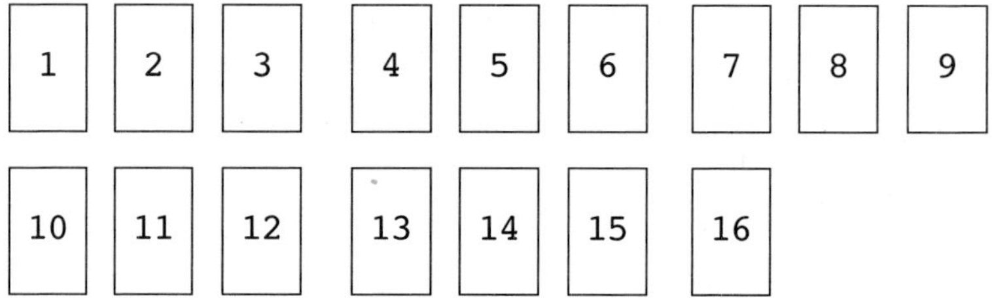

1-3) 그 문제의 과거의 뿌리

4-6) 이 문제를 과거에 처리한 방식

7-9) 과거의 사건과 관련된 당신의 현재 위치

10-12) 앞으로 나타날 것에 대해 당신이 처리할 방식

13-15) 발생할 가능성이 있는 미래의 사건, 구체화되고 있는 힘

16) 그 문제의 완성과 해결

열일곱 장 카드 배열

수평선 배열

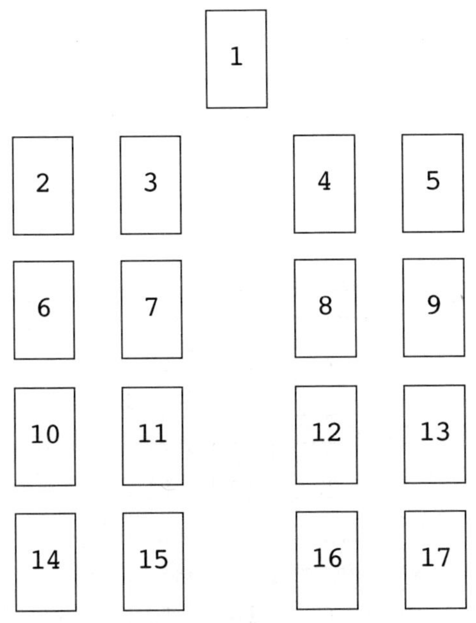

1) 핵심 카드

2-5) 수평선 위에 있는 것

6-9) 수평선상에 있는 것

10-13) 수평선 아래에 있는 것

14-17) 다음에 떠오를 것

열여덟 장 카드 배열

시각화 배열

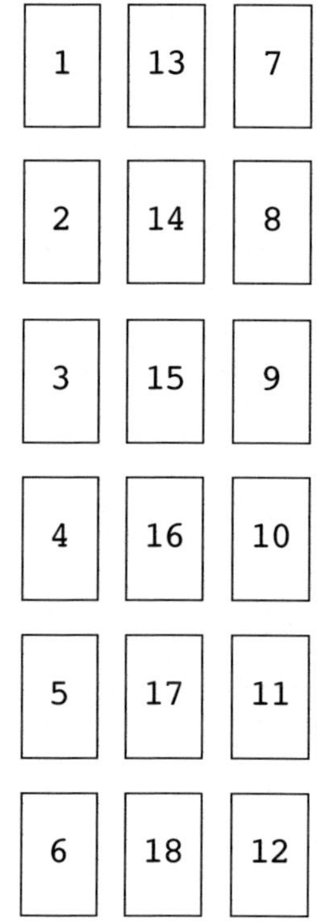

첫 번째 기둥은 현재를 의미한다. 세 번째 기둥은 지금부터 시작하여 약 6주 동안에 관한 것이고, 두 번째 기둥은 지금으로부터 3달 동안에 관한 것이다. 만약 어떤 기둥에서 당신이 좋아하지 않는 카드를 뽑았다면, 그 영역의 카드를 당신이 원하는 것을 표현한 카드로 대치시켜라.

당신의 이상적인 카드나 복사본을 자주 그것들을 볼 수 있는 곳에 붙여라. 매일 몇 분간 시간을 내어 이 카드에 집중한 상태에서 가능한 한 세밀하고, 많은 감정을 실어 그들의 실제 모습을 상상하라.

1,13,7) 가정/가족

2,14,8) 연애

3,15,9) 경력/일

4,16,10) 돈

5,17,11) 영적인 것

6,18,12) 전반적인 것

열아홉 장 카드 배열

다리 배열

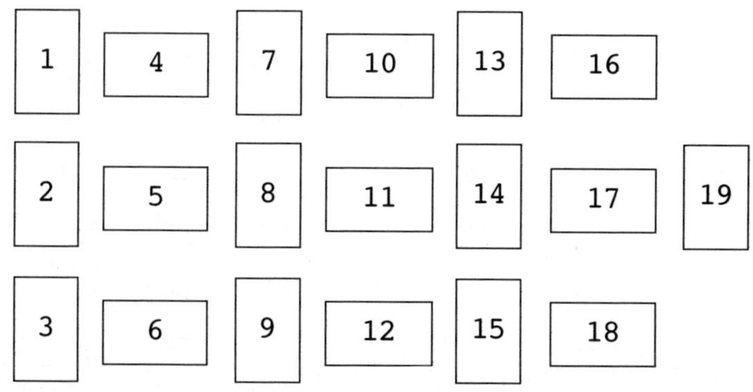

1-3) 과거

4-6) 현재와 연결된 다리: 사건, 믿음, 당신이 모르고 있을 수도
있는 것

7-9) 현재

10-12) 미래와 연결된 다리: 사건, 믿음, 당신이 모르고 있을 수
도 있는 것

13-15) 가까운 미래

16-18) 결과와 연결된 다리: 당신을 돕거나 방해하는 숨겨진 것
과 보이는 것들

19) 최종 결과

스무 장 카드 배열

새해 배열

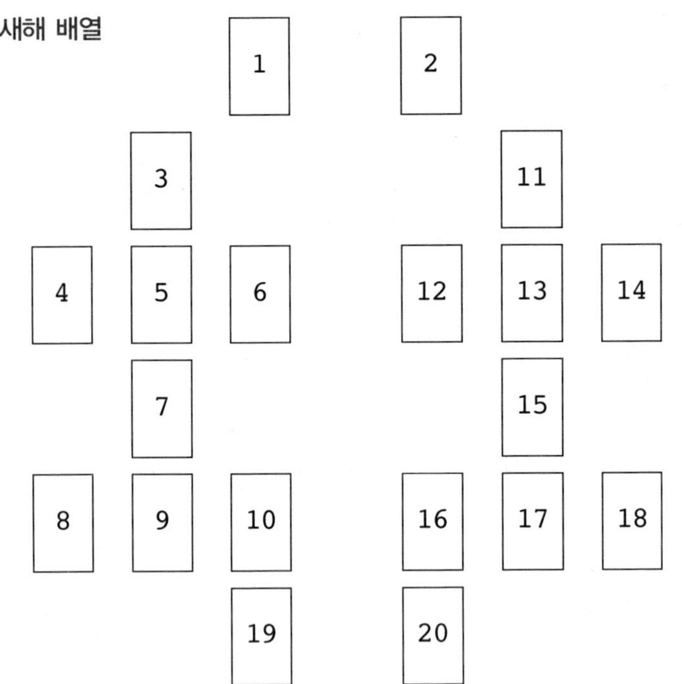

1-2) 전년도에서 이월해 가지고 오는 것

3) 겨울 개관

4) 1월 전망

5) 2월 전망

6) 3월 전망

7) 봄 개관

8) 4월 전망

9) 5월 전망

10) 6월 전망

11) 여름 개관

12) 7월 전망

13) 8월 전망

14) 9월 전망

15) 가을 개관

16) 10월 전망

17) 11월 전망

18) 12월 전망

19-20) 당신이 다음 해로 가져갈 것

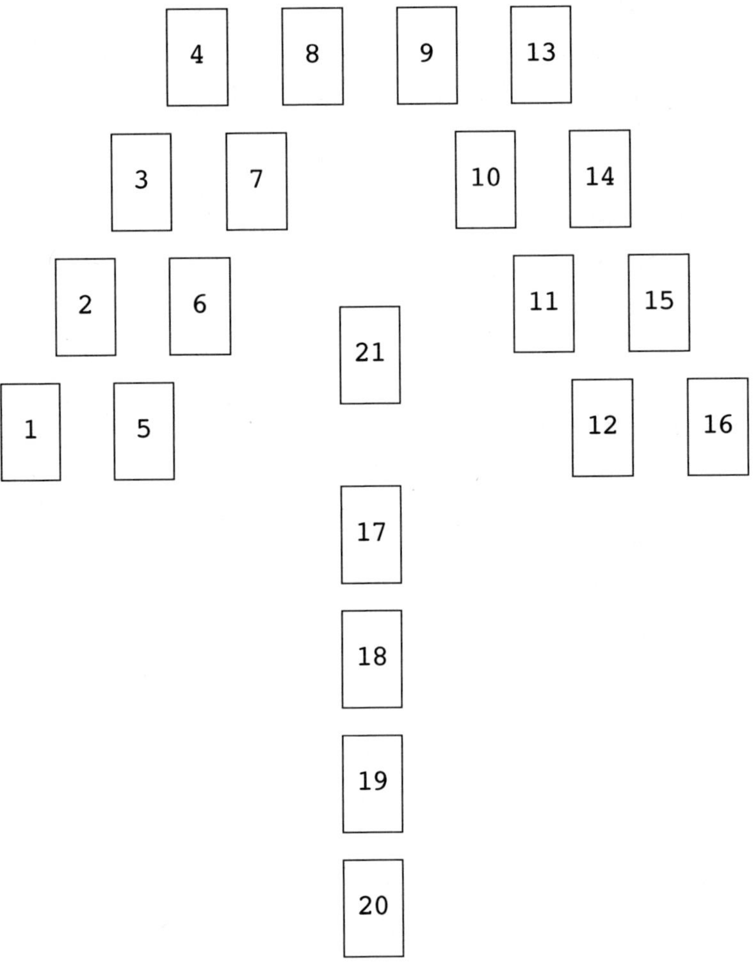

스물한 장 카드 배열

어떤 것도 가능하다 배열

1–4) 현재의 문제/상황

5–8) 진정으로 원하는 것

9-12) 핵심적인 믿음이 그 욕구와 맞물리거나/충돌하거나 하는
　　　방식

13-16) 현실을 바꾸기 위해 해야 하는 것, 취해야 할 조치

17-20) 현시(顯示), 그것이 당신의 삶 속에 나타나는 방식

21) 그 뒤를 이어 오는 것

스물두 장 카드 배열

힘의 핵심 배열

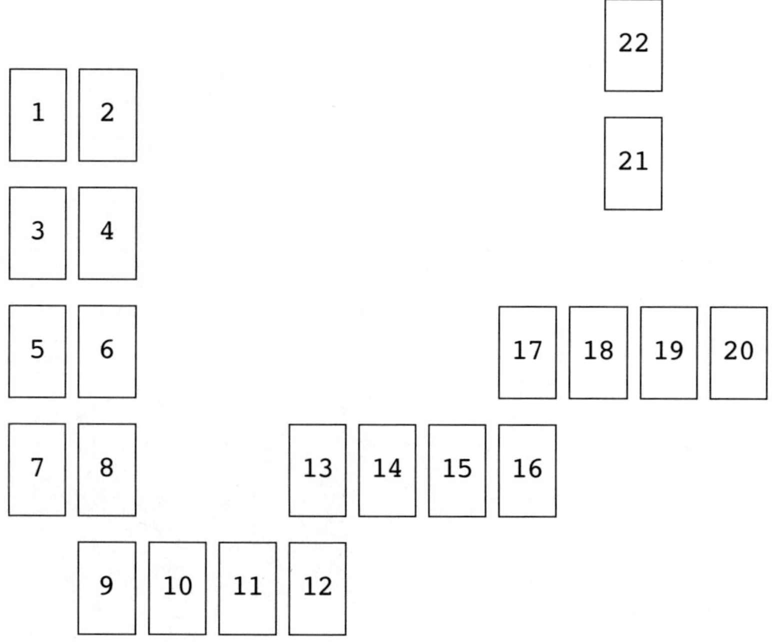

1-2) 현재 상황

3-4) 가장 바꾸고 싶은 것

5-6) 도와 줄 사람/사물

7-8) 원하는 것을 갖기 위해 길러야 할 믿음

9-10) 이 새로운 믿음에서 비롯되는 사건

11-12) 이 사건들과 관련한 당신의 느낌

13-14) 새로 등장할 수 있는 두 번째 사건

15-16) 이 사건들과 관련하여 당신이 느끼게 될 것

17-18) 새로 등장할 수 있는 세 번째 사건

19-20) 이 사건과 관련한 당신의 느낌

21) 원하는 미래를 창조하기 위해 현재 길러야 할 힘

22) 궁극적 성취

스물세 장 카드 배열

구속에서 벗어나기 배열

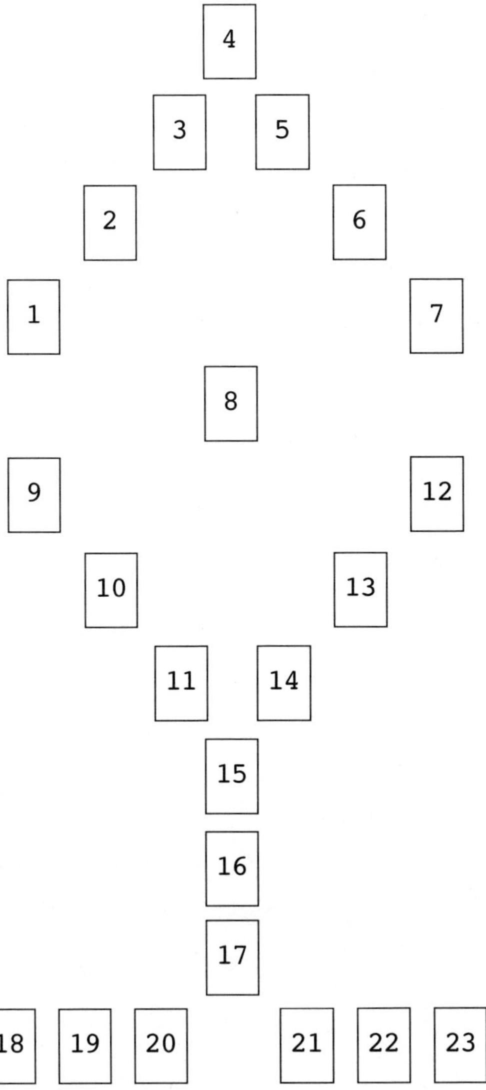

1-3) 벗어나고 싶은 것

4-7) 벗어나길 원하는 이유

8) 만들고자 하는 미래와 가장 강하게 연결된 것

9-11) 벗어남으로써 얻는 것

12-14) 희생하는 것

15-17) 현재의 패턴으로 볼 때, 개인적 삶에서 발현될 가능성이
　　　　가장 높은 것

18-20) 현재의 패턴으로 볼 때, 직업적 삶에서 발현될 가능성이
　　　　가장 높은 것

21-23) 이것에 대한 당신의 느낌/당신이 그것을 바꾸는 방법

스물네 장 카드 배열

이중 별점 배열

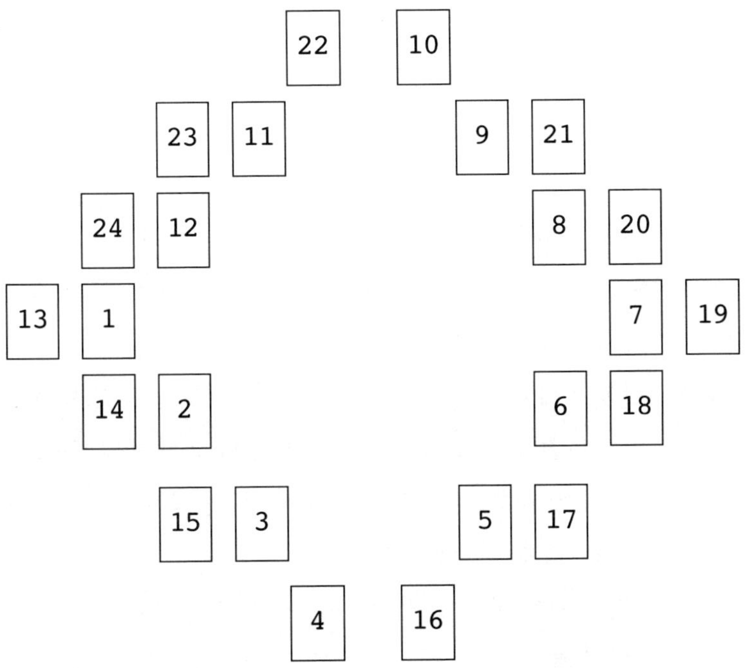

메이저 카드만을 골라내어라. 카드를 섞어 1에서 12위치까지 12
장의 카드를 바퀴 둘레의 위치에 놓아라. 나머지 메이저들을 다시
섞어 13에서 24위치까지 다시 12장의 카드를 바퀴 둘레의 위치에
놓아라.

1, 13) 첫 번째 하우스, 양자리. 시작, 성격, 잠재력, 겉모습, 기질,
　　　관심, 태도

2, 14) 두 번째 하우스, 황소자리. 가치 있는 것들, 유형 자산, 물질적 소유물, 재정 업무

3, 15) 세 번째 하우스, 쌍둥이자리. 정신적 활동, 의사소통, 글쓰기, 형제자매, 이웃들, 단거리 여행

4, 16) 네 번째 하우스, 게자리. 사적인 생활, 집, 가족, 유산 상속

5, 17) 다섯 번째 하우스, 사자자리. 창의성, 감정, 연애, 아이들, 예술, 오락

6, 18) 여섯 번째 하우스, 처녀자리. 건강, 일, 위생, 종업원, 서비스

7, 19) 일곱 번째 하우스, 천칭자리. 관계, 결혼, 협력, 계약, 합의

8, 20) 여덟 번째 하우스, 전갈자리. 성(性), 죽음, 유산 상속, 초자연적 힘, 법적 업무, 외적 영향, 다른 사람의 돈

9, 21) 아홉 번째 하우스, 궁수자리. 보다 높은 교육, 보다 높은 자아, 법, 철학, 종교, 꿈, 심령적 경험, 외국, 장거리 여행

10, 22) 열 번째 하우스, 염소자리. 공직 생활, 경력, 직업, 야망, 영광, 명예, 사회적 지위

11, 23) 열한 번째 하우스, 물병자리. 친구, 교제, 집단, 희망, 소원, 포부

12, 24) 열두 번째 하우스, 물고기자리. 무의식적 마음, 업보, 비밀, 감추어진 한계, 자기파멸

7

조합

당황하지 마라

당신은 가까운 친구나 가족 이외의 누군가에게 카드를 읽어 주려고 하고 있으며, 카드는 탁자 위에 있고, 아무것도 알 수 없다. 가슴은 공황 상태에 빠진 것처럼 두근거리며, 아드레날린이 온몸을 관통해 흐르고, 문들이 머릿속에서 꽝하고 닫히는 것 같다. 어떻게 할 것인가?

깊이 숨을 한번 들이마신 뒤 처음 두 장의 카드에 정신을 집중하라. 그림들이 당신에게 말하도록 두어라. 직관이 당신 속으로 들어오게 하라. 처음 두 장의 카드는 검의 에이스와 컵의 3이고, 그 여인이 어떤 사람과의 관계에 대해 질문했다고 하자.

검의 에이스는 그녀에 대해 무엇을 말하고 있는가? 그 카드 상의 그림은 성적 관심을 암시하는가? 공격성? 주도권? 어떤 것이든 생각나는 것을 말하여라. 이제 컵의 3에 대해 같은 과정을 거친 후 두 카드를 조합해 내라. 그 조합은 의미를 변화시키는가? 만약 그렇다면 어떻게?

이 두 카드들은 그 관계가 성적으로 매우 강렬하며, 만남을 서로가 즐거워하는 양날의 검임을 시사한다. 그 관계는 결혼으로 이어질 가능성이 있다. 그러나 만약 탑 카드가 그 조합에 더해지고 세 카드에 대해 과거/현재/미래 배열을 사용하게 된다면 그 그림은 다소 변하게 된다.

그때 에이스는 과거 위치에 놓이게 되는데, 그 관계가 성적으로 강렬하며 분명히 그 여자는 공격적일 것을 나타낸다. 현재의 경우 컵의 3은 축하, 행복, 결혼의 가능성을 의미한다. 그러나 미래 카드인 탑은 예기치 못한 어떤 것이 그 관계 속으로 뛰어들어와 일을 완전히 뒤바꾸어 놓을 것을 암시하고 있다. 사실 그 관계는 실패로 끝날 수 있다.

매우 어두운 이러한 해석으로 배열을 끝내기보다는 다른 하나의 카드를 더 뽑아 그 사건이 무엇인지를 알아낼 수 있다. 그녀가 지팡이의 여왕을 뽑았다고 가정하자. 이것은 그녀의 예시자 카드이기 때문에 우리는 이제 그녀가 이 예상하지 못한 사건의 영향을 받을 사람이라는 것을 알아냈다. 그러나 그 사건 자체는 어떤가? 그것은 무엇인가? 그것은 무슨 일이 일어나게 할 것인가? 그녀는 또 하나의 카드를 뽑게 되고, 검의 6을 뽑는다.

이제 그 그림은 보다 명확해진다. 탑으로 묘사된 사건은 그녀가 현재 살고 있는 곳에서 먼 곳으로의 이동, 아마도 해외로의 이동을 암시한다. 이것은 분명 그 관계에 영향을 미치지만, 그것이 긍정적인지 부정적인지는 전적으로 그 두 사람에게, 그들의 자유 의지에 달려 있다. 이것이 어떤 읽기, 심지어 자신을 위한 읽기조차도 절대 나쁘게 끝내서는 안 되는 극히 중대한 이유이다.

조합

카드들을 조합해 읽는 것을 가장 쉽게 배우는 방법은 실제 해보는 것이다. 그러나 몇 가지 기억해야 할 것이 있다.

- 그 이야기의 맥락을 찾아라.
- 만약 카드의 의미를 알 수 없으면, 의미를 분명히 파악하기 위해 하나 또는 몇 장의 카드를 추가로 더 뽑아라. 카드들이 여전히 의미하는 바가 없고, 그 읽기의 끝까지 계속 그러할 경우, 똑같은 질문으로 다시 배열을 하라.
- 어떤 특정한 조합이 주로 메이저로 되어 있으면, 그 메이저들을 먼저 중요한 문제와 관련하여 해석하라. 그 뒤 마이너들을 이용해 그 중요한 문제들이 일상생활 속에서 어떻게 스스로를 드러내는지에 대해 단서를 찾아라.
- 궁정 카드들이 어떤 특정한 배열을 지배하면, 그들이 표현하고 있는 사람의 특징을 설명해 주고 당신이 읽어 주고 있는 사람에게 그러한 사람을 아는지 물어보아라. 만약 모른다면, 이 카드

들을 그녀의 삶 속으로 이제 막 들어올 사람들 또는 가까운 미
래에 다루게 될 에너지 형식으로 읽어라.
- 어떤 읽기 과정에서, 그 카드들이나 특정한 조합들에 대해 새
  로운 정의들이 마음에 떠오르면, 반드시 그것들을 사용하라.
  그 뒤 그것들을 당신의 일지에 적어라.

그 한 예가 900-라인 상에서 일어났는데, 그것은 앞으로 3개월
동안 일이 대체로 어떻게 될지에 대해 알고 싶어 하는 남자가 전화
를 해 왔을 때였다. 우리는 국자 배열을 사용했고 네 번째 및 다섯
번째 위치인 각각 보이는 것과 당신이 국자로 떠내는 것에서 검의 4
와 심판 카드를 뽑았다. 우리는 그의 상황을 몰랐지만, 이 카드 한
쌍을 정확히 해석해 냈다. 즉, 그는 현재 감옥(검의 4)에 있었고 가석
방 심리가 3개월 앞으로 다가오고 있었다.

당신의 타로 철학

다른 사람들을 읽어 주기 시작할 때쯤이면, 당신은 타로와 그 밖
의 점술 체계에 대한 어떤 철학이나 이론을 가지게 될 것이다. 그것
은 가장 자주 받는 질문에 당신이 답하는 것을 도와 줄 것이다.

- 이것이 정말 맞는가?
- 이것은 어떻게 작용하는가?
- 당신이 말하는 모든 것이 일어나는가?

• 카드에 나타난 미래는 피할 수 없는가?

• 카드가 말하고 있는 것을 바꿀 수 있는가?

당신 또는 당신이 읽어 주는 사람들이 이와 같은 질문들에 답할 수 있는 유일한 길은 공책에 읽기들을 기록하는 것이다. 만약 당신이 자신을 위해 읽는다면 당신의 일지를 사용하면 된다. 날짜, 시간, 질문, 당신이 읽고 있는 곳의 일반적인 분위기, 당신이 뽑은 카드들을 간단히 기록하라. 일지를 처음부터 끝까지 정기적으로 다시 점검하고 어떻게 되었는지 보아라.

물론 어떤 읽기는 다른 읽기보다 정확할 것이다. 이는 많은 변수들 때문이다. 시간이 흐르면서, 다른 것에 비해 특정한 시간과 상황을 정확히 알아내는 데 더욱 도움이 되는 패턴을 인식하게 될 것이다. 따라서 주의 깊게 계속 기록하라. 당신이 다른 사람을 읽어 줄 때, 녹음기를 사용하라. 그렇게 하면 정확도를 알아보기 위해 주기적으로 읽기를 참고해 볼 수 있다.

8

힘의 핵심

우리는 저마다 힘이 무엇인가에 대한 개념을 가지고 있다. 우리는 힘을 명확하게 정의할 수는 없지만, 힘을 가지고 있지 않은 때가 언제인지 안다.

사전은 힘을 "무언가를 할 수 있는 능력, 일을 감당해 낼 수 있는 역량, 특별한 능력이나 재능, 큰 영향력이나 힘 또는 권위를 가진 사람 또는 사물"로 정의하고 있다. 이 정의의 문제점은 당신 삶 속의 지금 이 순간, 지금 이 시간, 당신과 다른 사람들이 가지고 있는 힘에 대해서는 언급하고 있지 않다는 것이다.

당신은 현재에 살고 있다. 현재는 당신의 출발점이다.

자유 의지

영매가 앞일을 내다보거나 타로 리더가 카드를 펼칠 때, 그들은 오직 미래의 가능성만을 볼 뿐이다. 카드를 읽을 당시의 삶의 상황으로 인해, 어떤 가능성들이 다른 가능성보다 더 강하게 되고, 그래서 대부분 이들은 삶 속에서 나타날 가능성이 매우 높아진다. 그러나 궁극적으로 가능성은 전적으로 당신에게 달려 있다.

선택하는 길이 무엇이든지 우리는 자신의 운명을 만들고 조각할 수 있는 자유 의지를 가지고 있다. 카드로 나타난 미래가 마음에 들지 않는다면, 적극적이고 단호하게 그것을 바꾸어 나가라. 이렇게 하는 방법은 얼마든지 있다.

- 그것이 어떤 것이든 가장 좋은 방법을 통해 원하는 것을 시각화하고, 그 시각화한 것에 불러일으킬 수 있는 최대한의 열정과 상상을 불어넣어라.
- 대표적으로 좋아하는 카드들을 뽑고 그것들을 포스터로 확대하여 일하는 곳에 걸어 두어라. 그것은 성취하기를 원하는 것을 시각적으로 표현해 낸 그림으로서 성취를 도와 줄 것이다.
- 성취하고자 하는 것에 더 가까워지기 위해 삶을 재편성할 필요가 있는 것은 무엇이든 조치를 취하라. 예를 들어, 초등학교 교사라면 IBM의 CEO보다는 자영업을 하는 사람을 상상하는 것이 더욱 현실적이다.
- 주저하게 만드는 핵심적인 신념들을 확인하고, 그 신념들을 바꾸도록 하라. 가장 바라는 것을 성취해 낼 수 있는 자신의 능력

에 대한 믿음을 보여 주는 작은 몸짓으로 시작하라. 완벽한 배
필을 찾고 있고 그러한 사람의 자질을 이미 목록으로 갖고 있다
면, 자신의 삶이 그러한 자질에 부합되도록 노력하라.
- 작은 목표와 함께 시작해 구체적으로 실현시켜 가며 완성시켜
  라. 가장 붐비는 주차장에서도 주차 공간을 찾아내는 데 결코 실
  패하지 않는 한 친구가 있다. 일단 언제나 이렇게 할 수 있게 되
  면 자신감은 더욱 커지고 보다 큰 목표들, 즉 인금 인상이나 새
  로운 직장, 이상적인 배우자와 같은 것으로 나아갈 수 있다.

개인적인 권능은 지금 이 순간 시작된다. 그러나 어디에서 또는
어떻게 시작해야 할지 확신을 가지고 있지 못하다면 다섯 장 카드인
믿음 배열과 방향 배열을 하라.

힘의 시각화와 발현의 가장 좋은 예는 윈드서핑을 하는 로브에게
서 일어났다. 어느 날 오후 집 근처의 한 호수에 윈드서핑을 하러 갔
다가 지갑을 잃어버렸다. 그는 지갑을 호수로 오는 동안 잃어버렸는
지 아니면 윈드서핑을 하고 있는 동안에 잃어버렸는지 확실히 알 수
없었지만 잃어버린 장소보다는 지갑을 잃어버렸다는 사실 그 자체
가 더욱 중요했다.

그는 사람들이 보통 지갑을 잃어버렸을 때 하는 어떠한 행동도
하지 않았다. 신용 카드 회사에 전화도 하지 않았고, 새 운전 면허
신청도 하지 않았다. 대신에 분명히 그 지갑을 찾을 것이라고 생각
하며 기다렸다.

며칠 동안 그는 그 지갑을 가지고 있다고 상상하면서, 눈에 보이
는 듯한 세세한 지갑의 이미지를 떠올렸다. 즉, 그것이 자신의 손 안

에 있을 때의 차가운 가죽의 질감과 그 안에 든 내용물의 느낌을 상상했다. 아무 일도 일어나지 않았지만, 그의 확신은 변함이 없었다.

지갑을 잃어버린 그 주에 한 잔디 깎는 사람이 로브의 집을 찾아와 일이 없느냐고 물었다. 로브는 이미 잔디 깎는 사람을 두고 있었고, 둘은 이런저런 잡담을 하다가, 그 뒤 그 남자는 돌아갔다. 이틀 후 이 남자는 로브의 집 근처 호수에서 낚시를 하고 있었는데, 바늘에 지갑이 걸려들었다. 운전 면허증의 사진을 보고 그가 로브라는 것을 알아보았고 그래서 지갑을 그에게 돌려주게 되었다.

위의 예는 가능성이 극히 희박한 일이다. 특히 지갑을 낚아 올린 사람이 불과 몇 일 전에 로브의 집을 방문했다는 점을 생각해 볼 때 그렇다. 그러나 위의 예는 믿음과 의지, 집중된 의지와 상상력은 원하는 현실을 만들어 내는 데 얼마나 중요한 요소인지를 보여 주는 한 실례이다. 카드, 심령력, 룬, 주역, 당신이 사용하는 모든 도구들은 그것이 존재하는 그대로를, 그것이 바뀌는 그대로를, 그것이 굳어지는 그대로를 반영할 것이다.

믿음

"타로는 악마의 작업이다."

"타로 카드는 당신에게 아무것도 말해 줄 수 없다. 그것은 미신일 뿐이다."

"뭐라고?"

"타로는 악마다."

"정말 그걸 믿어?"

"타로는 집시들의 점일 뿐이다."

위 말들은 모두 당신이 타로 일을 할 때 어느 시점에서 의심할 여지없이 만나게 되는 다양한 믿음 체계들을 보여 준다. 당신의 남편이나 아내는 일반적인 점술 체계들에 회의적일 수 있다. 당신 누이의 종교는 타로를 악마로 치부할 수도 있다. 당신의 친구들은 타로에 대해 전혀 들어보지 못했을 수도 있다.

다른 사람들의 믿음 체계가 미치는 영향은 타로에 얼마나 깊이 임하는가와 배운 것을 자신에게 통합시켜 낼 수 있느냐의 여부에 달려 있다. 만약 당신이 가장 가까운 사람들이 보여 주는 부정성과 회의론에 부딪히게 된다면, 타로와 함께 하는 일에 대해 자신이 진정으로 믿고 있는 것이 무엇인지 확인하는 것이 마땅할 것이다.

당신은 어느 정도 어린 시절 어딘가에서 점은 거짓이고 죄악이라는 누군가가 들려준 종교적 교의에 집착하고 있지는 않은가? 그렇다면 여전히 그 믿음이 삶의 목적을 달성하는 데에 어떤 역할을 해내고 있는가? 타로로 하는 일이 헛되고 미신적이며 무의미한 소리라고 무시하는 사람과 관계하고 있는가? 그렇다면 그 사람과 왜 관계하고 있는가? 이 관계가 당신 삶에서 만족시켜 주는 것은 무엇인가? 이제 그것은 벗어 던져야 할 것이 아닐까?

이러한 것들이 당신이 만날 수 있는 질문의 종류다. 궁극적으로, 당신이 찾은 답은 당신에게 힘을 줄 것이다. 왜냐하면 그것들이 당신 자신을 더 깊이 이해할 수 있게 돕기 때문이다.

카드는 다른 점술 도구와 마찬가지로 단순히 지식으로 가는 하나의 수단일 뿐이다. 룬, 주역, 수상술, 또는 찻잔 바닥의 물먹은 찻잎도 카드만큼 좋거나 아니면 더 나을 수도 있다. 언젠가 당신이 사용하는 도구는 읽기를 할 때 중요한 의미를 가지지 않게 될 수도 있다. 직관이 더 우세해진다.

이러한 일이 일어날 때 그것은 마치 어떤 내적 채널이 열리는 것과 같고, 그러면 당신은 명확한 것들을 얻기 시작한다. 상세한 그림이 당신의 머릿속에서 그려진다. 또는 한 영매의 말처럼 "영화 필름이 돌아가기 시작한다." 그럼 그것이 돌아가도록 두어라. 당신이 얻는 이미지들이 어떤 것이든 그것을 신뢰하고, 당신이 느끼는 충격이 어떤 것이든 그것을 따라 발견되지 않은 세계로 나아가라.

타로는 우리들로 하여금 우리를 인간이게 하는 미로를 여행하게 하는 많은 도구들 중에 하나일 뿐이다. 당신의 여행이 우리의 여행을 능가하는 것이 되길 희망한다.

저자와 연결을 원하시면:
mac111@ix.netcom.com
phyllisvega@delphi.com

파워 타로

초판 7쇄 발행 2025년 5월 19일

지은이 트리쉬 맥그리거 · 필리스 베가
옮긴이 김은미
펴낸이 황정선
펴낸곳 슈리 크리슈나다스 아쉬람
출판등록 2003년 7월 7일 제62호
주소 경남 창원시 의창구 북면 신리길35번지 12-12
대표전화 (055) 299-1399
팩시밀리 (055) 299-1373
전자우편 krishnadass@hanmail.net
카 페 cafe.daum.net/Krishnadas

ISBN 978-89-91596-21-4   03270

Printed in Korea

＊잘못 만들어진 책은 바꾸어 드립니다.